사회복지 수퍼비전
표준 체계 개발

사회복지기관 직원 지도감독 운영 길잡이

사회복지 수퍼비전
표준 체계 개발

안정선 지음

KSI 한국학술정보㈜

 차 례

제1장

서 론

제1절 문제제기

사회복지관은 한국의 대표적인 사회복지이용시설로 지역사회복지서비스 전달의 중추적인 역할을 담당하고 있다. 2008년 현재 전국에 403개소로 정부의 보조금 및 지도감독을 받으며 지역주민의 다양한 복지욕구를 충족시키기 위해 사회복지사업을 수행하고 있다. 그러나 최근 사회복지관은 복지욕구의 범람과 급변하는 사회환경에 따른 복지정책의 변화 속에서 새로운 도전에 직면하게 되었다. 정부는 사회복지관의 사업 수행 결과와 서비스 질에 대해 주기적으로 평가를 실시하고 있고, 지역사회복지협의체 구성, 복지수혜자들의 권리의식 강화 움직임은 사회복지관이 지역사회 내에서 질 높은 서비스로 다양한 욕구를 충족시킴은 물론, 지역사회복지서비스 연계망의 중심으로서 더욱 영향력을 발휘하도록 요청하고 있다. 지역주민, 정부, 지방자치단체, 시민단체 등의 요구에 부응하기 위해 사회복지관은 공공의 지원에 대한 책임감을 외부로 보여주고 조직의 정당성을 인정받으면서 생존해야 하는 상황에 처해 있다. 즉 공공성을 특징으로 하는 사회복지조직은 그 자금원들에게 주어진 자원을 투명하게 사용하는 동시에 효과적으로 조직의 성과를 달성했다는 것을 증명해야 할 책임을 지게 되는 것이다. 이러한 상황에서 사회복지관은 책무성 이행을 위해 조직을 관리하고 사회복지서비스 제공의 가장 중요한 도구인 사회복지사의 전문적 능력을 강화해야 할 필수 과제를 갖게 된다.

이러한 맥락에서 본 연구는 사회복지관의 책무성 이행을 위한 조직관리 및 인적자원 개발방안의 일환으로 사회복지관 직원 수퍼비전에 대한 논의를 진행시키고자 한다. 왜냐하면 사회복지관은 주요 서비스가 그 조직의 전문인력에 의해 진행되며 인력의 전문성이 곧 서비스에도 영향을 미치는 인간봉사서비스조직으로서의 특징을 가지고 있기 때문이다. 이러한 인간봉사서비스조직에서 수퍼비전은 사회복지전문직의 발달과 함께 발전되어 오면서 사회복지사들에게 제공되는 질적 서비스의 근간이 되어 왔다. 특히, 사회복지관 활동의 기본인 서비스 제공이 사회복지사의 역할 수행에 의존하고 있기 때문에 사회복지사에 대한 수퍼비전은 개별 사회복지사의 전문성 증진뿐만 아니라 사회복지조직의 질적인 발전도 촉진시킬 수 있다. 이러한 측면에서 수퍼비전의 중요성은 더욱 강조되고 있다.

실질적으로 수퍼비전이 갖는 중요성을 논의하기 위해 선행연구들을 분석해 보면, 수퍼비전은 사회복지사가 현장에서 일할 때에 직무에 대한 만족과 동기, 사기를 높이고 소진 예방 및 스트레스 완화에도 영향을 준다(이상준, 2000, 이재용, 2001, 윤혜정, 1997, 차은경, 2001, 최미경, 1998, Austin, 1981, Burke, 2001, Kadushin, 1974). 또한 사회복지사로서의 전문성, 전문적 직업정체성, 자기효능감 등에도 영향을 미친다(김진, 2003, 김혜진, 2005, 문지은, 2004, 성희자, 2001, Jeffreys, 2001, Rennie, 2002, Siebert, 2004). 수퍼비전은 사회복지사의 직무만족, 전문성 등의 영역 외에 사회복지사의 직무성과와 실천효과성 검증능력에까지 유의한 영향력을 가지며(김경희, 2002) 결국 사회복지사의 자질 향상과 사회복지관 사업의 전문성 증진에 직접적인 영향을 미치게 된다. 앞서 선행연구들에서와 같이 수퍼비전은 사회복지관 사회복지사의 내면적인 인식 차원에 영향을 미치고 있는데 더 나아가 외현화된 행동인 조직시민행동에까지 영향을 미친다고 보고되었다(염태산, 2005). 이와 같은 결과들은 조직 차원에서 수퍼비전 체계를 잘 구축하고 실행할 경우, 사회복지사들이 직무에 만족하며 업무를 수행하고 전문성뿐 아니라 조직 내에서 바람직한 행동의 증가로 사회복지관 자체의 전문성이 증진될 수 있음을 보여주는 것이라 하겠다.

이러한 의미에서 수퍼비전은 사회복지사들이 각자의 실천현장에서 직무를 효과적으로 수행할 수 있도록 지원하는 핵심적인 원조 과정인 동시에 조직의 사명과 대·내외 환경변화에 대한 기관의 입장과 정책 등을 조직구성원들에게 전달하고 이를 사업에 반영하는 조직관리 역량 제고의 중요한 방법이 될 수 있다.

그러나 클라이언트에 대한 질 높은 서비스의 출발점인 수퍼비전의 중요성과 실질적이며 다양한 이점에도 불구하고 현재 한국사회복지관의 수퍼비전 실행 상황은 매우 취약한 형편에 있다. 또한 수퍼비전을 기관의 중요한 조직관리 차원의 기제로서 인식하고 적극 활용하려는 노력도 미약했던 것이 사실이다. 사회복지관 수퍼비전 실태에 대해 황성철(2004)은 수퍼비전의 중요성에 비해 시행 정도는 취약하며 수퍼비전이 공식적, 체계적으로 이루어지지 않고 있다고 하였다. 또한 사회복지관 수퍼비전의 실태를 조사한 연구들(김선진, 2002, 김용일·양옥경, 2002, 이재용, 2001, 임일환, 1997, 최미경, 1998, 태화기독교사회복지관, 2006)에서 수퍼비전 만족도는 보통 수준 정도로 만족도가 높지 않으며 수퍼비전이 주기적으로 진행되지 않거나 수퍼비전을 받고 있지 않다고 답하는 응답자도 있었다. 조직 차원에서는 수퍼비전 제도가 공식적으로 운영되지 못하고 있으며 사회복지사 개인들도 수퍼비전에 대한 인식이 낮고 공식 수퍼비전을 통한 전문성의 습득보다 비공식적인 개인적 학습노력에 더 비중을 두고 있었다. 또한 수퍼비전 표준이나 구조화된 체계와 규정이 없기 때문에 수퍼바이저의 개인재량에 따라 수퍼비전 실행에 현격한 차이가 있고, 수퍼비전이 정기적으로 진행되지 않으며 수퍼비전 실행에 대한 평가와 점검도 이루어지지 않고 있는 것으로 드러났다.

이러한 사회복지관 수퍼비전에 있어서의 문제는 1차적으로 수퍼비전 실행을 위한 구조적인 체계와 기준 그리고 지침이 없기 때문이다. 왜냐하면 수퍼비전 인식과 만족에 영향을 미치는 주요 요인은 조직특성 및 기관의 제도적 요인이고, 수퍼비전 구조 관련 세부요인에서 가장 강력한 요인은 수퍼비전 빈도와 정규성이기 때문이다(이은진, 2002, 이지연, 2002, Kilminster and Folly, 2000). 또한 또 다른 연구에서도 수퍼비전 실행의 가장 큰 장애요소로 수퍼바이저의 수퍼비전 준비를 위한 공식적인 시간 확보 부족과 수퍼비전의 비구조화 문제가 지적된 바 있다(김용일·양옥경, 2002, 태화기독교사회복지관, 2006). 이러한 문제를 해결하고 수퍼비전 실행력을 높이기 위해서는 수퍼비전을 체계적으로 진행할 수 있는 공통적인 기준과 지침이 필요하다. 즉 사회복지관이 조직관리 차원의 일환으로 수퍼비전 기제를 적극 활용하도록 하기 위해서는 수퍼비전에 대한 인식과 공통의 합의를 통해 수퍼비전의 구성요소와 내용을 규명하는 표준을 개발하고, 제시된 표준에 따라 수퍼비전을 실행하도록 하는 기반을 마련하는 것이 필요한 것이다.

수퍼비전 관련 선행연구에서도 수퍼비전 지침과 모델 연구의 필요성(강철희·최소연, 2005, Kilminster and Folly, 2000, Tsui, 2004)은 수퍼비전을 실시하고 있는 학문 분야 전반에 걸쳐 시급하고도 필요한 것으로 논의되고 있는 이슈이다. 특히, 수퍼비전을 활용하고 있는 사회복지, 의료, 간호, 교육, 사회, 심리학 등 총 6개 분야의 수퍼비전 논문을 분석한 Kilminster and Folly(2000)는 192개의 수퍼비전 연구들을 분석하여 효과적인 수퍼비전의 세부적인 구성요소와 모델을 제시하였는데, 그들은 차후 보다 세부적으로 논의되어야 할 과제로 수퍼비전 필요 상황과 종류, 최적의 빈도와 길이, 수퍼비전 내용과 질의 확인과 개발, 효과적 수퍼비전의 사정, 수퍼바이저 훈련 등이 필요함을 강조하였다.

현재, 한국에서의 사회복지 수퍼비전 연구는 현장 실태조사의 초기 발전 단계에 머물러 있고, 무엇이 효과적인 수퍼비전인가에 대한 전반적인 조사와 규명작업 또한 이루어지지 않았다. 그 내용 또한 주로 수퍼비전과의 다양한 관계변인에 대한 논의와 수퍼바이저와 수퍼바이지의 인식 차이 그리고 일부 사회복지현장의 수퍼비전 실태조사에 머물러 있으며 전체적인 연구의 수도 미흡한 상황이다. 2004년까지의 한국 수퍼비전 연구 14개를 연구한 이홍직(2004)의 연구에서도 한국 수퍼비전 연구는 세분화되지 못하고 실태조사나 소수의 주요 변수들에 의해서만 이루어져 있어 차후 보다 세부적인 수퍼비전 요인의 규명, 한국적 수퍼비전의 모형과 이론 정립이 필요한 것으로 평가하였다. 또한 현장에서 활용할 수 있는 수퍼비전 도구 및 지침 그리고 수퍼비전 모델 개발도 미흡한 상황이며 사회복지현장에서의 효과적인 수퍼비전을 위한 공통적인 표준 또한 마련되어 있지 못하다(이홍직, 2004).

표준은 일반적으로 업무의 수월성과 능률을 향상시킬 목적으로 기술, 수법, 경험 등을 잘 활용하여 기준을 만들고 그것을 업무에 적용하도록 한 것을 의미하는데, 강흥구(2005)는 표준화를 통해 인간봉사조직의 업무 수행의 효율성과 전문성 향상, 양질의 서비스 제공, 직원들 간의 의사소통의 활성화 및 업무책임성이 확보될 수 있음을 강조하였다.

표준은 첫 시작이고 출발점(Rafferty 외, 2003)이며 실천에 대한 평가이자 점검의 도구(Falvey and Bray, 2002)로서 기능한다. 수퍼비전에 대한 정의와 그에 대한 인식이 취약한 상황에서는 구조적인 틀이나 도구와 같은 표준을 마련하는 것이 우선적(Kilminster and Folly, 2000)이며 그 후에야 효과성을 면밀히 검증할 수 있다. 이런 점에서 사회복지관 수퍼비전 표준 체계는 사회복지 실천의 효과적 수행에 도움을 주는 방향 제공의 지침으로서 기능할 것이다. 즉 앞서 논의한 바와 같이 개발된 표준은 표준 자체가 없음으로 인한 수퍼비전 인식 취약과 비구조화, 개인재량 중심의 실행과 그로 인한 현격한 수퍼비전 실행 수준의 차이, 평가미흡 등 현 사회복지관 직원 수퍼비전 문제를 해결해 줄 수 있는 기준과 지침으로 활용될 수 있을 것이며 궁극적으로 서비스의 질 향상에 긍정적 영향을 줄 수 있을 것이다. 둘째, 수퍼비전 표준은 수퍼비전의 효과적 실행을 위한 기관의 수퍼비전 상황과 실행 수준을 평가할 수 있는 사정도구로써 활용될 수 있다. 셋째, 수퍼비전 표준을 통해 제시될 다양한 수퍼비전 내용, 방법, 구조 등은 사회복지관의 직원개발정책 수립을 위한 지표가 될 수 있다.

한국에서의 사회복지 수퍼비전에 대한 논의로 현 단계에서는 수퍼비전 표준의 개발과 적극적인 활용이 우선적인 과제이며 이러한 과업 수행 후에 수퍼비전의 효과성에 대한 구체적인 논의가 더욱 활발히 이루어질 수 있을 것이다.

아직 사회복지 수퍼비전의 개념이나 실행에 대한 인식이 전반적으로 미흡하고 수퍼비전에 대한 논의를 구체적으로 진행시킬 적절한 의사소통과 합의의 구조가 없는 한국 사회복지관 상황에서는 실제적으로 현장에서 수퍼바이저들이 활용할 수 있는 표준을 마련하는 것이 필요하다. 표준을 개발하고 이를 제도적으로 활용하려는 노력은 사회복지관 책무성 이행과 서비스 제공자인 사회복지사의 전문성 증진을 위한 조직관리 차원의 대안이 될 수 있을 것이다.

결론적으로 사회복지관 클라이언트에 대한 양질의 서비스 제공과 책무성 이행, 그리고 사회복지사의 전문성 증진을 위한 대안의 하나로 사회복지 수퍼비전 체계는 강화되어야 한다고 본다. 그러나 현재 사회복지관 수퍼비전은 인식과 실행, 만족 측면에서 미흡한 상황이며, 이를 개선하고 수퍼비전 체계를 강화하기 위해서는 사회복지관 실천현장에서 수퍼비전 실행과 평가 기준으로 활용할 수 있는 사회복지관 수퍼비전 표준 체계를 개발하는 것이 현 단계의 중요한 과제라고 하겠다.

제2절 연구목적 및 연구문제

본 연구의 목적은 직접서비스 제공자인 사회복지관 사회복지사의 전문성 증진 및 서비스의 질 향상을 위해 활용할 수 있는 사회복지 수퍼비전 표준 체계를 개발하는 것이다.

이를 위해 포커스그룹, 델파이 설문, 사회복지관 사회복지사 설문조사의 세 가지 방법을 사용하였다. 또한 수퍼비전 이해당사자들인 수퍼바이저, 수퍼바이지, 학계와 현장전문가들의 의견을 다각적으로 조사하여 사회복지관 직원 수퍼비전은 어떠한 내용으로 구성되어야 하는지, 각 구성요소에 따른 필요 정도는 어떠한지를 규명하고자 하였다.

이러한 연구목적을 달성하기 위하여 본 연구에서는 다음의 연구문제를 선정하였다.

〈연구문제〉 사회복지관 직원들을 대상으로 활용할 수 있는 사회복지 수퍼비전 표준 체계는 무엇인가?
세부연구문제 1. 수퍼비전의 목적은 무엇인가?
세부연구문제 2. 수퍼바이저의 자격요건과 역량은 무엇인가?
세부연구문제 3. 수퍼바이지의 역량은 무엇인가?
세부연구문제 4. 수퍼바이저와 수퍼바이지의 관계의 세부구성요소는 무엇인가?
세부연구문제 5. 수퍼비전을 위한 조직의 특성은 무엇인가?
세부연구문제 6. 수퍼비전 실행구조의 구성요소와 내용은 무엇인가?

제2장

이론적 배경

본 장에서는 사회복지관 직원 수퍼비전 표준 체계를 개발하기 위해 수퍼비전의 개념과 수퍼비전의 구성요소와 내용에 대해서 살펴본다. 또한 사회복지관과 수퍼비전의 기반, 수퍼비전 표준 그리고 수퍼비전 연구동향에 대해 고찰하고자 한다.

제1절 사회복지 수퍼비전의 개념

고전적으로 수퍼비전은 그 어원[1]에서 볼 수 있듯이 조직의 상급자 내지 준비를 갖춘 사람이 하급자들을 지켜보며 관리하고 감독하는 개념으로 정의된다. 특히 하급자에 비해 지식과 기술 면에서 역량 있는 상급자를 통한 교육적 훈련 과정을 강조하였는데, Robinson(1949)은 수퍼비전을 일정한 지식과 기술의 준비를 갖춘 사람이 비교적 덜 준비된 사람을 훈련시킬 책임을 감당하는 교육적 과정으로 수퍼비전을 정의하였다. 이러한 교육적 과정의 강조점과 더불어 수퍼비전은 업무 수행을 통제하고 조정해 주는 노력과 질적인 서비스를 위한 행정적 기제로서 중요시되기 시작하였다. Barker(1995)는 수퍼비전을 사회복지기관에서 사회복지사들의 기술을 더욱 발전시키고 세련되게 하기 위해서, 그리고 클라이언트에게 질

---

1) 수퍼비전의 어원적 의미는 라틴어인 Super, 즉 'over'(위에서)와 Videre 'to watch, to see'(지켜보다)의 합성어에서 유래하였다. 즉 수퍼바이저는 업무의 질을 위해 책임을 가지고 다른 사람의 업무를 위에서 지켜보는 사람으로서 정의된다.

적으로 보장된 서비스를 제공하기 위해 광범위하게 사용하는 행정적이고 교육적인 과정이라고 정의하였다(조휘일, 2004).

수퍼비전의 교육적·행정적 기능을 강조하는 개념정의 이후 수퍼비전은 수퍼바이저의 표현적이며 지지적인 리더십을 강조하게 된다. Kadushin (1974)은 수퍼비전의 지지적 기능을 강조하는 새로운 정의를 제시하였다. 즉 수퍼바이저는 일정한 업무 수행의 책임을 맡은 수퍼바이지의 현장 업무 수행을 지지, 조정, 강화, 평가하도록 권위를 위임받은 기관행정직원의 일원이며 이러한 책임을 실제로 적용하기 위해서 수퍼바이저는 긍정적 관계의 상황 속에서 수퍼바이지와 상호작용함으로써 교육적·행정적 그리고 지지적 기능을 수행해야 하고 이러한 수퍼비전의 궁극적인 목표는 기관의 정책과 절차에 따라서 질적, 양적으로 최선의 가능한 서비스를 클라이언트에게 전달하는 데 있다고 수퍼비전을 정의하였다. 또한 그는 수퍼비전 정의를 개발하는 데에 있어 고려해야 할 요소도 제시하였는데, 수퍼비전의 기능, 수퍼비전의 목표, 수퍼비전의 위계적 위치, 직접적 서비스로서의 수퍼비전, 수퍼비전의 상호작용적 과정의 5가지 요소를 제시하였다(Kadushin and Harkness, 2002).

한국의 수퍼비전의 연구에서 김융일·양옥경(2002)은 기존 연구자들의 의견을 종합하여 수퍼비전의 정의를 내리고 있는데, 사회복지 수퍼비전이란 중간관리자인 수퍼바이저의 스타일과 일선 실천가인 수퍼바이지의 반응 간의 위계적이면서 긍정적인 수퍼비전 관계 속에서 특정 세팅이나 상황의 고유한 특성을 고려하면서 그 세팅의 정책과 절차에 따라 클라이언트에게 질적 및 양적으로 최선의 서비스를 제공할 목적으로 실행되는 것이다. 내용과 구조, 과정 측면에서 수퍼비전은 행정적, 교육적, 지지적 기능들과 이들 기능별 고유 역할과 과제 및 활동들을 수퍼비전 관련 윤리강령에 입각하여 다양한 내용과 구조 및 시간 적용을 통해 수행함으로써 수퍼바이저가 수퍼바이지의 업무 수행을 지시하고 조정하며 향상시키고 평가하는 의무적이고 구조화되어 있으며 정규적이고 일관성이 있으며 사례 중심적인 상호 작용 과정이다. 또한 사회복지 수퍼비전은 수퍼바이지에 대해서는 직접적이지만 클라이언트에 대해서는 간접적인 전문적인 서비스이라고 하였다.

이는 수퍼비전 개념의 개발에 있어 필요한 요소로서 제시되었던 수퍼비전의 기능, 목표, 수퍼바이저의 위치, 수퍼비전 관계요소를 고려한 정의이며 사회복지전문직이 기본적으로 준수해야 하는 윤리강령과 수퍼비전의 공식적이고 구조적인 실행을 강조한 것이다. 또한 수퍼비전은 사례를 중심으로 다루는 상호 작용이며 그 자체로 하나의 서비스이자 실천의 맥락임을 강조한 정의라 할 수 있다.

수퍼비전은 기관에서 직무자들의 지식, 기술, 태도를 향상시키기 위해 채택되는 모든 절차인 직원개발 중 일부이나 동일 직무 책임을 갖는 집단에게 행해지는 사내 훈련과는 차별화되는 개념이다(Kadushin and Harkness, 2002). 수퍼비전은 사회복지사 개인의 욕구와 구체적인 업무 수행에 초점을 두고 개별화하여 진행한다는 점에서 다른 직원개발방법들과 구분된다.

이제까지 살펴본 수퍼비전의 개념 고찰을 통해 수퍼비전은 공식적인 기관체제 내에서 이루어지며 수퍼바이저와 수퍼바이지의 상호 작용과 관계성을 통해 수행되는 조직기제라 하겠다. 수퍼비전의 1차적인 목적은 클라이언트에게 최선의 서비스를 제공하는 것이며 주로 행정, 교육, 지지의 하위 기능으로 이루어져 있음을 알 수 있다. 또한 수퍼바이지의 직무와 사례가 중심이 되는 상호 작용이며 수퍼바이지의 개별 욕구와 업무 수행에 초점을 두어 실행되어야 하는 도구라는 것을 알 수 있다.

이와 같은 수퍼비전의 개념적 고찰에 따라 본 연구에서는 사회복지 수퍼비전을 '사회복지조직에서 클라이언트에 대한 최선의 서비스 제공과 직원의 전문성 증진을 위해 공식적으로 실행되는 기제로 전문직의 사명과 가치에 기반을 두고 기관 목표 및 수퍼바이지 직무에 초점을 두면서 수퍼바이저와 수퍼바이지에 의해 이루어지는 상호작용 과정'으로 정의한다. 또한 본 연구에서 직원이란 사회복지관에 근무하는 사회복지사를 의미한다.

제2절 사회복지 수퍼비전 구성요소

본 절에서는 사회복지 수퍼비전의 구성요소에 관한 선행연구자들의 논의들을 살펴보고 본 연구에서 수퍼비전 표준 체계 개발을 위해 선택한 구성요소의 세부 내용에 대해 고찰해 보고자 한다. 먼저, Kadushin and Harkness(2002)는 수퍼비전의 개념 구성요소로서 수퍼비전의 기능, 수퍼비전의 목표, 수퍼비전의 계층구조상의 지의, 간접서비스로서의 수퍼비전, 수퍼비전의 상호 작용 과정의 5가지 요소를 제시하고 있다. 또한 수퍼비전은 과정에 영향을 주는 체계적인 요소들로 구성된 생태학적 체계에 속해 있다고 하면서 수퍼비전의 생태학적 체계요소들로서 지역사회(일반적 지역사회, 협력기관 및 타 전문직), 사회복지전문직, 기관, 부서, 수퍼바이저와 수퍼바이지 관계의 5가지 요소를 제시하였다. 또한 강철희·최소연(2005)은 사회복지 수퍼비전의 방향 및 변인고찰 연구에서 수퍼비전의 변인을 수퍼바이저, 수퍼바이지, 수퍼바이저와 수퍼바이지의 관계, 조직의 4가지로 분류하여 제시하고 있다. 김경실(1999)은 효과적인 수퍼비전의 요소들을 규명하는 연구에서 수퍼바이지, 수퍼바이저, 수퍼비전 관계, 환경적 요인, 수퍼비전 효과 평가의 5가지 요소를 제시하였다. Kilminster and Folly(2000)는 효과적인 수퍼비전의 세부적인 모델을 개발하기 위해 실시한 기존 문헌조사 연구에서 효과적인 수퍼비전을 위한 기본 요소로서 수퍼비전의 정의와 목적, 수퍼비전의 이론적 모델, 수퍼비전의 활용성과 구조 및 내용, 수퍼바이저 특성, 수퍼바이저 훈련, 수퍼비전 효과 규명의 6가지 요소를 제시하였으며 특히, 수퍼비전의 효과성을 위한 세부요소로서는 수퍼비전 관계, 피드백, 적절한 통제와 수퍼비전 실시 및 투입, 충분한 시간 요소라고 주장하였다. Tsui(2004)는 1950년과 2002년 사이에 출간된 경험적 연구 34개를 분석하여 이제까지의 연구주제들을 분류하고 있는데, 이를 수퍼비전 기능, 수퍼비전 내용, 수퍼비전 구조와 권력, 수퍼비전 관계,

수퍼비전 스타일 및 기술, 수퍼비전 효과, 수퍼바이저에 대한 교육훈련, 개인적 특성이라고 분류하고 수퍼비전은 사회문화 속의 당사자들인 수퍼바이저, 수퍼바이지, 일선 사회복지사, 클라이언트를 포함한 상호 작용적 과정임을 강조하면서 4명의 당사자에게 영향을 미치는 요소들을 규명할 필요가 있다고 하였다. 또한 조휘일(2005)은 수퍼비전 모델 개발 시에 고려해야 하는 주요한 요소로 실천기반을 생태체계이론, 일반주의 실천, 지역사회 실천을 중요한 영역으로 강조하고 있고 일반주의 실천가를 양성하기 위한 수퍼비전 모델의 개발과 수퍼바이저의 역할에 대해 제안하고 있다. 또한 수퍼비전을 구성하는 세부요소로서 수퍼비전 정의 및 기능, 목적 및 목표, 수퍼바이저의 계층구조상의 위치, 상호 작용 과정, 단계별 활동, 수퍼바이저와 수퍼바이지의 관계, 수퍼바이저의 책임과 직무의 7개 요소를 규명하고 수퍼비전 맥락에 있어 Kadushin(1992)이 강조한 생태체계적 요소들을 고려해야 함도 강조하였다.

이러한 선행연구자들의 수퍼비전의 구성요소들을 고려하여 본 연구에서는 사회복지 수퍼비전의 구성요소로서 수퍼비전 목적, 수퍼바이저, 수퍼바이지, 수퍼비전 관계, 조직특성(지역사회와의 관계 포함), 수퍼비전 실행구조[2] 등 6개 요소를 규명하였다. 연구의 중심 틀이 되는 수퍼비전 6개 구성요소의 내용을 살펴보면 다음과 같다.

1. 수퍼비전 목적

수퍼비전은 1차적으로 클라이언트들에게 효율적이고 효과적인 서비스가 제공되도록 하기 위함이다. 이는 수퍼비전이 추구하는 궁극적이며 장기적인 목적이다. 수퍼비전의 단기적 목적은 Kadushin(1976)이 도출한 수퍼비전의 3대 기능에 따라 3가지 목적으로 나뉜다. 먼저 교육적인 수퍼비

---

2) 수퍼비전 실행구조의 세부요소는 수퍼비전 방법, 수퍼비전의 내용, 수퍼바이저의 직무, 수퍼비전 모델, 수퍼비전 정책의 5개 세부요소로 정리하였다.

전 목적은 업무를 효율적으로 할 수 있도록 직원의 능력을 증진시키고 사회복지사를 도와 전문적으로 발전하고 그들의 실천기술과 지식을 확대시키는 것이고, 행정적인 수퍼비전의 목적은 일선 사회복지사들에게 그들의 업무를 효과적으로 수행할 수 있도록 내용을 제공하는 것이며 지지적 수퍼비전은 사회복지사가 그들의 업무 수행에서 만족하도록 해 주는 것이 목적이다(Kadushin and Harkness, 2002).

이러한 기능별 목적과는 다르게 Payne(1994)은 수퍼비전의 주요 관련자인 조직과 수퍼바이저, 수퍼바이지, 클라이언트에 따라 수퍼비전의 목표를 분류하여 제시하였다. 첫째, 수퍼비전은 클라이언트가 최대한 이익을 얻도록 하며 부적절한 직원의 반응으로부터 보호받아야 한다는 것이다. 둘째, 수퍼비전은 수퍼바이지가 보다 효과적인 실천을 하고 그들 고유의 개입을 고려하도록 하며 전문적인 발달을 도모하고 그들 스스로를 잘 관리할 수 있도록 하는 것이다. 셋째, 수퍼바이저의 입장에서는 서비스 단위의 표준들과 개입의 목표들을 유지하는 것이며 일선 직원의 실행에 대한 보고를 통해 업무 수준을 관리하고 다양한 규정들과 요구들을 확인하면서, 전문적인 실천의 좋은 기준들을 유지하는 것이다.

수퍼비전과 관련된 문헌과 전문직을 위한 지침서에서 자주 언급되고 있는 수퍼비전의 목적은 크게 4가지로 분류되는데, 수퍼바이지를 위한 교육, 클라이언트의 복지 증진, 전문가협회와 자격증 취득을 위해 수퍼바이지의 발전을 모니터링하는 것, 그리고 수퍼바이지를 임파워먼트하는 것이다(Tsui, 2004).

조휘일(1999)은 수퍼비전의 목적이 별개의 것이 아니라 바로 사회복지의 현재적 개념정의에 기반을 둔다고 하면서 수퍼비전의 목적을 제시하였다. 수퍼비전의 목적은 클라이언트에게 최대한 효과적이고 질적인 서비스를 제공할 수 있는 전문적 실천과 직원 및 기관의 책무성을 실현하도록 보장하는 것이다. 즉 사회복지 실천은 사회정의의 증진과 효과적인 사회복지 프로그램 및 서비스의 제공 그리고 개인 및 가족의 강화와 발달을 통해서 개인 내지 집합적인 복지를 실현하여 모든 사람의 질적인 삶을 풍요롭게 하는 목적을 달성하는 활동이며 이를 효과적, 효율적으로 실천하도록 하는 것이 바로 수퍼비전의 목적이다.

수퍼비전은 1차적으로 클라이언트에게 효과적이고 질적인 서비스를 제공하기 위함이다. 그러나 서비스의 제공은 사회복지기관에서 직원들을 통해 이루어지기 때문에 클라이언트에게 실질적인 도움을 주기 위한 실천의 도구인 사회복지사들에 대한 교육과 발전, 모니터링과 관리가 수퍼비전이 추구하는 또 다른 중요한 목적이 된다.

2. 수퍼바이저

수퍼바이저의 인구통계학적 배경인 연령, 성, 경력, 학력 등과 수퍼바이저의 성향은 수퍼비전 과정에 중요한 영향을 미친다. 특히 수퍼바이저의 스타일과 역량이 수퍼비전에 영향을 미친다고 하는데 Pesut and Williams (1990)에 따르면 수퍼비전에 준비가 되어 있는 것, 즉 수퍼비전 역량을 갖는 것이 큰 영향을 미친다고 하였다. 특히, 세부적으로 개입방향의 아이디어 제공, 피드백 제공, 자율성 인정, 지지 등이 영향을 미친다고 하였다. Smith(2000)은 두려움에 있어서의 수퍼비전이라는 주제로 사례 연구를 통해 위급상황에서의 두려움을 없애는 바람직한 수퍼바이저의 역할에 대해 제시하고 있는데, 수퍼비전 제공을 위해 있어야 할 자리에 있는 수퍼바이저, 수퍼바이지를 위해 시간을 내어 적극적으로 경청하는 수퍼바이저의 모습이 중요하다는 결론을 내었다. 또한 수퍼비전은 수퍼바이저가 남성과 여성이냐에 따라 차이가 있게 나타나기도 한다. Munson(1979)은 남성과 여성 수퍼바이지와 수퍼바이저들을 대상으로 각각의 선호경향을 조사하였다. 65명의 수퍼바이저와 수퍼바이지를 대상으로 조사한 결과 여성 수퍼바이저들이 남성 수퍼바이저들보다 상대적으로 우호적이며 표현적이기 때문에 수퍼바이지들이 여성 수퍼바이저들을 선호하는 경향이 나타났는데, 이러한 결과는 여성 수퍼바이지들에게 더욱 강하게 나타난다고 하였다(Jeffreys, 2001).

수퍼바이저 성향에 따른 수퍼비전에서의 행동특성에 대해 Stevens 외(2002)는 참여적 스타일의 사람이 수퍼비전에서 일반적으로 바람직하게 평가받는 행동인 친절함과 개방성을 갖는다고 보고하고 있다. 이는 참여적인 성향의 사람에 의한 수퍼비전이 보다 긍정적으로 인식될 가능성이 높을 수 있음을 시사해 준다. 또한 Worthington and Roehlke(1979)는 수퍼바이저들 대상 연구에서 수퍼바이지의 능력에 대한 피드백을 주는 행동이 바람직한 수퍼비전을 위해 가장 중요한 것으로 인식되고 있음을 제시하였다(강철희·최소연, 2005).

또한 효과적인 수퍼비전을 위한 수퍼바이저 변인으로 김경실(1999)은 수퍼바이저로서의 기본 태도와 역량을 갖추고 쌍방적 의사소통과 합의를 할 수 있으며 지지적이고 즉각적이며 직접적인 피드백을 줄 수 있는 능력을 강조하고 있다. 수퍼바이저 역량에 대한 연구로 Dye and Borders(1990)는 수퍼바이저가 지녀야 할 대표적인 역량을 상담, 수퍼바이저 역할과 관련한 일관적인 태도, 전문가의 윤리적이고 법적인 측면, 수퍼비전 관계의 개인적이고 전문적인 속성, 수퍼비전 기법과 방법, 상담자 발달 과정, 사례개념화와 사례관리, 클라이언트 사정과 평가, 구두 및 서면보고와 기록, 상담실행 평가, 상담자 수퍼비전 역량으로 제시하고 있다.

바람직한 수퍼비전을 위한 수퍼바이저의 필요 역량에 대해서는 주로 수퍼비전을 주기 위해 기본적으로 확보해야 하는 실천 관련 지식과 기술, 수퍼비전 관련 지식과 준비, 수퍼바이저로서의 태도와 경험 그리고 스타일, 의사소통 기술 등이며 실천현장 및 수퍼바이지의 상황과 초점의 차이에 따라 다양하게 나타나고 있다.

본 연구에서는 수퍼바이저 일반 배경변수 중, 경력 및 학력, 수퍼비전 교육훈련경험의 자격요건과 수퍼바이저의 지식, 기술, 태도 등 수퍼바이저의 역량을 수퍼바이저 관련 세부 구성요소로 보았다.

3. 수퍼바이지

효과적인 수퍼비전이 가능하기 위해서는 수퍼바이저의 특성만큼이나 수퍼바이지의 역량과 준비된 모습이 중요하다. 또한 수퍼바이지가 수퍼비전에 임하는 태도 역시 중요한 영향력을 가질 수 있다. 수퍼바이지가 수퍼비전을 수용할 태도가 되어 있는가의 여부는 효과적인 수퍼비전의 중요한 요소이며 수퍼바이저를 조작하는 성향이 있거나 수퍼비전에 저항이 있는 경우에는 수퍼비전에 어려움이 있을 수 있다. Kadushin and Harkness (2002)는 수퍼바이지의 게임들에 대해 규명하면서 이러한 게임은 수퍼비전을 왜곡시키며 수퍼바이저와 수퍼바이지의 전문적 관계를 침해한다고 밝히고 있다. 또한 Munson(2002)은 수퍼바이지에 대한 교육적 진단을 통해 개별화된 교육적 수퍼비전을 실시해야 함을 강조하고 있고 Lazer and Erera(1996)는 신규수퍼바이지와 경력수퍼바이지에 따른 수퍼비전 욕구가 부분적으로 차이가 있게 나타났다고 밝혀 수퍼바이지의 경력에 따라 수퍼비전의 만족도나 효과가 다르게 나타날 수 있음을 시사하고 있다.

사회복지사의 전문성 수준에 따른 수퍼비전 제공에 관련하여 초기 연구로 Scott(1965)은 공공사회복지기관에서 근무하는 90명의 사회복지사들에 대한 질문지법과 11명의 수퍼바이저들 대상으로 인터뷰 조사를 실시하여 사회복지사들이 일반적으로 그들의 조직에서 수퍼비전 체계를 수용하고 있다는 것을 발견했다. 또한 수퍼비전에 관련하여 전문적으로 훈련된 직원이 전문적으로 훈련되지 않은 직원들에 비해 수퍼비전을 보다 더 중대하게 인식하고 있었음을 발견하였다. 이러한 결과는 전문적인 일선 직원은 수퍼비전에 대한 보다 높은 기대를 가지고 있고 따라서 전문적인 수퍼바이저들은 직원 만족도를 보다 높은 수준으로 이끌 수 있는 수퍼비전을 제공해야 한다는 것을 의미하고 있다.

수퍼바이지가 수퍼비전을 위해 어떠한 역량을 보유해야 하는가에 관한 연구는 수퍼바이저 요인에 대한 연구에 비해 세부적인 연구가 다소 미흡하다. 이는 수퍼비전 제공의 1차적인 책임과 진행의 주체는 수퍼바이저이며 수퍼비전을 위한 준비와 역량 확보 노력 또한 수퍼바이저에게 집중되었기 때문인 것으로 판단된다. 또한 수퍼비전을 위한 수퍼바이지의 역량은 지식, 기술적인 측면보다는 수퍼비전을 제공받는 참여자로서 수퍼비전에 대한 준비와 수용자세 등의 기본 태도 영역에 초점을 두고 있다고 볼 수 있다.

본 연구에서는 수퍼비전을 위한 수퍼바이지의 기본 역량을 수퍼바이지 관련 수퍼비전 구성요소로서 보았다.

4. 수퍼비전 관계

수퍼비전 관계는 효과적인 수퍼비전을 의한 중요한 도구이다. 이는 클라이언트와 사회복지사와의 관계와 유사한 점이 있지만 분명히 다른 관계이다. 이들의 관계는 전문적인 돕는 관계. 능력 부여의 관계로서 수퍼비전의 목적과 기능을 성취시키는 기본적인 요소이며 기반이다. 이러한 관계가 긍정적으로 성립되었을 때, 사회복지사의 성취에 효과적일 수 있다. 수퍼바이저는 전문지식과 윤리규범을 바탕으로 사회복지사에게 책임감을 가지고 전문기술을 가르친다는 점에서 사회복지 실천의 전문적 관계와 유사하다고 볼 수 있다(Perman, 1979, 성효자 2002에서 재인용).

수퍼비전 관계는 바람직한 수퍼비전을 위해 매우 중요한 요소로서 연구되어 왔다. Lewis 외(2001)는 수퍼바이저와 수퍼바이지의 관계 그 자체가 수퍼비전의 질에 영향을 미칠 수 있고 그 관계는 수퍼바이지의 욕구와 개발 수준, 수퍼바이지의 성취와 성장의 동기뿐 아니라 수퍼바이저의 리더십 스타일, 관계에 대해서 조직이 갖는 욕구 등의 다양한 요인들에 의해서 영향을 받을 수 있음을 기술하였다. Kilminster and Folly(2000)는 192개 수퍼비전 연구들을 분석하여 효과즈인 수퍼비전의 세부적인 구성요소를 제시하였는데, 그들은 좋은 수퍼비전을 위한 요소들로 수퍼비전 시행 정규성과 빈도, 피드백 제공, 수퍼비전 관계의 3가지 요소로서 보고하였고 이 중에서도 가장 강력한 요소는 수퍼비전 관계인 것으로 보고하였다. 수퍼비전 관계는 수퍼비전에서 가장 중요한 요소로서 연구되고 있다.

수퍼비전 관계성에 있어서 가장 중요한 요소가 무엇인가에 대하여 Kaiser(1997)는 그것을 공유된 의미라고 지적하였다. 이것은 수퍼바이저와 수퍼바이지 사이의 상호 이해와 동의를 의미한다. 이러한 상호 이해와 의미의 공유화 과정을 위해서 분명한 의사소통은 차이점을 줄이고 또한 공유된 의미를 더욱 발전시키는 데에 필요 요소가 된다. Kaiser(1997)는 공유된 의미를 강화하도록 하는 방법으로 분명하게 진술된 수퍼비전 계약이 도움을 줄 수 있다고 하였다.

수퍼비전 관계에서의 중요 요소에 대해 Tsui(2004)는 신뢰를 강조하고 있는데 신뢰란 수퍼비전의 심리적 맥락의 가장 중요한 요소이며 존경과 안정의 의미를 포함하고 있다고 하였다. 존경이란 수퍼바이지에 대한 수퍼바이저의 존중의 표현이고 안전은 수퍼바이지가 수퍼바이저의 비판을 두려워하지 않고 과업위험에 대해 자유롭게 느낄 때에 명백하게 된다고 강조하고 있다. 선행연구자들은 수퍼비전 관계의 요소들로 의사소통, 상호 이해와 동의, 공유, 신뢰, 존중, 안전함 등을 중요 요소로 제시하고 있다.

또한 수퍼비전 관계에 있어 수퍼바이저와 수퍼바이지 간의 경험적, 정서적 관계가 매우 중요할 수 있음을 언급하면서 수퍼바이지의 많은 문제들이 이러한 관계에서 비롯될 수 있음을 시사하고 있다(강철희·최소연, 2005). 한국의 연구에 있어서도 수퍼비전 관계는 수퍼비전 연구의 주요 변수로서 연구되어 오고 있고 긍정적인 관계가 수퍼바이지의 자기효능성, 전문성, 전문직업성 등에 영향을 미친다는 것이 연구결과로써 검증되었다(김진, 2003, 문지은, 2004, 고유나·성희자, 2004). 그러나 수퍼바이저와 수퍼바이의 관계의 구체적인 내용은 무엇이고 어떠해야 하는가에 대한 연구는 다소 미흡하다고 볼 수 있다. 주로 수퍼비전 관계에 대해서는 사회사업에서의 돕는 관계 또는 상담자와 내담자와의 관계의 속성으로서 일반적으로 논의되어 왔으나 사회복지현장에서 수퍼비전 관계에 대한 논의는 수퍼바이저와 수퍼바이지의 협력적이고 보다 적극적인 상호 작용에 초점을 두고 진행되어야 한다고 본다.

본 연구에서는 수퍼바이저와 수퍼바이지의 관계요소를 수퍼비전의 구성요소로서 포함하여 수퍼비전 관계의 세부 내용에 대해 규명하고자 하였다.

5. 조직특성

효과적인 수퍼비전을 위해서 기관의 특성들도 매우 중요한 영향력을 가질 수 있다. 기관, 조직요인과 관련해서 기관이 공정하고 선명한 규율과 절차를 갖고 그것을 따르고 활용하게 했을 때에 수퍼비전의 질과 결과변인에 매우 중요한 영향을 미칠 수 있음을 설명하고 있다.

Kadushin and Harkness(2002)는 특히 수퍼비전의 생태체계적인 측면을 강조하면서 수퍼바이지와 수퍼바이저의 관계는 그들이 속한 기관의 부서, 조직, 전문적 체계로부터 영향을 받고 있음을 강조하고 있다. Skidmore (1990)는 조직이 수퍼비전을 줄 수 있는 시간을 확보해 주고 직무분석, 직무기술이 구비되어 있으며 기관의 목표가 무엇인지 직원들이 공유할 수 있는 조직분위기가 형성되어야 바람직한 수퍼비전이 이루어질 수 있음을 강조하였다. 또한 Lewis 외(2001)는 조직이 공정하고 명료한 직원규율과 절차를 갖고 있고 직원들로 하여금 알고 따르게 하고 활용할 수 있도록 하는 것 그리고 직원들을 위한 즉각적인 피드백 체계를 갖는 것이 수퍼비전의 결과에 중요할 수 있다고 하였다.

한국의 연구에서도 기관의 특성은 수퍼비전에 영향을 미친다는 연구들이 보고되고 있고(이은진, 2002, 이지연, 2002) 특히, 조직의 수퍼비전에 대한 강조가 부족하고 업무상의 배려가 미흡한 부분이 수퍼비전 실시에 큰 장애요소가 될 수 있음을 밝히고 있다(임일환, 1996).

수퍼비전을 둘러싼 대표적인 환경으로서 조직의 특성은 수퍼비전의 원활한 실행을 위해 중요하다. 수퍼비전은 사회복지전문직 조직 내에서 기관 내부 제도로서 의무적으로 채택되고, 이러한 제도를 적극 실행하고자 하는 기관 내부의 리더십과 조직원의 의지가 수반될 때 효과적으로 이루어질 수 있다.

본 연구에서는 사회복지관의 조직구조와 환경, 조직관리 체계, 조직리더십, 조직분위기, 기관 부서체계, 지역사회 및 전문가협회와의 관계 등을 포함한 조직특성 요인을 수퍼비전 구성요소로 보았다.

6. 수퍼비전 실행구조

본 연구에서는 수퍼비전의 구성요소 중 수퍼비전 실행구조 요소를 선행연구자들의 연구를 토대로 수퍼비전 방법, 수퍼비전의 내용, 수퍼바이저 수행 직무(기능), 수퍼비전 모델, 수퍼비전 정책의 5가지 요소로서 규명하였다. 전체적인 연구의 기초 질문들이며 표준 내용의 토대가 될 5가지 요소들을 살펴보면 다음과 같다.

1) 수퍼비전 방법

수퍼비전 방법은 수퍼비전 실행에 있어 사용되는 도구나 기법, 또는 수퍼비전 유형을 지칭하는 의미로 사용된다. 본 연구에서는 수퍼비전 방법을 수퍼비전 기법, 도구 사용, 유형, 과정 및 단계, 장소 활용, 횟수 및 주기, 시간과 정규성, 계약 등 수퍼비전을 실행하기 위해 사용되는 다양한 구조적인 요소들을 포함하는 개념으로 보았다.

먼저 수퍼비전의 횟수, 주기, 길이, 정규성, 장소, 단계 등의 구조적인 요소들은 효과적인 수퍼비전에 영향을 미치는 주요 요인들이 되고 있다. 이은진(2002)의 연구에서 수퍼비전이 정기적으로 이루어질수록 수퍼비전 인식도가 높게 나타난 것으로 보고되었다. 또한 Tsui(2004)는 수퍼비전의 맥락적 요소를 강조하면서 물리적, 대인적, 심리적 맥락 등을 강조하고 있는데, 수퍼비전을 실시하는 장소나 물리적 환경의 중요성도 수퍼비전에서 중요한 요소임을 강조하고 있다.

또한 수퍼비전을 어떠한 형식으로 진행할 것인가를 의미하는 수퍼비전의 유형은 매우 다양하다. 자신의 업무에 대해서 스스로 점검하는 자기분석 수퍼비전, 수퍼바이저가 수퍼바이지에게 일대일로 수퍼비전을 제공하는 개별 수퍼비전, 동료 간 일대일로 진행하는 동료 간 개별 수퍼비전, 수퍼바이저와 여러 명의 수퍼바이지가 수퍼비전 관계를 형성하는 집단 수퍼비전, 동료들이 집단을 구성하여 서로 수퍼비전을 주고받는 동료 집단 수퍼비전, 마지막으로 한 부서·팀이 외부에서 수퍼바이저를 초빙해서 수퍼비전을 받는 부서·팀 수퍼비전 등이 있다. 이러한 수퍼비전 유형은 각각 장단점이 있고 상황에 알맞게 활용될 수 있어야 한다(이시연 외, 2003). 특히, 이 중에서도 최근 동료 수퍼비전은 수퍼바이저와 수퍼바이지의 협력적이고 상호 공유적인 관계의 중요성이 강조되면서 더욱 중요한 수퍼비전 유형으로서 대두되고 있다(Kadushin and Harkeness, 2002, Zorga and Kobolt, 2001).

수퍼비전의 유형에 대해서는 주로 개별, 집단 수퍼비전의 실태와 활용에 대해서 연구되었고(유조안, 1999, 김선화, 2001, 김지은·김광웅, 2003) 동료 수퍼비전과 팀 수퍼비전을 포함하여 수퍼비전 유형의 세부 내용에 대한 연구는 충분하지 못한 상황이어서, 차후 구체적인 연구가 필요하리라 본다.

주로 수퍼비전의 형식의 개념인 수퍼비전의 유형과 달리 수퍼비전 실행 시의 도구 활용의 개념인 수퍼비전 기법으로는 사례 활용, 참관, 기록과 레코딩, 역할극, 강의 및 교육, 기법전수 책읽기, 질문기법, 녹음 및 녹화, 수퍼비전 사후지도 등이 있다(Munson, 2002). 특히, 교육적 수퍼비전에서는 다양한 교육적 도구들을 활용하여 수퍼비전을 제공하였을 때 수퍼바이지의 만족도 높게 나타난다.

마지막으로 수퍼비전의 방법 영역에서 수퍼비전의 과정과 단계를 살펴보자면, 수퍼비전의 과정에 대해서 Shulman(1993)은 상호 작용 수퍼비전 모델을 제시하고 수퍼비전 실행의 과정을 4가지 단계로 설명하고 있다. 즉 수퍼바이저와 수퍼바이저의 관계에 대한 기초를 세우고 친밀감을 형성하는 준비 단계, 수퍼비전에 대한 계약이나 동의가 이루어지고 상호 신뢰를 쌓아 나가는 시작 단계, 감정 이입, 기술과 정보 공유 등 실질적인 수퍼비전이 실행되는 작업 단계, 네 번째로는 수퍼비전 과정을 요약하고 성취한 바를 나누며 수퍼바이지의 장단점을 정리하는 종결 단계의 4단계이다. 또한 Caspi and Reid(2002)는 과제 중심 수퍼비전 모델을 제시하면서 전체 수퍼비전 실행의 단계에 대해 시작, 중간, 종결의 3가지 단계를 제시하였다. 각 3가지 단계는 세부적으로 사회적 단계, 목표 수립 및 계약, 과제 선택과 장애물 제거, 교육 및 과제 수행 확인 등으로 진행된다고 하였다. 수퍼비전은 일련의 흐름과 과정을 통해서 이루어져야 하며 각 과정에 따른 적절한 과업 수행을 통해 수퍼비전이 실행되는 것이 효과적이다.

특히, 준비 단계에서 수퍼비전 계약과 수퍼바이지에 대한 교육적 사정은 중요한 과업으로 논의되고 있다. Tsui(2004)는 기관의 수퍼비전에 있어서 수퍼비전 계약을 필수적인 것으로 보고 있고 실습생과 기관 수퍼바이저와의 관계에 있어서도 실습 학습계약은 중요한 기제가 되고 있다(Fortune, 1994, 조휘일, 1998에서 재인용). 최근의 정수경(2004)의 연구에서는 학습계약을 중요한 수퍼비전 구조 변수로 보고 연구가 이루어지는데 학습계약에 대한 논의를 많이 하고 수퍼비전 시간이 많을수록 수퍼바이지의 실천수행능력이 높게 나타남이 보고되었다. 그러나 일반적으로 계약은 실습지도를 위한 맥락에서 사용되었고 실질적으로 기관의 수퍼바이저와 수퍼바이지의 서면계약은 문화적 속성이나 수퍼바이저와 수퍼바이지의 위계관계상 적극적으로 이루어지기 어렵다는 보고를 하고 있기도 하다(김계현, 1992). 한국적 상황상 특히, 직원 수퍼비전에 있어서의 계약은 다소의 제한점이 있겠으나 본 연구에서 전반적인 실태와 현황을 살펴보고 차후방안을 모색하는 것도 중요한 의미가 있다고 본다.

수퍼바이지의 교육적 사정은 초창기에 주로 수퍼바이지가 학습이 필요한 것은 무엇인가, 신입 수퍼바이지는 새로운 상황을 잘 이해하고 있는가 등에 초점을 두고 수퍼바이지의 개인적 기능 측면에 초점을 두어 왔다. 그러나 최근 교육적 사정은 학습의 균형에 초점을 두고 수퍼바이저와 수퍼바이지의 상호 평가를 중요한 목적으로 보고 있다. 수퍼바이저는 교육적 사정을 위해 수퍼바이지의 선행경험, 윤리적 자각, 이론적 지식, 사정과 진단, 개입 기술, 조직 이해도, 태도와 가치, 목적과 목표, 선행 수퍼비전 경험, 학습의 장애물 등을 파악하고 상호 협의를 통해 수퍼비전 계획을 수립하여야 한다(Munson, 2002).

2) 수퍼비전 내용

수퍼바이지들이 수퍼비전을 중요하게 여기며 수퍼비전을 받고 싶어 한다는 욕구에 대해서는 이미 보편적으로 보고되고 있다. 본 연구에서는 수퍼비전의 교육적인 욕구에 초점을 두고 어떠한 영역의 욕구가 높은 것으로 보고되고 있는지 규명해 보고자 한다.

성희자(2002)는 수퍼비전에서 중요하게 코고 있는 수퍼비전 내용을 정신보건수련모델의 14개 내용에 따라 중요드와 숙련도를 통해 비교 분석한 연구를 실시하였고 직장체험연수생을 대상으로 Fortune의 실습지도의 핵심적인 내용모델에 따라 수퍼비전 욕구를 조사하기도 하였다(고유나·성희자, 2004).

김계현(1992)은 Acker and Holloway(1986)의 수퍼비전 모델 매트릭스를 근간으로 개별 수퍼비전 사례를 분석하였고 그 결과에 따라 모델을 수정하여 수퍼바이지의 발달 단계에 따른 개별 수퍼비전 모델을 제시하고 있다. 그의 연구는 소수 개별 사례이긴 하지만 수퍼바이지들이 점차 전문가로 성숙해 감에 따라 차별화된 교육적 수퍼비전을 제공하는 발달 단계에 따른 수퍼비전 모델을 제시하였다는 점에 의의가 있다.

문수정·김계현(2002)는 수퍼바이지들의 경력 수준에 따라 수퍼비전 교육 내용의 요구를 분석하는 연구를 실시하였다. 222명의 수퍼바이지들에게 상담 수퍼비전에서 다루어지는 21개의 교육 내용으로 구성된 설문조사를 실시하였는데, 초보, 중간, 숙련 수퍼바이지 집단 간에 교육요구의 우선순위가 뚜렷하게 차이가 나는 내용이 있다고 보고하였다. 또한 Miller and Robb(1997)은 MSW를 획득한 신입 수퍼바이지들이 임상 사회사업 실천을 하기 위해 어느 정도 잘 준비가 되어 있는가와 수행 향상을 위해 학습할 필요가 있는 영역에 대해 수퍼바이저 관점에서 조사하였는데, 신입 수퍼바이지들의 지식, 기술, 임상적 능력은 업무요구보다 유의미하게 낮게 나타났고 가치의 영역은 업무요구 수준보다 높게 나타났으며 학습이 더 강화되어야 할 영역으로 치료전략, 기술, 단계에 대한 지식, 개인병리, 사정 기술, 방어를 확인하는 것 등으로 보고하였다.

본 연구에서는 수퍼비전 내용을 사회복지관 현장의 실천수행에 있어 수퍼비전이 필요한 내용을 중심으로 구체화하였다.

3) 수퍼비전 기능

수퍼비전 기능은 Dawson(1926)이 처음 사용하기 시작한 이래로 Towle(1954)을 거쳐 Kadushin(1976)으로 이어지면서 행정, 교육, 지지라는 3대 기능 구분이 보편적으로 받아들여지고 있다. 행정적 수퍼비전은 올바르고 효과적인 기관정책 및 절차 이행에의 엄수를 보장하고 사회복지사에게 업무를 적절히 수행할 수 있는 작업배경을 제공하는 것이 목적이다. 세부과제로는 직원채용과 선발, 배치, 업무계획과 평가, 의사소통 촉진, 행정적 완충과 변화대행 등이 있다. 교육적 수퍼비전이란 사회복지사의 지식과 기술 향상 등의 업무능력 개선이 목적으로 사회복지사를 가르치고 학습을 촉진하며 정보를 제공하고 경험과 지식을 공유하고 문제해결을 원조하는 것을 의미한다. 마지막으로 지지적 수퍼비전이란 사회복지사의 사기와 직무 만족도를 향상시키기 위해 스트레스 유발 상황을 방지하고 스트레스를 해소하도록 도우며, 책임을 공유하고 신뢰를 형성하며 관점을 공유하는 것이다. 이러한 3가지 기능은 각기 독립적으로 구분되기보다 세부적인 내용에서 중복되는 영역이 존재하고 있다(Kadushin and Harkness, 2002).

또한 수퍼비전 기능에 대한 다른 논의로 Middleman and Rhodes(1985)는 수퍼비전 기능을 통합, 서비스 전달, 연결 기능을 중심으로 제시하고 있는데 연결 기능은 업무량 처리, 정보 처리, 옹호, 변화 기능으로, 서비스 전달 기능은 교육, 평생직 사회화, 평가 기능으로, 통합 기능은 인간화, 긴장 관리, 촉매 기능으로 분류하여 설명하고 있다. 3가지 기능 영역은 Kadushin이 제시하는 행정·교육·지지 기능과 유사한 개념으로 평가되고 있다.

주로 교육, 행정, 지지적 기능으로 대표되는 3개 기능 외에 Hart(1982)는 사회복지사의 개인적 감정과 반응에 초점을 두고 개인능력을 사정하고 자기이해와 직업적 정체성을 증진시키는 성찰적 기능을 중요하게 제시하였는데, Kadushin(1992)은 이를 교육적 수퍼비전의 일부로 경험적-실존적 접근이라고 명명하기도 하였다. 이러한 3대 기능 외에도 사회복지사 자신의 직무 수행능력에 대한 다각적인 평가를 위한 정보 수집과 모니터링, 피드백 제공 등이 수퍼비전의 평가적 기능 영역으로 또한 중요하게 논의되고 있다.

이러한 수퍼비전 기능요소는 실질적으로 수퍼바이저의 직무와 과업분석 과정을 통해 수퍼바이저의 중요 직무를 규명하고자 하는 연구들(Kadushin, 1974, Poerter and Rapp, 1983, Melichercik, 1984)에서 도출된 내용이다. 주로 미국학자들에 의해 연구된 수퍼바이저의 직무분석 연구에 대하여 각 나라의 현장 상황을 고려하여 새롭게 수퍼비전의 기능을 정리하거나 선행연구자들의 수퍼비전 기능모델을 각 나라에 맞게 재규명하려는 연구들이 계속되고 있다(Lazer and Erera, 1996, Tsui, 2002). 이러한 맥락에서 한국사회복지관 상황에서의 수퍼바이저의 직무를 분석하여 수퍼비전의 기능에 대해 규명해 보는 노력은 의의가 있다 하겠다.

본 연구에서는 수퍼비전 기능에 대해 초기 선행연구(Kadushin, 1974, Poerter and Rapp, 1983, Melichercik, 1984)를 토대로 수퍼바이저가 수행해야 하는 직무의 개념으로 접근하여 수퍼바이저가 수행해야 하는 중요 직무와 과업을 탐색하였다. 직무의 내용은 전문가 델파이 패널 20명의 의견을 토대로 정리하였고 델파이 패널과 사회복지관 사회복지사들의 의견을 종합하여 수퍼바이저의 직무 표준을 제시하였다.

4) 수퍼비전 모델

수퍼비전은 다양한 기능과 유형을 가진 복잡한 과정이다. 따라서 수퍼비전 모델을 명확히 하나의 개념으로 정의하기에는 많은 어려움이 존재하는 실정이다. 그러나 모델은 이념, 배경과 행동지침을 제공해 줄 수 있어 수퍼비전 과정을 명확히 이해하는 데 유용한 도구가 된다.

수퍼비전 모델에 대하여 김융일 · 양옥경(2002)은 다양한 체계들 사이의 중간에 위치하여 사회복지사가 잘 기능하도록 돕는 역동적 체계모델, 수퍼바이저와 수퍼바이지 간의 관계의 중요성을 강조한 수퍼바이저와 수퍼바이지 관계모델, 실천 · 사회복지사 · 팀 · 기관 체계의 4체계의 기능과 과정을 강조한 발달모델의 3가지 모델을 주 모델로 제시하고 있다. 이와 더불어 고찰이 필요한 모델들로 이시연 외(2003)는 수퍼바이저의 선호에 의한 다양한 실천이론을 기반으로 하여 사용하는 실천이론 근거모델을 소개하고 있다.

Lewis 외(2001)는 휴먼서비스 프로그램의 경영에 있어서 유용한 수퍼비전 모델로서 수퍼바이저가 관리자, 중재자, 멘터의 역할을 병행하고 관리와 리더십을 중시하는 리더십 중심 모델을 주장하였다. 마지막으로 Tusi and Ho(1997)와 Tsui(2004)는 이제까지의 모델들을 토대로 통합적인 관점에서 문화적 맥락을 고려한 종합적 모델을 제시하고 있다. 그는 사회사업의 철학과 원칙, 지도감독의 관계, 지도감독의 과정, 수퍼비전의 기능, 수퍼비전의 맥락으로서의 문화 등을 수퍼비전 모델의 주요 개념 틀로 제시하면서 무엇보다 수퍼비전 맥락으로서의 문화 개념을 강조하고 있다.

위에서 살펴본 6가지의 주요 구분 외에 Tsui(2004)는 다음의 〈표 1-1〉과 같이 사회복지 수퍼비전 모델에 대해 5가지 영역의 11가지 수퍼비전 모델을 제시하였다.

기관과 수퍼비전 상황에 맞는 수퍼비전 모델을 선택하고 활용하는 것은 또한 수퍼비전 결과에 중요한 영향을 미치는 요인이라고 본다. 그러나 수퍼비전의 표준 개발을 중심으로 한 본 연구에서는 수퍼바이저가 사용하는 수퍼비전의 모델을 제한하여 제시하는 데에 어려움이 있다. 실질적으로 수퍼비전 모델은 상황에 따라 다양한 모델을 선택하여 사용하고 있으며 수퍼비전 모델과 분류에 대한 세부적인 규명 또한 미진한 상황이기 때문이다.

〈표 1-1〉 Tsui의 분류에 따른 사회복지 수퍼비전 모델

수퍼비전 모델	하위 분류 모델
1. 모델로서 실천이론	
2. 구조적-기능적 모델	1) 수퍼비전 기능모델 2) 통합적 모델 3) 권한의 모델
3. 기관모델	1) 개별 사회사업모델 2) 집단 수퍼비전 모델 3) 동료 수퍼비전 모델 4) 팀서비스 전달 모델 5) 자율적인 실천모델
4. 상호 작용 과정 모델	
5. 페미니스트 파트너십 모델	

수퍼비전 표준 개발에 있어서 염두해야 할 부분은 표준을 어느 정도의 범위와 깊이까지 세부적으로 규명할 수 있는가 하는 것이다. 또한 그렇게 정한 표준을 일반적으로 사용하는 것이 복잡한 문제해결 접근을 실시하

는 사회복지 실천 과정에서 적절한 것인가에 대한 것이다. 즉 수퍼비전에 있어서 수퍼바이저가 사용하는 세부모델을 표준화하여 규정하는 것은 마치 문제해결을 위한 실천이론들을 하나의 표준으로 제시하려는 오류를 범하는 것과 같다고 하겠다.

따라서 본 연구에서는 수퍼비전 모델 요소에 있어서는 이상적인 모델을 결정하여 제시하지 않았고 세부 모델 사용에 대한 표준 제시는 연구의 범위에서 제외되었다. 다만, 한국 상황에서 수퍼바이저들이 전체적으로 어떠한 모델들을 선호하며 또한 어떠한 관점에서 접근하고 있는가의 현황을 전문가 패널의 의견을 통해 차후 모델 개발의 논의로서 제시하고자 하였다.

5) 수퍼비전 정책

본 연구자는 수퍼비전에 관련된 지침과 규정, 그리고 수퍼바이저 양성, 수퍼비전 평가체계 등의 요소를 수퍼비전 정책요인으로 선정하였다. 특히, Pettes(1979))는 신임 수퍼바이저에게는 역할과 위치, 동료와의 관계 등에서 불안이 발생할 수 있기 때문에, 기관에서는 관련 실천경력이 있는 수퍼바이저를 임명하며 수퍼바이저의 직무와 위치에 대해 명확히 하는 것이 필요하다고 하였다. 또한 신임 수퍼바이저에서 숙련 수퍼바이저로 발전해 나가기까지의 계속적인 훈련 또한 중요한 정책요인이 되며, 훈련과 양성의 문제뿐 아니라 수퍼바이저에 대한 자격 결정의 부분도 중요한 기관의 수퍼비전 정책요인이 된다. 한국의 연구에서 이재용(2000)은 체계적인 사회복지관의 조직구조에 의해 수퍼비전이 정례적으로 실시되는 정책을 가지고 있는 사회복지관인 경우 지지적 수퍼비전이 많이 주어지고 있는 것으로 나타났음을 보고하였다.

제3절 사회복지관과 수퍼비전 기반

1. 사회복지관 환경변화와 과제

사회복지관은 1921년 태화여자관을 모태로 출발하여 1983년 "사회복지사업법"에서 사회복지관 운영에 관한 내용을 규정하면서 법적 근거가 마련되었고, 1989년 정부가 주택건설촉진법에 의거 저소득층을 위한 영구임대아파트 건립 시 일정 규모의 사회복지관을 건립도록 한 조치에 따라 사회복지관 공급이 급속하게 증가하였다. 2008년 1월 현재 사회복지관은 서울시에 96개, 전국적으로는 총 403개[3]가 운영되고 있다.

사회복지관의 정의에 대해 한국사회복지관협회(2006)[4]는 지역사회 내에서 일정한 시설과 전문인력을 갖추고 지역사회의 인적·물적 자원을 동원하여 지역사회문제를 해결하고 주민의 복지욕구를 충족시키기 위한 종합적인 사회복지사업을 수행하는 사회복지시설이라고 제시하고 있다. 또한 사회복지관이 수행해야 하는 대표적인 기능으로 사회복지서비스 욕구를 가지고 있는 모든 지역사회 주민을 대상으로 보호서비스의 제공, 자립능력 배양을 위한 교육훈련의 기회 제공 등 그들이 필요로 하는 복지서비스를 제공하고, 가정기능 강화 및 주민 상호간 연대감 조성을 통한 각종 지역사회문제를 예방, 치료하는 매체로서 주민의 복지 증진을 위한 종합복지센터의 역할을 강조하고 있다.

이를 볼 때에 사회복지관은 지역주민의 욕구를 충족시키기 위한 종합적인 서비스의 지속적인 개발과 제공, 지역사회문제의 예방과 해결의 주체로서 기능을 수행해야 함을 알 수 있다. 실질적으로 사회복지관은 사회복지시설 가운데 양적으로 가장 많이 공급되어 있는 시설로서 전달 체계

---

3) www.kaswc.or.kr. 한국사회복지관협회, 2008. 1. 15. 내려 받음.
4) www.kaswc.or.kr. 한국사회복지관협회, 2008. 1. 15. 내려 받음.

상 가장 중심적인 역할을 담당하고 있다. 또한 지역사회에서 사회복지기관 간 연계망과 복지서비스 제공의 구심체이자 새롭고 전문화된 사회복지 프로그램 개발과 연구의 산실로서도 기능하고 있다(황성철, 2002).

국가와 사회적 필요에 의해 1980년에 24개이던 사회복지관은 현재 400개에 근접하는 수준으로 계속 확장되어 왔으나 이러한 양적 팽창 속에서 사회복지관은 오히려 정체성의 위기를 맞고 있다. 현재 사회복지관은 지역사회의 욕구에 부응하지 못한 채 백화점식 프로그램만 나열하고 있으며 사회복지관 본연의 기능 수행인 지역사회문제 해결과 가족에 대한 통합적 서비스 제공 등이 미흡하고 유사 기관과의 서비스 중복이 늘어남에도 차별화된 프로그램 개발모색 노력은 미흡한 것으로 평가받고 있기도 하다(한국사회복지관협회, 1999, 김경혜, 2001). 또한 한국사회복지관은 양적인 팽창으로 그 숫자는 급속히 증가했지만 해당 직원들에 대한 처우나 복리후생은 인접 전문직의 처우에 비해 취약한 상황에 있고 사회복지관의 재정과 인력기반, 조직구조와 관리 등에 있어서도 사회의 변화에 따른 새로운 대안을 요구받고 있다. 현재 한국사회복지관은 이러한 정체성 위기의 상황과 더불어 사회복지 실천현장의 급속한 환경변화 속에서 사회복지관의 변혁을 준비하고 방안을 수립해야 하는 과제 또한 안고 있다. 사회복지 실천현장의 환경변화는 대표적으로 복지수요의 증가, 지방 분권화, 민간 영역 확대, 시장화, 정보통신기술의 발전 등으로 논의되고 있다(김수영, 2004). 이러한 환경의 변화로 인해 사회복지관 현장은 이전보다 많은 사회적 요구에 직면할 것으로 보이는데, 그것은 대표적으로 다양한 이해관계자들, 즉 클라이언트, 정부, 지역기관, 민간자원주체, 시민단체 등의 책임성 요구 강화가 대표적일 것이다. 사회복지사들은 실천한 서비스의 효과성을 객관적으로 제시하고 증명해 보이기 위해 노력해야 할 것이며 자원을 보다 더 확보하기 위해 기관 차원에서의 다양한 문제해결 전략을 구축해야 할 것이다. 사회복지관이 직면한 정체성의 위기와 환경변화로 인한 당면 과제를 해결하기 위해서는 사회복지관의 조직관리 전반에서 대안 구축이 필요하다. 특히, 기획, 조직설계, 인적자원 개발, 리더십, 성과 측정, 마케팅과 홍보 등 종합적인 대안 구축이 필요하지만(정무성, 2004) 사회복지관의 주요 서비스 실행 주체인 직원에 대한 접근 측면에서는 질적인 서비스의 수행을 점검하고, 서비스 실행자인 사회복지사의 전문성을 증진할 수 있는 직무 점검 과정과 조직관리 대안의 마련이 요구된다 하겠다.

이러한 여러 대안 중에서 본 연구에서는 직원 수퍼비전 강화를 사회복지관의 정체감 위기와 사회변화에 능동적으로 대처할 수 있는 핵심적인 대안으로 보았다. 수퍼비전은 사회복지관의 현장 상황에서 사회복지사에 대한 직무 중심의 개별화된 접근을 통해 서비스의 질을 향상시킬 수 있는 조직관리의 대표적인 기제이기 때문이다.

2. 사회복지관 실천의 기반

오늘날 사회복지 실천에 있어서 일반주의 실천의 중요성이 점차 증대되고 있다. 과거 사회복지사들은 케이스워커, 그룹워커, 지역사회 조직가 중 하나라는 잘못된 신념이 있었다. 그러나 모든 사회복지사들은 이들 세 가지 수준 어디에나 관여할 수 있는 능력을 갖추고 있어야 한다. 현대사회에서 인간의 욕구나 제반 사회적 문제는 하나의 특정 방법론이나 이론만으로는 다루어질 수 없기 때문이다. 일반주의 실천은 개인, 가족, 집단, 조직 그리고 지역사회 등의 체계들을 통합적으로 연계시켜서 문제를 해결하는 접근으로서 미국에서도 80년대 이후에 와서 정착되기 시작한 새로운 방법이다. 그러나 미국도 여전히 기존의 상담 및 심리치료 중심의 사회사업실천의 개념, 특히 임상전문가로서의 편협한 개념을 고수하고 있고 새로운 통합적 접근 또는 일반주의 실천(Generalist practice) 개념의 확산도 상대적으로 미흡하여 실천현장에서 어려움을 겪고 있는 것도 사실이다. 한국에서는 최근 학부 과정의 사회복지 교육목표를 일반주의 실천가 양성으로 정하기는 하였으나 아직도 교육기관이나 실천현장에서의 일반주의 실천은 정착되지 못하고 있다. 그러나 이러한 현 상황에도 불구하고 지역사회의 다양한 욕구와 사회문제를 통합적으로 접근하고 해결하기 위해서는 사회복지기관의 실천은 일반주의 실천을 기반으로 이루어져야 한다고 본다(조휘일, 2004).

이러한 일반주의 실천에 기반을 두어 Fortune(1994)은 사회복지 실천에 필요한 능력들을 나타내 줄 수 있는 포괄적인 지식 내용과 기술모델을 개발하였는데, 세부적인 영역으로 전문적 발달 측면, 행정적 측면, 정책적 측면, 기본적 대인관계 기술 측면, 클라이언트 체계 개입을 위한 측면의 지식과 기술의 5가지 영역과 하위 내용들을 제시하고 있다(김경희, 2002). 사회복지관은 어느 기관보다도 지역사회의 욕구와 문제해결의 기능을 통합적으로 담당해야 하는 기관으로서 일반주의 실천을 기반으로 실천이 이루어져야 한다고 본다. 따라서 클라이언트에게 질적인 서비스를 제공하기 위해 실행되는 수퍼비전 또한 일반주의 실천을 기반으로 이루어져야 한다고 본다.

일반주의 실천과 더불어 사회복지관 실천의 기반이며 사회복지 수퍼비전의 기본 토대는 생태체계적인 접근이다. 사회복지 실천과 마찬가지로 수퍼비전도 실천 과정에 영향을 주는 생태체계적 요소들에 둘러싸여 이들과의 상호 작용을 통해서 이루어진다. 주요 요소들로서 지역사회(일반적 지역사회, 전문직 지역사회, 비전문가 집단 지역사회), 사회복지전문직, 사회복지조직과 기관, 사회복지기관 내의 부서, 수퍼바이저가 근무하는 기관 내 부서, 수퍼바이저·수퍼바이지 관계 등이다. 수퍼비전은 수퍼바이저만이 주체가 되어 수행되는 직무가 아닌 수퍼비전을 둘러싼 다양한 관련 체계들과의 관계성을 사정하고 활용하도록 생태체계를 기반으로 실천되어야 한다(Kadushin, 1992).

사회복지관 수퍼비전의 실행을 위한 기반으로 일반주의 실천과 생태체계 접근의 기반 외에 사회복지사의 표준직무에 관한 논의가 필요하다. 한국사회복지관 사업에 대한 논의는 사회복지관의 운영과 설치에 관한 규정이 제정되면서부터 활성화되어 왔다. 그러나 실질적으로 사회복지관의 주요 인력인 사회복지사의 직무 표준에 더한 제시는 2004년에 이르러서야 기본 논의가 이루어지기 시작했다. 사호복지관 사회복지사의 표준직무를 결정하기 위해 직무정보 수집과 데이컴법을 사용한 실무자 집단토론과 예비직무 분석 그리고 사회복지관 사회복지사들에 대한 설문조사를 실시하였으며 면밀한 직무 분석결과 사회복지사의 표준직무가 도출되었다. 조사결과 제시된 사회복지관 사회복지사의 직무 표준은 조사 접수, 사정, 직접서비스 수행, 점검, 평가 및 종결, 사후관리, 간접서비스 수행, 자기계발, 업무 형성과 유지, 인력관리, 기획 및 재정관리, 문서관리의 12개 직무로 분류되었다(한국사회복지사협회, 2004). 사회복지관 수퍼비전은 사회복지관 사회복지사들이 수행할 필요가 있는 표준직무로서 논의된 공통 내용을 기반으로 이루어져야 한다.

결론적으로 사회복지관 직원 수퍼비전은 지역사회 욕구와 문제해결의 기능을 주체적으로 감당하기 위해 통합적인 시각에서 일반주의 실천을 기반으로 하며 생태체계적 관점에서 다양한 이해관계자와의 관계 속에 논의되어야 한다. 또한 수퍼비전이 사회복지관에서 실천하고 있는 사회복지사의 직무 수행을 효과적으로 도울 수 있도록 표준직무 역량을 강화할 수 있는 차원에서 접근되어야 한다.

따라서 본 연구에서는 사회복지관 수퍼비전의 기반을 하위 요소들의 구성 틀 측면에서는 생태체계적 관점으로 접근하였고 수퍼비전 내용 측면에서는 일반주의 실천과 사회복지사의 표준직무 내용으로 접근하였다. 그에 따라 일반주의 실천과 사회복지관 직무 수행을 위한 세부적인 내용과 필요 과업 및 과제 수행 내용에 대해 욕구를 분석해 보고 실천기반에 필요한 공통 내용의 우선순위를 규명해 보았다.

제4절 수퍼비전 표준

1. 표준의 일반적인 개념과 효용성

1) 표준 및 표준화의 정의와 과정

한국산업규격(KS)에서 "표준은 규칙 제정 관계자가 편익이 공정하게 되도록 조정을 하는 것을 목적으로 물체, 성능, 능력, 배치, 상태, 동작, 순서, 방법, 수속, 책임, 의무, 권한, 사고방식, 개념 등에 관하여 정의한 약속"이며 이러한 약속을 규정하기 위하여 의미를 부여하는 것을 표준화라고 한다. 표준화란 일반적으로 여러 부분의 관계하는 사람들에게 이익을 주기 위하여 기술, 수법, 경험 등을 잘 활용하여 기준을 만들고 그것을 적용하는 것으로, 업무를 단순화하고 제도화함으로써 업무의 수월성과 능률을 향상시키는 것이다. ISO(International Organization for Standardization)에서는 표준화란 "관계하는 사람 전체에 의해서 가장 적정한 이익을 올리는 것을 목적으로 하며, 사물의 움직임과 안전여건을 대상으로 관계자가 협동하여 과학, 기술, 경험을 토대로 하여 표준을 정하고 이것을 활용해 가는 조직적인 과정"이라고 하였다. 표준화는 본질적으로 단순화 과정으로 현존 복잡성을 감소시킬 뿐 아니라 미래의 불필요한 복잡성을 예방하는 것으로 관련 당사자 모두의 참여하에 이루어져야 한다. 표준화는 물건과 업무 영역에서 모두 가능한데 표준화에는 단순화, 효율화, 규정화(기준화) 과정이 포함된다. 단순화는 물건의 경우 그 종류를 줄이거나 모양을 간결하게 하는 것을 말하며, 업무와 관련해서는 업무의 수행방법과 절차를 간결하게 하는 것이고, 효율화는 물품생산의 경우 정해진 공정을 준수하고 업무 수행과 관련해서는 일정한 절차를 준수함으로써 비효율적 요소를 제거하는 것이다. 규정화(기준화)는 물건이나 수행방법을 통일하고 하나의 기준과 목표를 설정하여 문서화하는 것을 의미한다(김원중, 1989).

2) 표준화의 효용성

ISO에서는 표준화의 목적을 생산과 교역의 경우 인력·자재·동력 등에 관한 경제적 관리, 재화와 서비스에서 타당하고 일관성 있는 품질로써 소비자 이익의 보호, 종사자의 안전·보건 및 생명의 보호, 관련 당사자 간 효율적인 의사소통에 두고 있다(김원중, 1989). 이러한 표준화 목적과 연관 지어 인간봉사조직인 사회복지기관에서의 표준직무를 규명하는 연구에 있어(강흥구·윤현숙, 2004) 표준화의 효용성은 다음과 같이 제시되고 있다.

첫째, 직무 수행이 표준화됨으로써 업무 수행의 효율성을 꾀할 수 있다.

둘째, 표준직무를 수행함으로써 사회복지의 전문성 향상을 도모한다.

셋째, 클라이언트에게 양질의 서비스를 제공할 수 있다.

넷째, 사회복지사 간 의사소통이 쉬워지며 영역 간, 직급 간 업무의 비교가 수월해져 업무에 대한 책임성이 증가한다.

표준화를 위한 방식으로는 기존 자료 분석, 면접이나 관찰, 전문가와 실무자들의 논의를 거친 집단토의방법, 설문조사 등이 다양하게 활용되나(김성국·홍지숙, 2002) 전체적인 합의와 의사소통을 통해 표준을 확정하고 이를 활용함으로써 업무의 효율성과 정체성 그리고 전문성이 향상될 수 있음을 밝히고 있다.

실질적으로 표준의 개념은 가이드라인이나 실천규정의 개념과도 혼재되어 사용되고 있기도 하다. 가이드라인은 보통 지침, 길잡이, 지도원칙 내지 방침의 의미로 사용되고 있다. Falvey and Bray(2002)는 상담, 사회복지 영역에서의 수퍼비전 표준과 가이드라인들을 유사한 기능을 수행하는 지침으로 보고 세부 내용들을 분석하여 제시하고 있다. 이러한 표준들은 수퍼비전을 관리하기 위한 목적과 수퍼비전을 규정하고 평가하기 위한 행동지침으로서 활용되고 있었다.

본 연구에서는 수퍼비전 표준의 개념을 '수퍼비전의 궁극적 목적 달성을 위해 수퍼비전의 구성요소별로 세부 내용과 기준을 마련하여 수퍼비전 실행을 용이하게 하며 이를 평가하기 위한 가이드라인'이라고 정의한다. 기본적으로 개발된 표준은 델파이 패널[5]로 참여하는 현장과 학계 전문가들의 입장, 사회복지관에서 직원으로 근무하는 수퍼바이저와 수퍼바이지의 관점을 모두 포함할 것이다.

2. 수퍼비전 표준에 관한 고찰

수퍼비전의 표준에 관한 연구들은 주로 임상 분야 관련 전문직들이 자격제도의 구축과 관리를 위해 전문직 관련 협회 내에서 전문가 위원회를 구성하여 연구를 실시한 경우가 많다. 그러나 일부 연구에서는 전문직의 역량 강화를 위한 목적으로 표준화를 위한 제안 차원에서 연구를 시도하거나(Rafferty 외, 2003) 전문직 내의 필요성에 의해 현장별, 기관별 표준과 지침을 개발하여 시행하고 있는 경우도 있다(Scott and Farrow, 1993, 서울시사회복지관협회, 2005).

사회복지 수퍼비전 표준에 대한 연구로 Scott and Farrow(1993)은 1988년 호주사회복지사협회 빅토리아지회가 '수퍼비전의 질은 역량 있는 실천과 관계가 있다.'는 신념으로 최소의 수퍼비전 표준을 개발한 이후, 실질적으로 사회복지현장에서 수퍼비전이 어떻게 이루어지고 있는가에 대한 평가를 실시하였다. 현장과의 교류와 자문을 통한 장기적인 조사 과정과 현재의 기관자원과 이상적인 수퍼비전 기준을 균형 있게 고려하여

---

5) 델파이 설문은 사회복지관에서 부장급 이상으로 5년 이상의 수퍼비전 제공경험이 있는 석사 이상 현장 사회복지사와 사회복지관 근무경력이나 운영 및 자문위원경험이 있는 박사과정 이상의 학계 전문가 20명을 대상으로 하였다.

도출된 호주의 사회사업 수퍼비전 표준은 조직적 표준, 수퍼바이저 표준,
경험 수준에 따른 수퍼바이지 표준의 3가지 영역으로 구분되며 조직과
수퍼바이저, 수퍼바이지가 수행해야 하는 역할과 수퍼비전 주기, 시간 등
의 구조, 기관의 준비, 수퍼바이저 자격 등이 각 영역별 4개 문항씩 총 12
개 문항으로 구성되어 있다. Scott and Farrow(1993)은 기존의 호주 사회
사업 수퍼비전 표준에 대한 평가에 있어 아동복지기관과 의료세팅의 사
회복지사 233명에게 현재 시행되고 있는 수퍼비전 본질에 대해 자기관리
질문의 형식으로 조사를 실시하였다. 조사결과 아동복지기관의 경우, 행
정 및 지지적 기능에 비해 교육적 기능이 취약하게 나타났고 다양한 수
퍼바이저가 수퍼비전을 주고 있으며 3년 이하의 기관경력자도 28%에 이
르는 것으로 보고되었다. 이에 비해 병원세팅의 사회복지사들은 모두 3년
이상의 경력자인 것으로 나타났다. 주 1시간 이상의 수퍼비전을 주는 것
으로 규명되었던 표준에 대한 평가에 있어서 아동복지기관은 56%, 병원
세팅은 69%가 실시되고 있는 것으로 보고되었다. Scott and Farrow
(1993)의 연구결과는 수퍼비전 표준과 실천의 영역에 있어서 수행지표를
개발하고자 노력하는 기관에서 유용하게 사용될 수 있으며 개발된 수퍼
비전 표준의 활용과 수정을 위한 평가 및 모니터링 연구가 필요함을 시
사해 준다.

　상담 수퍼비전의 표준에 대한 연구에서 Dye and Borders(1990)은 수퍼
비전의 실천과 준비를 위한 표준을 제시하고 있다. 그들은 수퍼바이저의
핵심 역량을 규명하기 위한 프로젝트가 일찍이 1982년부터 시작되어 왔다
고 강조하고 있다. 위 연구는 문헌 고찰과 델파이 설문조사를 통해 이루
어졌고 과업 추진팀의 구성을 통해 수퍼바이저 역량의 상대적 중요성 분
석의 과정, 수퍼바이저의 자격 결정, 수퍼바이저 인증 프로그램 개발, 수
퍼바이저 역할에 대한 종합적인 정의의 과정으로 표준이 도출되었다고 강
조하고 있다. 개발된 표준의 내용은 수퍼비전 과정에서 일반적이면서도
효과적인 수퍼바이저를 특징짓는 지식, 기술, 역량, 특성, 경험, 훈련 등의

내용들로 총 11개의 핵심 영역으로 구성되어 있다. Dye and Borders(1990)
의 연구는 수퍼바이저의 역량과 훈련에 초점을 두고 진행된 것으로 판단
된다.

인접 분야의 수퍼비전 표준 연구로 방문간호에 있어서의 임상 수퍼비
전을 위한 표준을 개발하는 연구(Rafferty 외, 2003)가 있다. 그들은 포커
스그룹과 17명 패널들을 선정하여 델파이 설문방법을 통해 수퍼비전 표
준을 선정하였다. 임상 수퍼비전의 지표로서 전문직 지지(시간, 환경, 관
계), 학습(초점, 지식, 개입), 책무성(조직적 지지, 기록, 역량)의 3가지 영
역을 선정하여 세부적인 수퍼비전의 표준 내용을 제시하고 있다. 그들은
수퍼비전 표준을 제시하기 위해서 복합적이며 협동적인 접근이 있어야
하며 참여형 연구가 중요함을 또한 강조하였다. 또한 표준은 전문적 실천
을 위한 시작임을 지적하면서 표준 개발의 시작을 통해 보다 거시적인
차원에서 표준이 논의되고 강화되기를 바라는 관점에서 임시적인 표준을
제시하려는 노력을 시도하였다.

임상 사회사업 수퍼비전 표준은 미국사회복지사협회 임상 사회사업실
천위원회의 연구를 통해 1994년에 제시되었다(Falvey and Bray, 2002).
세부적으로 임상 사회사업의 정의, 수퍼비전의 목적과 세팅, 자격인증, 수
퍼비전을 위한 자문, 수퍼비전 실행(수퍼비전 계약과 합의, 학습계획, 형
식, 책무성, 기록, 갈등해결, 보상동의, 클라이언트 통지, 지속과 종결), 법
적 및 윤리적 이슈들과 수퍼바이저와 수퍼바이지의 의무를 중심으로 표
준을 제시하였다.

외국의 수퍼비전 표준들은 주로 현장에서의 실천 강화 또는 전문자격
관리를 위한 훈련 기준 마련의 일환으로 개발된 것이다. 연구의 방법은
과업 수행팀 운영 내지 전문가 델파이 설문을 통해 이루어졌고 표준의
이상적 기준을 도출하고 합의를 이끌어 내기 위해 다각적이며 협동적인
접근을 강조하고 있다.

한국 수퍼비전 표준은 사회복지현장 전반의 사회복지사를 위한 것이나

사회복지관 직원을 대상으로 하는 논의는 이루어지지 않았고 실습지도를 위한 지침 내지 모형 제시 차원의 논의로서 최근 시작되었다(서울시사회 복지관협회, 2005, 윤철수·진혜경·안정선, 2004). 수퍼비전 표준 개발에 대한 노력은 2004년에 이르러서야 사회복지학과 학생들에 대한 세부실습 지도 지침을 마련하고자 하는 목적으로 전문직협회 차원에서 이루어지기 시작했으나 직원들에 대한 수퍼비전에 대한 논의는 그 중요성과 필요성 에도 불구하고 아직 이루어지지 못하고 있다.

제5절 수퍼비전의 연구동향

지금까지 발표된 외국의 수퍼비전 선행연구들은 크게 수퍼비전의 현황 및 일반적인 업무와 기능 분석, 수퍼비전에 대한 만족도와 욕구, 수퍼비전 의 효과성에 대한 평가 및 영향을 미치는 요인 탐색, 수퍼비전을 위한 모 델·도구·표준 개발 등의 4가지 영역으로 나누어 볼 수 있다.

첫째, 수퍼비전에 있어서 일반적인 업무 및 기능을 분석한 연구들이다.

Kadushin(1974)은 미국사회복지사협회에 가입한 전체 수퍼바이저와 수 퍼바이지 표본대상으로 수퍼비전 기능과 만족감에 관한 연구를 실시하였 다. 수퍼바이저가 수행하는 업무들을 분석한 결과, 행정적, 교육적, 지지적 내용의 업무가 수행되고 있었고 수퍼비전 기능 중에서 교육적 기능을 가 장 중요하게 인식하고 있음을 파악하였다. 수퍼비전 만족감에 대해 수퍼 바이저와 수퍼바이지에 따른 수퍼비전 기능별 차이를 조사하였는데, 업무 수행에 가장 큰 만족을 준 기능은 수퍼바이저의 경우에는 교육적 기능이 었고 수퍼바이지의 경우에는 지지적 기능이었다. Kadushin의 연구는 협회 에 가입한 수퍼바이저와 수퍼바이지에 대한 전수조사이며, 전체 실태조사 로서의 의미와 수퍼비전 기능과 만족감에 대한 수퍼바이저와 수퍼바이지의 차이를 조사하였다는 점에 의의가 있다.

1974년의 전국 연구에 이어 1992년에 Kadushin은 무작위로 선택된 1,500명의 사회복지 수퍼바이저들에게 수퍼바이저로서 수행한 기능에 대한 질문지를 배포하여 수퍼비전 기능 실태에 대한 조사를 실시하였다. 그 결과 수퍼바이저의 44%가 가장 중요한 것으로서 교육적 기능을 지적했고 32%는 행정적인 기능을 지적했다고 보고했다. Kadushin의 연구 외에 새롭게 수퍼비전 기능과 차원을 규명하는 연구를 시행한 Middleman and Rhodes(1985)는 수퍼비전 기능 척도를 개발하여, 수퍼비전 기능을 통합 기능, 서비스 전달 기능, 연결 기능으로 구분하여 전체적으로 9가지 세부 기능을 제시하고 있다(염태산, 2005). 새로운 수퍼비전의 기능을 규명하려는 시도였으나 기본적으로 통합, 서비스 전달, 연결 기능은 Kadushin이 제시하였던 행정, 교육, 지지적 기능과 내용 면에서 유사한 것으로 평가받고 있다.

수퍼바이저의 업무 수행을 분석한 다른 연구인 Poertner and Rapp(1983)의 연구는 수퍼바이저의 일일 업무활동을 기록하도록 하여 이를 분석하는 과업분석방법으로 연구를 진행하였는데 행정적 수퍼비전이 수퍼바이저의 업무에서 높은 비중을 차지하는 것으로 나타났다. 그들은 수퍼바이저들이 수행한 과업을 세부적으로 확인하여 35개의 수퍼비전 과업목록을 작성하고 수퍼바이저들이 이 목록의 과업들을 수행하였는가를 분석하였다. 대규모 공공아동복지기관에 종사하는 수퍼바이저를 대상으로 실시한 이 연구에서 수퍼비전의 주된 기능은 63%가 행정적 관리업무였으며 나머지 20%가 교육 및 지지적 수퍼비전 내용으로서 교육적 기능이나 지지적 기능은 상대적으로 비중이 낮게 나타났다. 주된 과업으로 인식하고 있는 행정적 기능의 세부 업무 내용은 사례업무와 기관관리업무로 나타났다(Tsui, 2004). 유사한 직무분석방법을 활용한 Melichercik(1984)은 미국 온타리오시의 12개 사회복지기관에 있는 85명의 수퍼바이저들에게 매일 매일의 업무활동 행동을 기록하도록 하는 일지쓰기 방법을 통해 수퍼바이저 업무에 대한 자료를 수집하여 수퍼비전의 내용을 분석하였다. 수퍼바이저들은 대부분의 시간을 프로그램 관리의 행정적인 업무를 하는 데에 사용하고 있었고 수퍼바이지들에게 기관정책과 표준, 지침들을 다루기 위한 방법을 교육하거나 직원의 개발과 기술능력을 향상시키는 데에 초점을 둔 교육적 활동들로 업무를 진행하고 있었다.

Poerter and Rapp(1983)·Melichercik(1984)의 연구는 직무분석방법을 통해 현재 진행되고 있는 수퍼바이저의 직무에 초점을 두고 세부 직무의 내용과 비중을 분석하는 연구였으며 공통적으로 수퍼비전의 행정적인 기능과 관련한 직무 수행의 빈도가 높은 것으로 나타난 연구이다.

수퍼비전의 현황과 기능에 대한 조사를 실시한 한국의 연구로는 김윤경(2000), 김윤정(2000), 김혜원(1998), 이은진(2002), 임일환(1997), 정명숙(2001)의 연구가 있다. 이 중 김윤정(2000), 김혜원(1998), 임일환(1997)의 연구는 사회복지관의 직원 수퍼비전의 실태와 현황을 분석하고 대안을 제시하고자 하는 논문이며 김윤경(2000), 이은진(2002)의 연구는 각각 전화상담원 및 정신보건사회복지사의 수퍼비전의 실태를 분석한 논문들이다. 그러나 각 논문들은 다양한 직무분석의 방법이나 집단논의나 인터뷰의 방법을 통해 수퍼비전의 과업이나 기능을 규명하기보다는 Kadushin(1992)이 개발한 수퍼비전의 3대 기능 내용에 따른 수퍼비전 현황과 수퍼비전 구조 및 문제점 등을 분석하고자 하는 방향에서 연구가 진행되었다.

둘째, 수퍼비전에 대한 만족도와 욕구에 대한 연구들로서 어떠한 요인들이 수퍼비전 만족도에 영향을 주는지, 수퍼비전에 대해 어떤 욕구들을 가지고 있는지를 밝히고 있다.

먼저 수퍼비전 만족도에 영향을 미치는 변수로는 수퍼바이저와 수퍼바이지의 관계, 수퍼비전 구조, 수퍼바이저 스타일과 일반 배경변수 등이 있음이 밝혀졌다. Munson(1975)은 수퍼비전의 구조가 수퍼비전 만족도에 영향을 미친다고 하였고 특히, 개별 수퍼비전과 집단 수퍼비전을 함께 사용하는 혼합형 구조인 경우에 수퍼바이지의 수퍼비전 만족도가 가장 높다고 하였다. 또한 상호 작용 정도, 교육방법이 수퍼비전 만족감에 영향을 미친다고 보고하였다. 또한 수퍼비전 구조 외에도 수퍼바이저와 수퍼바이지의 상호 작용 정도, 수퍼비전 방법이 수퍼비전의 만족감에 영향을 미친다고 하였다(성희자, 2002).

또한 수퍼비전에서 수퍼바이저의 성향이 수퍼비전 만족에 중요한 영향을 미친다. Stevens 외(2002)는 사람의 성향으로부터 관리 스타일과 수퍼비전의 스타일이 나오는 것이기 때문에 수퍼바이저의 성향이 매우 중요할 수 있음을 주목하면서 수퍼바이저의 성향에 따른 수퍼비전에서의 행동특성에 대해 조사하였다. 연구결과에 따르면 참여적 스타일의 사람이 수퍼비전에서 대부분 바람직하게 평가받는 행동인 상냥함과 개방성을 갖는다고 보고하고 있다. 즉 참여적인 스타일의 수퍼바이저에 의한 수퍼비전이 보다 긍정적으로 인식될 가능성이 높을 수 있음을 시사해 준다(강철회·최소연, 2005).

한국의 수퍼비전의 만족과 욕구에 대한 연구들로는 이지연(2002), 성희자(2002), 문수정·김계현(2002), 김지은·김광웅(2003)의 연구가 있다. 이지연(2002)은 의료사회복지사들을 대상으로 수퍼비전의 만족요인을 연구하였는데, 기본적으로 의료사회복지사들의 수퍼비전 욕구는 높았으며 수퍼비전 만족도는 수퍼비전 과정에서 공정한 평가를 많이 경험할수록, 수퍼바이저의 권위경험이 적을수록, 수퍼바이저가 수퍼바이지의 사례업무에 대한 공유를 많이 할수록 높아진다는 결과를 보고하였다.

성희자(2002)와 문수정·김계현(2002)은 교육적 수퍼비전의 맥락에서 수퍼비전에서 요구되는 교육적 욕구에 대한 내용을 조사하여 제시하였는데, 성희자(2002)는 일반주의 실천에 의거한 사회복지사의 역할 수행별 욕구를 조사하였고 문수정·김계현(2002)은 수퍼비전을 통한 수퍼바이지들의 경력 수준별 교육욕구에 대해 분석하였다. 김지은·김광웅(2003)은 수퍼바이지가 경험한 만족스러운 수퍼비전 경험과 만족스럽지 못했던 수퍼비전 경험을 비교하는 연구를 실시하였는데, 수퍼비전 유형은 개별 수퍼비전을 활용하고 장소는 근무지 내의 상담실을 사용하며 관계에 있어서 신뢰성이 높게 평가될 때에 수퍼비전에 대해 만족하고 있는 것으로 나타났다. 한국의 수퍼비전 연구에 있어서는 수퍼바이지저와 수퍼바이지의 교육적 욕구에 대한 분석이 보다 면밀하게 수행될 필요가 있다.

그러나 이러한 수퍼비전 만족과 욕구에 대한 연구들에 있어서 수퍼비전 욕구를 이해하고 수퍼바이지가 만족한 것만으로 수퍼비전이 효과가 있었다고 단정 짓는 것이 적절한가에 대해서는 의문의 여지가 있다. 수퍼비전의 궁극적인 목적은 수퍼바이지의 성장과 훈련을 통한 클라이언트의 만족감 증가와 실천의 성과를 높이는 것이기 때문이다. 수퍼비전의 효과에 대한 연구는 수퍼비전의 궁극적인 목적 성취를 규명해 내는 방향에서 더욱 강조될 필요가 있다.

셋째, 수퍼비전 효과에 대한 평가 및 수퍼비전 결과변인 탐색에 대한 연구이다.

Harkness and Hensley(1991)는 수퍼비전관련 실험을 실시하여 수퍼비전의 효과를 평가하였는데, 4명의 수퍼바이지들에게 8주간은 행정, 훈련, 임상적 자문을 강조하는 혼합 수퍼비전을 사용하고 남은 8주간은 클라이언트 중심 수퍼비전으로 실천개입과 클라이언트 성과가 강조되어 수퍼비전이 제공되었다. 두 가지 형태의 수퍼비전 비교결과 클라이언트 중심 수퍼비전이 혼합된 수퍼비전보다 목표를 이루고 클라이언트가 만족과 도움을 받고 사회복지사와 클라이언트가 협력하는 데 더 효과적이라고 보고하였다. 이러한 Harkness and Hensley(1991)의 연구는 수퍼비전의 효과로 클라이언트가 느끼는 만족감을 평가하는 시도를 한 것으로 사회복지 실천현장에서 수퍼비전의 효과를 논의할 시에는 반드시 클라이언트의 측면에서 나타나는 결과들에 접근하는 것이 필수적이어야 한다는 점에서 중요한 의미를 담고 있다. 그러나 실질적으로 사회복지현장의 특성상, 클라이언트를 통제한 상황에서 수퍼비전의 효과로서 인간봉사조직의 다양한 성과들을 규명해 내는 작업은 용이하지 않은 것이 현실이기 때문에 수퍼비전의 연구주제들은 사회복지사가 어떻게 성장하고 역량이 강화되었는가에 초점을 두고 진행되고 있다. 계속적으로 수퍼비전의 궁극적 효과를 측정해 내는 다각적이며 실험적인 연구들이 필요한 상황이다.

수퍼비전의 결과변인에 대한 연구들에 있어 수퍼비전은 전문성, 전문직업성, 직무만족, 동기, 사기, 소진 및 스트레스 완화, 자기효능감, 조직 동일시, 자발적 조직행동 등과 같은 다양한 결과요인들에 영향을 미치는 것으로 보고되고 있다(김진, 2003, 김혜진, 2005, 문지은, 2004, 염태산, 2005, 윤혜정, 1996, 이상준, 2000, 이재용, 2001, 차은경, 2001, 최미경, 1998, Austin, 1981, Burke, 2001, Kadushin, 1976, Rennie, 2002, Siebert, 2004).

특히, Jeffreys(2001)는 수퍼비전이 사회복지사의 자기효능감의 증대에 큰 영향을 미친다고 보고하였는데 수퍼비전의 빈도와 교육적 수퍼비전의 실시가 사회복지사의 자기효능감에 정적인 영향을 미치고 있음을 보고하였다.

김경희(2002)는 사회복지관의 수퍼비전 상태가 사회복지사의 직무성과와 실천효과성 검증능력에 유의한 영향력을 가지며 수퍼비전은 사회복지사의 자질과 사회복지관 사업의 전문성 향상에 직접적인 영향을 미친다고 하였다. 영향력 있는 수퍼비전 상태의 요소는 수퍼비전 내용만족, 수퍼바이저와의 관계, 수퍼비전 체계, 정규성, 빈도 등이었다. 성희자(2002)는 수퍼비전이 상호 작용결과로서 실천수행능력뿐 아니라 수퍼바이저와 수퍼바이지 모두의 자기효능감 향상에 영향을 미친다고 하였다. 이러하듯 수퍼비전은 직무만족, 소진 및 스트레스 완화 등 정서적인 차원을 넘어 사회복지사로서의 전문성 향상뿐 아니라 사회복지사로서의 효능감에도 중대한 영향을 미친다는 것을 알 수 있다.

특히, 염태산(2005)은 이제까지의 연구가 수퍼비전의 결과로 개인의 심리내적인 변화에 주로 초점을 두어 왔다고 지적하면서 수퍼비전이 조직원의 심리내적 측면인 조직 동일시를 매개로 외적 행동으로서의 자발적 조직행동에까지 영향을 미침을 밝혀냈다. 특히, 자발적 조직행동의 변화를 위해서는 행정적, 지지적 수퍼비전이 교육적 수퍼비전보다 영향력이 높았음을 보고하고 있다.

이를 통해 볼 때 수퍼비전은 개인심리적 변화를 넘어 외적 행동 변화에까지 영향을 미치고 있음을 알 수 있으며 보다 확대하여 수퍼비전이 주는 다양한 결과요인에 대한 탐색적 연구가 필요함을 알 수 있다.

넷째, 수퍼비전을 위한 도구, 표준, 모델 개발의 연구들이다. Kilminster and Folly(2000)는 192개의 수퍼비전 연구들을 분석하여 효과적인 수퍼비전의 구성요소와 모델을 제시하였는데, 그들의 분석에 따르면 의료, 교육, 사회복지, 심리학 분야의 수퍼비전 연구에 있어서 전체적으로 사실탐구의 연구보다는 도구적 연구가 선호되고 있다그 주장하고 있다. 이는 수퍼비전이 실질적으로 실천현장에서 수퍼바이지의 실천능력 함양을 통해 책무성을 이행하고 서비스의 질을 향상시킨다는 직원개발 및 직무관리의 도구로서 활용되고 있기 때문이다. 사회복지 분야에서 대표적으로 수퍼비전 모델을 개발한 것은 실습지도에 과제 중심 모델을 활용한 Caspi(1997)의 연구이다. 그는 현장에서 모델 개발 연구방법론을 통해 과제 중심 수퍼비전 모델을 개발하였으며 과제 중심 모델의 이론가인 Reid와 함께(Caspi and Reid, 2002) 실무에서 실습지도와 더불어 직원개발에 활용할 수 있는 교육적 수퍼비전 모델로 과제 중심 수퍼비전 모델을 제시하였다.

수퍼비전을 위한 표준과 가이드라인의 연구는 주로 임상 수퍼비전 차원에서 보다 활성화되었다. 임상 수퍼비전, 상담 수퍼비전 영역에서 표준과 가이드라인 개발에 대한 연구들이 제시되었고(Dye and Borders, 1990) 간호학 분야에서의 수퍼비전 표준 개발을 위한 연구(Rafferty 외, 2003)도 진행되었다. 미국에서의 사회복지 수퍼비전의 표준은 미국사회복지사협회의 임상 사회사업실천위원회에 의해 임상 사회사업 수퍼비전을 위한 가이드라인으로 제시되었다(Falvey and Bray, 2002).

한국 수퍼비전에 있어서는 수퍼비전에 대한 표준 개발 연구가 미진한 상황이다. 수퍼비전 모델 개발에 대한 사례 중심의 탐색적인 연구나 지침 개발의 기본 틀을 제시하는 차원에서 연구가 진행되어있다. 김계현(1992)은 기존 개별 수퍼비전 모델에 따라 2개의 사례를 적용하면서 모델 활용성을 분석하였고 그에 따라 수퍼비전의 내용과 전문적 발달 단계에 따른 수퍼비전 모델을 제시하였다. 조휘일(2004)은 사회복지기관들의 수퍼비전 모델 형성을 추구하는 노력에 동참하는 일환으로 모델 개발 시 고려해야 하는 주요 구성요소들을 규명하고 제안하는 수퍼비전 모델 개발의 지침에 관한 연구를 실시하였다. 지역사회복지관에서의 수퍼비전 지침을 제안하는 연구로는 강철희·최소연(2005)의 연구가 있다. 그러나 이 연구는 수퍼비전의 개념과 목적, 기능, 구조와 내용, 과정 그리고 수퍼바이저의 자질을 중심으로 지침을 제시하고는 있으나 직원이 아닌 사회복지 실습생들을 위한 지침이기 때문에 직원 수퍼비전 지침으로는 한계가 있다.

제3장

연구방법

　본 연구에서는 사회복지관 수퍼비전 표준 체계를 개발하기 위해 포커스그룹, 델파이 설문, 사회복지관 사회복지사 설문조사방법을 사용하였다. 본 연구에서 이렇게 3가지 연구방법을 사용하는 이유는 한국 상황에서 처음으로 시도하는 표준 개발 연구이기에 사회복지관 수퍼비전과 관련 있는 이해당사자들의 의견을 다양하게 수합할 필요가 있었고 또한 표준은 공통적인 내용 추출뿐 아니라 합의 도출 관점이 중요하기 때문이다. 그에 따라 본 연구는 연구 진행에 있어 수퍼비전 구성요소별 세부 내용을 추출하는 데 집중하였으며 추출된 내용의 타당성과 명확한 의미로 수정·보완하는 작업, 조사 참여자들의 의견일치도, 필요도 순위 등을 파악하는 데에 주력하였다. 일반적으로 수퍼비전 표준을 개발하기 위해 Dye and Borders(1990)와 Rafferty 외(2003)의 연구에서도 델파이 설문과 포커스그룹을 활용한 바 있으며 직무 표준을 개발하는 연구에서도 1차 포커스그룹을 통해 내용을 개발한 이후, 관련 직무자들에게 표준을 확인하는 차원에서 설문조사방법을 활용하고 있다(강흥구·윤현숙, 2005, 윤철수 외, 2006).

　본 연구에서 포커스그룹은 수퍼비전 구성요소와 하위 내용을 탐색하기 위해 활용되었고, 포커스그룹에서 탐색된 내용과 선행연구에서의 내용을 보완하여 델파이 설문지가 개발되었다.

　연구의 2차 과정인 델파이 설문은 이러한 포커스그룹 도출 내용을 전문가 패널 20명에게 내용 적절성을 확인·검증하는 목적으로 활용되었다. 또한 델파이 1, 2라운드 설문은 수퍼비전 표준 내용을 보완하고 수퍼비전 표준에 대한 합의 수준을 확인하는 목적으로도 활용되었다.

연구의 3차 과정인 사회복지관 사회복지사 설문은 최종적으로 개발된 표준의 타당성을 더욱 확보하고 실제 수퍼비전의 참여자들인 사회복지관 사회복지사들(수퍼바이저와 수퍼바이지 당사자들)의 의견을 확인할 목적으로 실시되었다. 또한 사회복지관에서 필요한 일반적인 수퍼비전의 내용과 일반주의 실천 및 사회복지사 표준직무에 기반한 내용과 그에 대한 욕구를 탐색할 목적으로 실시되었다.

수퍼비전 표준 체계의 하위 영역별 우선순위를 도출하여 핵심 내용을 제시하는 데에 있어서는 수퍼비전 이해당사자인 수퍼바이저와 수퍼바이지 그리고 수퍼비전 관련 학계 전문가들의 의견을 모두 고려하였다. 즉 사회복지관 사회복지사 전체와 델파이 패널의 우선순위를 비교하였고 사회복지관 사회복지사 설문조사에서 수퍼바이저와 수퍼바이지 간 차이가 있게 나타난 영역에 대해서는 이들 각각의 우선순위를 함께 고려하여 제시하였다. 그러나 연구의 진행과 한계상 수퍼비전의 주요한 이해당사자로 볼 수 있는 클라이언트의 의견은 반영하지 못하였다.

이러한 내용 개발과 욕구조사, 우선순위 비교 분석 과정을 통해 최종적으로 각 참여자들의 수퍼비전 구성요소별 세부 내용 필요도와 우선순위가 고려된 사회복지관 수퍼비전 표준 체계가 개발된 것이다.

본 연구가 진행된 연구수행 절차, 연구방법, 참여자 그리고 조사도구를 살펴보면 다음과 같다.

제1절 연구수행 절차

본 연구의 수행을 위해 연구의 구성, 연구의 단계와 단계별 세부 내용을 그림으로 표시하면 〈그림 1〉, 〈그림 2〉와 같다.

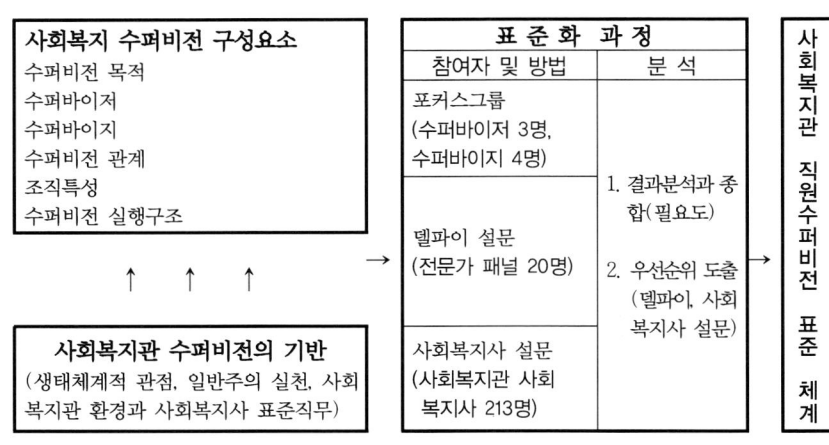

〈그림 1〉 연구 구성도

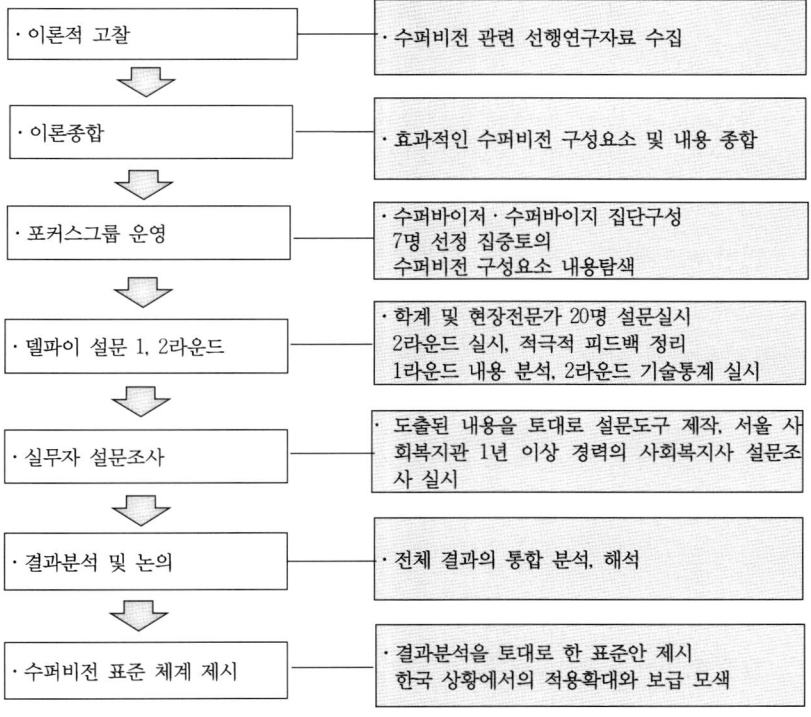

〈그림 2〉 연구 단계 및 방법

본 연구는 사회복지관 수퍼비전 표준 개발을 위해 먼저, 사회복지관 수퍼비전 기반으로 일반주의 실천과 사회복지사의 표준직무, 수퍼비전 하위 구성요소를 선행연구를 통해 고찰하였다. 또한 사회복지관 수퍼비전 실행은 사회복지관을 둘러싼 일반 환경인 지역사회와 클라이언트, 전문직 체계를 포함하는 생태체계적 요소들을 고려하여 실행되어야 하기 때문에 본 연구에서는 생태체계적인 관점에서 수퍼바이저, 수퍼바이지, 수퍼비전 관계, 조직, 부서, 지역사회와 전문직 체계 등 하위 체계들을 모두 고려하여 수퍼비전 하위 요소를 구성하였다.

연구의 실행은 포커스그룹, 델파이 설문, 사회복지관 사회복지사 설문조사의 3가지 정보 수집방법을 통해 수퍼비전 구성요소의 세부 내용 개발과 필요도에 대한 조사를 실시하였고 딜파이 패널과 사회복지관 수퍼바이저와 수퍼바이지의 우선순위 비교, 서부결과분석 등의 분석 과정을 통해 최종적으로 사회복지관 수퍼비전 표준 체계를 제시하였다.

제2절 참여자 및 분석방법

1. 포커스그룹

포커스그룹 연구방법은 질적 연구방법의 하나로서 마케팅 연구와 건강 분야에서 광범위하게 적용되고 있고 최근에는 사회과학 분야에 이르기까지 지속적으로 사용되고 확산되고 있다. 포커스그룹은 4~10명의 집단을 구성하여 기업에서 신제품개발이나 현재의 이미지 조사, 제품 사용의 습관과 사용도에 대한 조사, 포장과 광고 평가, 소비자의 태도 조사, 아이디어 도출, 종업원의 태도와 동기 연구 등 다양한 목적을 위해서 활용되고 있다(Greenbaum, 1998: 이광숙 역, 2003).

　사회과학 분야에서 포커스그룹은 서베이 질문지나 실험연구의 연구문제를 개발하는 연구의 예비적인 기능으로 활용되거나 연구의 가설을 개발하고 다른 유형의 연구로 검증하는 방법으로 일반적으로 사용되고 있다(Stewart and Shamdasani, 1990: 이시연·최윤정·권현진, 2006에서 재인용). 이러한 가설이나 연구문제 개발 등의 활용 외에도 포커스그룹은 서비스의 질 향상을 위한 개선안 설계, 기관평가, 지역사회요구사정, 교육책자개발, 중요 변화에 대한 반응 예측, 연구질문지항목개발 등 다양한 목적을 위해 활용된다(Morgan and Krueger, 1998: 신경림 외 역, 2004).

　본 연구에서는 사회복지관 직원 수퍼비전의 구성요소와 세부 내용, 즉 수퍼비전 표준의 내용이자 설문지의 항목을 탐색하기 위해 포커스그룹 방법을 활용하였다.

　포커스그룹 참여자는 서울지역 사회복지관에 근무하는 수퍼바이저 3명과 수퍼바이지 4명 등 총 7명이었다. 포커스그룹은 연구 참여자들이 서로 어떻게 반응하는가를 들으면서 그들의 경험과 견해를 깊이 있게 이해할 수 있게 되는 특성이 있는데, 수퍼비전은 쌍방적인 차원에서 지속적으로 이루어지는 것인 만큼 수퍼바이저와 수퍼바이지 집단을 모두 선정하여 충분한 의사소통을 통해 수퍼비전의 구성요소와 내용을 탐색하도록 하였다.

　참여자들에게 사전에 포커스그룹의 목적과 대략적인 질문리스트가 배포되었으며 2006년 8월 17일 오후 7시에서 10시까지 약 3시간 동안 10명 정도의 인원이 토론을 진행할 수 있도록 구성된 세미나 룸에서 진행되었다. 7명의 참여자와 함께 연구자와 1명의 연구 보조자가 함께 참여했고 사전에 토론 내용에 대한 기록과 녹음에 대한 동의를 구한 후에 진행되었다. 포커스그룹 인터뷰의 시작은 상호간에 자기소개와 집단 참여 동기 등을 나누면서 진행되었고 연구자가 포커스그룹을 진행하는 이유와 목적, 토론 주제, 집단운영의 원칙 등이 적혀 있는 지침을 배포하고 설명하는 시간을 가졌다. 또한 본 집단의 전체적인 운영일정과 논의될 주제들에 대해서도 설명을 한 후에 토론을 실시하였다〈부록 1. 포커스그룹 운영지침〉.

포커스그룹 참여자들은 현재 사회복지관에서 근무하고 있는 수퍼바이저 3인, 수퍼바이지 4인이며 자유로운 토론을 위해 동일 기관의 수퍼바이저와 수퍼바이지가 아닌 각각 다른 기관에서 근무하는 수퍼바이저와 수퍼바이지를 선정하였다. 수퍼바이저들은 10년 이상의 사회복지 실무경력자이고 수퍼바이지들은 5년 이하의 실무경력을 가지고 있었다. 수퍼바이저들은 모두 대학원 졸업 이상의 학력이었고 수퍼바이지들은 1명이 대학원과정이고 3명은 학부 졸업자였다. 성별은 모두 여성이었고 수퍼바이저들은 연령이 모두 30대이고 수퍼바이지들은 20대였다.

포커스그룹에서 사용한 질문목록은 효과적인 수퍼비전 요소와 세부 내용에 대한 선행연구고찰에 따라 수퍼비전 목적, 수퍼바이저와 수퍼바이지의 역량, 수퍼바이저와 수퍼바이지의 관계, 조직특성 그리고 수퍼비전 실시구조 및 체계로서 수퍼비전의 방법, 구조, 유형, 기능, 내용, 정책 등으로 구성되어 있다〈부록 2. 포커스그룹 질문목록〉.

포커스그룹 방법을 활용한 연구결과에서는 집단토론에서 녹취한 내용을 기록한 후 내용 분석방법을 통해 수퍼비전 하위 구성요소과 세부 내용을 정리하였다. 녹취록을 반복적으로 읽으면서 기존 선행연구를 통해 도출된 수퍼비전 구성요소 개념 틀을 기반으로 하여 개방코딩 과정을 진행하였다. 개방코딩은 자료검토를 통해 현상에 이름을 붙이고 범주화시키는 분석으로서 유사한 개념끼리 묶어서 범주화하고 각 범주에 이름을 붙이고 모든 자료의 단위가 적절한 범주 내에 정확하게 위치했는가를 확인하고 검토하는 과정으로 진행된다(이효선, 2005). 하위 범주 코딩 과정에서 새로운 범주나 주제가 발견되면 자료를 전체적으로 점검하면서 지속적으로 코딩한 내용을 확인하고 검토하여 분석하였다.[6]

---

6) 수퍼비전 구성요소별 분석 내용은 연구결과 각 절에 제시되어 있고 범주화 분석 내용 표는 〈부록 8〉에 제시되어 있다.

2. 델파이 설문

본 연구에서는 사회복지관에서의 효과적인 수퍼비전 표준을 규명하기 위해 의견의 차이를 균형 있게 파악하고 개개인의 지식을 공유할 수 있는 델파이 설문을 채택하였다. 수퍼비전 표준을 개발하기 위한 선행연구들에서 델파이 설문이 공통적으로 선호되었기 때문이며(Dye and Border, 1990, Scott and Farrow, 1993, Rafferty 외, 2003) 실천의 평가나 모니터링, 성공방안 수립을 목적으로 하는 도구 개발 연구에 있어서도 델파이 설문이 중심적으로 사용되고 있다(Barron, 2004, 정재삼·장정훈, 1999, 인규진, 2002, 류명화, 2004). 또한 Rothwell and Kazanas(1989)는 델파이 설문 절차를 전문가들의 신뢰 있는 의견을 수합할 수 있는 가장 적절한 기법이라 하였다. 이것은 통제된 의견으로 구성된 집중적인 질문지에 의하여 이루어진다. 그것은 가능한 변화, 그 영향, 훈련의 요구, 신규 작업 방법 및 접근, 탐색의 가치가 있는 문제들을 확인하기 위하여 환경을 훑어보기 위해 사용된다(김영희, 2003).

델파이 설문이란 전문가의 견해를 계량화, 모형화하는 방법으로 미국의 랜드연구소에서 처음 개발되었다. 익명성, 반복성, 통제된 피드백, 통계처리, 합의 도출을 기본 원칙으로 하여 어떠한 사회현상에 대하여 뚜렷한 합의가 이루어지지 않는 경우 그 분야를 심도 깊게 연구하는 각 분야의 전문가들을 대상으로 높은 수준의 합의에 도달할 때까지 설문조사를 반복하여 실시하는 방법이다. 그러므로 모니터링, 평가도구, 표준 및 지표개발과 같은 연구목적에 적합한 연구방법이라고 할 수 있다. Strauss and Zeigler(1975)에 따르면 델파이 설문은 다음과 같은 특징을 가지고 진행된다. 첫째, 델파이 설문은 자료나 정보의 획득을 전문가들의 집단적인 직관적 판단에 의거한다. 둘째, 선정된 전문가들이 신중하게 작성된 단계적 설문지에 반복적으로 응답함으로써 진행된다. 최소한 3라운드 이상의 설문조사를 순차적으로 진행하며 2라운드부터는 그 이전의 설문에 대한 전문가들의 응답 내용을 요약하여 제공한 후 다시 응답하게 함으로써 정보와 지식의 피드백을 추출한다. 셋째, 통제된 피드백 반복을 통하여 참가하는 전문가들이 다른 전문가들의 의견을 확인한 후 자신의 의견을 재검토, 수정할 수 있게 한다. 넷째, 전문가들의 의견합의를 도출하기 위해 또는 의견의 분명한 분파를 확인하기 위해 체계적으로 시행된다. 마지막으로 델파이 설문은 선정된 전문가들 및 그들의 설문에 대한 응답 내용에 대해 익명성을 보장한다. 델파이 설문은 대면토론에서 발생할 수 있는 바람직하지 못한 심리적 상태—예를 들어 자신의 개인적, 사회적 지위 또는 특정한 인물의 견해를 의식하거나 합의에 도달해야 한다는 강박관념에 빠져드는 것 등—를 제거하여 해당 주제에 대해 전문가들의 솔직한 의견을 추출하고자 하는 것이다. 델파이 설문은 집단적 의사소통 과정을 구조화하는 방법으로서의 특징을 지니며 그러한 과정을 통하여 개인들의 집단이 복합적인 문제를 효과적으로 처리할 수 있게 하는 구조화된 의사소통이라 할 수 있다(인규진, 2002).

델파이 방법으로 조사를 실시함에 있어 최초 기법은 설문조사를 완전 개방형으로 질문을 구성하는 것이 원칙이다. 하지만 완전 개방형의 경우 참여자의 심리적 부담감이 크고 혼란을 야기할 수 있기에 기본적인 틀을 가지고 평가 및 피드백을 받는 방법 또한 사용되고 있다.

본 연구에서는 포커스그룹을 통해 정리된 수퍼비전의 구성요소와 내용과 선행연구에서 논의된 내용을 보완하여 기본적인 틀을 구성하여 델파이 설문을 실시하였다. 델파이 패널 참여자는 10년 이상 사회복지관에 근무하면서 5년 이상의 수퍼비전 경험이 있는 석사학위 이상의 사회복지관 수퍼바이저이거나 사회복지관 근무경력 내지 운영자문경험 등이 있어 사회복지관과 수퍼비전에 대한 이해가 높은 박사과정 이상의 학계 전문가 총 20명을 선정하였다. 델파이 참여자를 사회복지관 10년 이상 경력의 수퍼바이저들과 학계의 연구자들로 선택한 것은 사회복지현장과 학계의 의견을 통합한 표준을 개발하기 위해서였다. 현직 사회복지관 수퍼바이저들은 모두 5년 이상의 수퍼비전 실행경력을 가지고 있었고 평균 8.8년 동안 수퍼비전을 제공하였다. 사회복지관 수퍼바이저들의 평균 근무연한은 13.6년이었다. 참여자 중 10명은 학계 전문가로서 현직교수이거나 강사였고 이중 5명은 수퍼비전 관련 연구를 수행했거나 관련 과목을 강의하고 있는 참여자였다. 학계 전문가들의 경우도 모두 2년 이상의 사회복지관 근무경험이 있었으며 평균 8.6년의 실무경력이 있었고 1인을 제외하고는 모두 2년 이상의 사회복지관 직원 수퍼비전 제공경험을 가지고 있었다.

현장전문가 패널은 직급에 있어서, 9명은 현직 사회복지관 부장급 이상의 수퍼바이저들이었고 1인은 현직 강사이나 전직 사회복지관 팀장이었다. 델파이 패널의 연령은 50대가 2명, 30대가 6명이었고 40대가 12명으로 가장 많았다. 학력에 있어서 박사학위자는 8명, 박사과정자는 5명, 석사학위자는 7명으로 모두 석사 이상의 학력이었다.

전체 전문가 패널 20명에 대한 총 2라운드 델파이 설문 진행을 통해 수퍼비전 표준 구성요소 및 세부 내용을 구체화시키고 합의를 도출해 나가는 과정을 가졌다. 델파이 설문은 2라운드 진행되었는데, 이는 보통 3라운드 진행인 델파이 설문이 개방형 문항으로 시작하여 내용 분석 후에 양적인 방법으로 설문을 반복하여 일치도를 보는 것인 반면에, 본 연구는 문헌 고찰과 포커스그룹 인터뷰 내용을 기반으로 개발된 구조화된 질문으로 델파이 설문을 시작하였고 또한 사회복지관 실무자들에게 설문을 실시하여 최종 표준검증 단계를 거치기 때문이다.

델파이 설문자료 수집 일정은 2006년 8월 30일에서 9월 8일까지 1라운드 설문이 실시되었다. 1라운드 설문은 수퍼바이저의 직무분석을 위한 목적으로 수퍼바이저의 중요 직무 내용을 묻는 개방형 문항과 수퍼비전 표준 개발을 위한 전체 구성요소 세부 내용의 적절성(예, 아니요)을 묻는 문항 그리고 각 세부 문항에 대한 참여자의 다양한 의견(수정, 보완, 추가, 삭제 등)을 자유롭게 기록하도록 하는 형식으로 구성되어 있다. 수퍼비전의 관점과 모델도입에 대한 의견에 있어서는 표준화의 목적으로 진행되지 않고 델파이 패널의 의견을 제시하는 수준의 개방형 문항으로 구성되었다〈부록 3. 델파이 1라운드 설문〉. 2라운드 설문은 1라운드 설문에 대한 내용 분석과 내용 지적 횟수(빈도), 그리고 세부 내용 적절성(예, 아니요)에 대한 빈도 분석을 실시하였고 1차 분석결과를 함께 보여주면서 수퍼비전 구성요소별 세부 문항에 대해 5점 척도로 그 필요성을 질문하는 형식으로 진행되었다. 1라운드와 마찬가지로 세부 문항에 대한 참여자의 다양한 의견을 자유롭게 기록하도록 하는 형식으로 구성되어 있다. 2라운드 설문은 2006년 9월 11일에서 20일까지 실시되었다〈부록 4. 델파이 2라운드 설문〉.

델파이 1, 2라운드 설문 내용 구성은 다음의 〈표 3-1〉과 같다. 1, 2라운드 설문은 신속한 전달과 의사소통을 위해 이메일(e-mail)로 전송·회수되었으며 1, 2라운드 모두 20명 전원이 설문에 응답해 주어 응답과 회수율은 100%이다. 델파이 1, 2라운드 설문 각 하위 문항별 내용의 기각, 수정, 신규 구성 분류와 문항보완 여부에 대해서는 〈부록 5. 델파이 설문 문항보완 내용〉에 구체적으로 제시되어 있다.

델파이 설문 분석결과에서는 개방형 문항에 대한 패널들의 의견들을 내용 분석하여 정리하였고 문항의 적절성(1라운드)과 필요도(5점 리커르트식 척도, 2라운드)를 묻는 문항들에 대해서는 빈도 분석, 평균 및 표준편차, 순위 설정의 기술통계를 활용하였다.

<표 3-1> 델파이 1, 2라운드 설문 내용 구성

영역	델파이 1라운드 설문			델파이 2라운드 설문	
	하위 영역	문항 수	설문 형식	문항 수	설문 형식
수퍼바이저	일반 배경 수준	4문항	개방형 문항	근무경력 7문항 학문배경 3문항 훈련경험 3문항 직급관련 3문항	- 근속연수, 학위, 직급은 해당 기준 1개 선택 - 세부 내용은 5점 리커르트식 척도
수퍼바이저	수퍼바이저 역량	지식 영역 8문항	내용 적절성을 예/아니요로 평가 내용의 추가, 보완, 수정의견을 기록	지식 영역 14문항	- 5점 리커르트식 척도 - 내용의 추가, 보완, 수정의견을 기록
		기술 영역 13문항		기술 영역 15문항	
		태도 영역 19문항		태도 영역 14문항	
수퍼바이지	수퍼바이지 역량	12문항		11문항	
수퍼비전 관계	수퍼바이저와 수퍼바이저의 관계	8문항		13문항	
조직특성	수퍼비전 환경 조성을 위한 조직특성	9문항		11문항	
수퍼비전 실행체계	수퍼비전 목적	9문항		9문항	
	수퍼비전 구조	4문항		7문항	
	수퍼비전 내용기반	4문항		10문항	
	수퍼비전 정책	6문항		6문항	
기 타	수퍼바이저의 세부 직무 내용 (수퍼비전을 위해 수행해야 할 세부 과업 내용)		개방형 문항	19문항	- 5점 리커르트식 - 우선순위 5개 선택
				15문항	
	수퍼비전 관점과 모델사용			참여자 일반 배경 8문항	- 해당 기준 1개 선택
	기타 사회복지관 수퍼비전 표준 구성요소로서 필수적으로 포함되어야 할 내용에 대한 의견			기타 구성요소 포함 의견	- 개방형 문항

3. 사회복지관 사회복지사 설문

설문조사는 포커스그룹과 델파이 설문 그리고 문헌연구를 통해 규명된 효과적인 수퍼비전의 구성요소와 내용에 따라 사회복지관에 종사하고 있는 사회복지사들을 대상으로 실시하여 개발된 표준의 타당성을 보다 더 확보하기 위해서 실시되었다. 구조화된 설문지를 사용하여 자기기입 방식의 우편 설문조사를 실시하였다. 설문의 서부적인 내용은 응답자의 일반적인 특성과 소속된 사회복지관의 조직특성 그리고 수퍼비전 표준 체계 개발을 위한 수퍼비전 구성요소의 필요성이 대한 것이며 5점 리커리트식으로 구성되어 있다〈부록 6. 사회복지관 사회복지사용 설문지〉.

1) 조사 절차 및 설문 참여자의 일반적 특성

설문조사는 2006년 9월 시점에서 한국사회복지관협회에 소속되어 있는 서울지역 94개 사회복지관을 표본 틀로 하여 진행되었다. 전체 서울시 사회복지관 가형(42기관), 나형(48기관), 다형(4기관)의 수에 따라 적절히 안배(가형 10기관, 나형 11기관, 다형 4기관)하였고 사전연락 시 설문조사에 협조하겠다고 뜻을 밝힌 25개 복지관을 대상으로 실시되었다. 본 연구에서 설문조사 참여자는 사회복지관에서 '1년 이상 근무한 사회복지사'를 표본으로 하였는데 이는 적어도 수퍼비전을 이해하기 위해서는 1년간의 기관에서의 수퍼비전 경험이 필요하다고 판단하였기 때문이다.

전체 설문 참여자의 일반적 사항에 관련된 내용은 〈표 3-2〉와 같다. 조사대상자의 연령은 20대가 46.5%, 30대가 41.8%, 40대 이상이 5.6%이며 20대와 30대가 전체의 88.3%로서 대다수를 차지하고 있다. 성별은 여성이 전체의 64.8%로서 전반적으로 여성이 사회사업 전문직을 점하고 있다는 기존 연구들과 유사하게 나타났다. 졸혼 상태에서는 미혼이 56.3%, 기혼이 41.8%로서 미혼이 다소 많은 것으로 나타났다. 학력에 있어서는

59.6%가 사회복지학부를 졸업한 것으로 나타났고 석사과정 이상의 학력
을 가진 대상자도 37.1%나 되는 것으로 나타나 사회복지계의 전반적인
고학력 추세를 반영하고 있다.

<표 3-2> 사회복지관 설문 참여자의 일반적 사항

구분	범주	빈도	백분율 (%)	구분	범주	빈도	백분율 (%)
연령	20대	99	46.5	종교	기독교(개신교)	133	62.4
	30대	89	41.8		불교	7	3.3
	40대	9	4.2		천주교	31	14.6
	50대	3	1.4		없음	31	14.6
	무응답	13	6.1		기타	3	1.4
					무응답	9	3.8
학력	사회복지학부 졸업	127	59.6	직위	사회복지사	101	47.4
	사회복지석사과정 및 졸업	58	27.2		선임, 대리	56	26.3
	타 전공과 사회복지석사과정 및 졸업	14	6.6		과장	37	17.4
	박사과정·박사	5	2.3		부장	12	5.6
	기타	4	1.9		기타	4	1.9
	무응답	5	2.3		무응답	9	1.4
결혼 상태	미혼	120	56.3	성별	여성	138	64.8
	기혼	89	41.8		남성	68	31.9
	무응답	4	1.9		무응답	7	3.3
실무 경력	1년 이상 ~ 3년 미만	80	37.6	수퍼 바이저 역할 여부	수퍼바이저	73	34.3
	3년 이상 ~ 5년 미만	39	18.3		수퍼바이지	140	65.7
	5년 이상 ~ 7년 미만	40	18.8				
	7년 이상 ~ 10년 미만	25	11.7				
	10년 이상	24	11.3				
	무응답	5	2.3				

실무경력에 있어서는 3년 미만의 대상자가 전체의 37.6%로서 높게 나
타났고 반면 10년 이상의 경력자는 11.3%인 것으로 나타났다. 사회복지관
근무경력 현황을 볼 때에 여전히 초임 사회복지사들이 다수를 차지하고

있다는 것을 알 수 있다. 종교에 있어서는 기독교가 62.4%로 가장 높게 나타났고 불교는 3.3%로서 낮게 나타나 이는 사회복지관의 일반적 사항에서 나타나는 것과 같이 기독교 기반의 사회복지관을 보다 많이 표집한 것이기 때문인 것으로 생각된다.

직위에 있어서는 일선 사회복지사가 47.4%로 가장 많은 것으로 나타났다. 본인이 수퍼바이저로서의 역할을 맡고 있는가 아닌가에 대해 전체의 34.3%가 수퍼바이저 역할을 담당하고 있는 것으로 나타났다.

그 외, 수퍼비전 관련 교육 이수 여부를 교과목 이수, 외부 연수, 내부 교육, 기타로 해당되는 문항에 응답(중복응답 가능)하도록 하였는데 교과목을 이수한 경우가 전체의 43.8%도 나타났다. 두 번째로 교육을 받는 방법은 내부 수퍼바이저 교육을 받는 경우르서 전체의 22.9%로 나타났다. 외부 연수를 받은 경우는 17.6%였으며 개인적으로 학습한 경우도 5.7%로 나타났다. 교과목 이수에 있어서는 아직 사회복지학과에 수퍼비전 관련한 과목이 개설되지 않은 경우도 많아 교과목이 개설되어야 할 필요성이 있고 수퍼바이저 양성에 관한 내부 및 외부 교육이 보다 다각화되고 강화되어야 할 것으로 생각된다.

사회복지관 사회복지사를 수퍼바이저와 수퍼바이지별로 분류하여 살펴본 결과, 연령 면에서 수퍼바이지는 20대 63.6%, 수퍼바이저는 30대가 68.5%로 가장 많았다. 성별에 있어서 수퍼바이지(69.3%)와 수퍼바이저(56.2%) 모두 여성이 많았으나 수퍼바이저가 되면서 여성의 비율이 감소한 것으로 나타났다. 결혼 상태는 수퍼바이지는 미혼이 70.7%, 수퍼바이저는 기혼이 71.2%로 많게 나타났다. 학력에 있어서 수퍼바이지는 학부 졸업자가 75.7%였고 수퍼바이저는 53.4%가 석사과정이거나 석사학위를 소지한 것으로 나타났다. 실무경력에 있어서는 수퍼바이지의 경우 3년 미만이 56.45%, 수퍼바이저의 경우는 10년 이상이 32.9%, 7년 이상~10년 미만이 30.1%로 사회복지관 수퍼바이저의 경력은 비교적 높게 나타났다. 직위는 수퍼바이지의 경우 71.4%가 사회복지사였고 수퍼바이저의 경우는 49.3%가 과장이고 선임과 대리가 수퍼바이저 역할을 담당하는 경우도 28.8%인 것으로 나타났다.

〈표 3-3〉 참여자 소속 사회복지관의 일반적 사항

구분	범 주	빈도	백분율	구분	범 주	빈도	백분율
지 역 특 성	영구임대단지 지역	67	31.5	운 영 주 체	사회복지법인	135	63.4
	일반 저소득 지역	45	21.1		학교법인	32	15.0
	혼합 지역	73	34.3		비영리법인, 단체	37	17.4
	중산층 지역	24	11.3		무응답	9	1.4
	무응답	4	1.9				
운 영 기 간	5년 미만	34	16.0	사회 복지사 수	10명 이하	18	8.5
	5~10년 미만	51	23.9		11~14명	56	26.3
	10~20년 미만	89	41.8		15~19명	79	37.1
	20년 이상	27	12.7		20명 이상	53	24.9
	무응답	12	5.6		무응답	7	3.3
복지관 유형	가형	114	53.9	종교적 배경	기독교(개신교)	124	58.2
	나형	70	32.9		불교	21	9.9
	다형	25	11.7		천주교	12	5.6
	무응답	4	1.9		없음	38	17.8
					기타	13	6.1
					무응답	5	2.3

다음으로 참여자들이 속해 있는 사회복지관의 일반적 특성을 살펴보면 〈표 3-3〉과 같다. 사회복지관이 위치한 지역특성에 있어 영구임대아파트 단지 지역에 근무하는 응답자가 31.5%로서 가장 높은 것으로 나타났고 중산층 지역도 11.3%에 이르는 것으로 나타났다. 운영 기간에 있어서 10년 이상에서 20년 미만인 복지관 응답자가 41.8%로 가장 많았고 20년 이상이 12.7%, 그리고 5년 미만이 16%인 것으로 나타났다. 사회복지사의 수에 있어서는 10명 이하가 근무하는 복지관은 8.5%이며 15명에서 19명이 근무하고 있는 복지관이 37.1%, 20명 이상이 근무하는 복지관도 24.9%에 이르는 것으로 나타났다. 사회복지관 유형에 있어서 가형(2,000m^2 이상)

의 사회복지관에 속해 있는 응답자가 53.9%, 나형(1,000m²~2,000m² 미만)의 사회복지관에 속해 있는 응답자가 32.9%, 그리고 다형(1,000m² 미만)이 11.7%로 조사되었다. 운영 주체는 사회복지법인이 63.4%로 가장 많았고 사회복지사의 수는 15~19명이라는 응답이 37.1%로 가장 많았다. 사회복지관의 종교적 배경은 기독교가 58.2%로 기독교 배경을 가진 복지관에 근무하는 참여자가 다소 높게 나타났다.

본 사회복지사 설문은 포커스그룹 참여자 7명과 델파이 설문 참여자 2명이 전체적으로 각 세부 문항에 대한 용어 선택과 의미에 대해 다양한 피드백을 제공하여 구성된 것이어서 일정 수의 집단을 별도로 표집하여 설문을 실시하는 사전조사(pre-test) 과정을 시행하지 않았다. 그러나 사회복지관 수퍼비전 관련 전문가 3명과 사회복지사 6명에게 전체 내용의 이해도에 대해 검토하도록 하여 설문지를 수정, 보완한 후에 설문을 실시하였다. 전체 설문자료 수집은 2006년 9월 28일부터 10월 24일까지 진행되었다. 전체 설문배포 총 263부 중 228부가 회수되어 회수율은 86.7%이었다. 회수된 설문지 228부 중 분석에 사용하기 어려운 15부를 제외하고 총 213부를 최종 분석에 활용하였다.

2) 조사도구

(1) 설문 내용 구성

사회복지관 사회복지사 설문의 주요 내용은 응답자의 일반적 사항, 조직특성 사항 그리고 수퍼비전의 구성요소 및 세부 내용으로 구성되어 있다. 포커스그룹과 델파이 설문 분석결과와 선행연구를 통해서 도출된 내용을 종합하여 설문조사 내용을 정리하였다. 세부적으로 설문의 내용은 델파이 설문 2라운드에 실시한 6개 설문 영역, 즉 수퍼비전의 목적, 수퍼바이저의 자격요건과 역량, 수퍼바이지 역량, 수퍼비전 관계, 조직특성, 수퍼비전 실행구조로 구성되었다. 또한 사회복지관 사회복지사들의 수퍼비전 내용욕구 탐색을 위해 사회복지관 사회복지사의 표준직무, 일반주의 실천에 기반한 수퍼비전 내용에 관한 설문조사를 추가로 실시하였다. 최종적으로 사회복지관 사회복지사들을 대상으로 실시하기 위해 개발된 세부 설문지는 총 181문항이며 설문구성 내용과 영역별 설문 내용 선정근거는 다음의 〈표 3-4〉와 같다.

〈표 3-4〉 사회복지관 실무자용 설문 내용 구성

영역	하위 영역	문항 수	선정 기준(근거)
수퍼비전 목적	수퍼비전 목적	5문항	Kadushin and Harkness(2002) Tsui(2004), 조휘일(2004)
수퍼바이지	일반 배경 수준	근무경력 관련 5문항 학문배경 관련 4문항 훈련경험 관련 3문항 직급 관련 2문항	델파이 설문, Munson(1979)
	수퍼바이저 역량	지식 영역 14문항	포커스그룹, 델파이 설문, 김경실(1999) Dye and Borders(1990)
		기술 영역 15문항	포커스그룹, 델파이 설문, Dunn(2004)
		태도 영역 14문항	포커스그룹, 델파이 설문, Dunn(2004), Munson(2002)
	수퍼바이지 역량	10문항	포커스그룹, 델파이 설문, Lazer and Erera(1996), Scott(1965)
수퍼비전 관계	수퍼바이저와 수퍼바이지의 관계	13문항	포커스그룹, 델파이 설문 Tsui(2004), 성희자(2002)
조직특성	수퍼비전 환경 조성을 위한 조직특성	11문항	포커스그룹, 델파이 설문, 강철희·최소연(2005) 이재용(2000)
수퍼비전 실행체계	수퍼비전 구조	7문항	포커스그룹, 델파이 설문
	수퍼비전 내용기반	48문항	포커스그룹, 델파이 설문 Fortune(1994, 2000), 강흥구·윤현숙(2004)
	수퍼비전 정책	6문항	포커스그룹, 델파이 설문
	수퍼비전 방법과 유형	6문항	포커스그룹, 델파이 설문, Munson(2002), 이시연 외(2003), 권현진(2004)
	수퍼바이저 직무	15문항	델파이 설문, Kadushin(1992), Jeffreys(2001), Tsui(2004)
일반적 사항	응답자, 수퍼바이저, 사회복지관 정보	20문항	Anderson(2002), 김경희(2002)

본 설문조사에서는 적절한 수퍼비전을 위해 중요하게 생각하는 것이나 필요로 하는 정도를 선택하는 중요도와 필요도의 기준을 가지고 설문조사를 실시하였다. 수퍼비전 표준은 현 상황에서 이루어지는 수준이 아니라 수퍼비전의 주요 이해당사자인 수퍼바이저와 수퍼바이저들이 이상적인 기준으로 인정하고 합의하는 수준에서 이루어져야 하기 때문이다. 일반적으로 수퍼비전의 교육요구 분석과 수행 직무의 직무분석에 있어서는 수행 빈도, 중요도, 숙련도, 보유 수준, 우선도 등의 기준들(문수정·김계현, 2002, 강홍구·윤현숙, 2005, 안정선, 2005, 조성우, 2006)이 사용되고 있다. 본 연구에서는 표준을 개발하는 것이기 때문에 중요도와 필요도의 기준으로 접근하였고 세부적으로 수퍼바이저의 세부 직무 수행 분석에 있어서는 수행 빈도의 기준을 병행하여 사용하였다. 빈도란 실질적으로 수행되고 있는 양과 비중의 개념으로서 지난 1년간 어느 정도 빈번한 수준에서 실행되었는가를 묻는 것이며 중요도란 세부 내용의 실질적인 중요성과 파급효과를 의미한다.

(2) 내용 타당도

본 연구에서 사용된 조사도구는 선행연구고찰, 포커스그룹 인터뷰를 통해 도출된 내용을 사회복지 수퍼비전 관련 전문가와 현장 숙련가 20명이 검토하는 방법으로 조사도구의 내용 타당도를 확보하였다. 델파이 설문 2라운드를 통해 설문에 대한 추가, 삭제, 보완 의견을 검토하여 반영하였으며 별도로 학계의 전문가 3명과 사회복지사 6명이 검토하는 과정을 통해 설문지가 개발되었다.

(3) 신뢰도 및 요인 분석결과

본 연구에서 사용한 척도들의 신뢰도 검증과 요인 분석결과는 〈표 3-5〉와 같다. 최종 개발된 사회복지관 실무자용 설문지 각 척도의 신뢰도 검증을 위하여 Cronbach's alpha 계수로 문항 간의 내적 일관성을 확인하였다. Cronbach's alpha 계수는 그 평가 기준을 보통 .7 이상을 적용하고 있는데, 본 연구에서는 전체적으로 .8 이상으로 나타났다. 다만 하위 차원의 척도 구분에 있어서 수퍼비전의 수용과 실행능력의 수퍼바이저 역량(2문항) .69, 사회복지 시각을 세부적으로 묻는 수퍼비전 내용 필요도(2문항) .68로 나타났으나 .7에 근접하고 있고 하위 차원의 척도 전반에 있어 .7 이상의 신뢰도를 유지하고 있는 것으로 나타났다.

또한 본 연구에서 개발하여 사용한 각 척도의 요인분석을 실시하였다. 요인의 수를 아이겐 값 1.0을 기준으로 요인을 산출하고 요인을 직교회전의 베리멕스(Varimax) 방식으로 탐색적 요인분석을 실시하였다. 요인 분석결과 각 문항에서 표준 형성 적절성의 KMO 측도가 모두 .6 이상이고 바트레트(Bartlett) 구성형 검정의 유의확률이 $p < .001$ 수준에서 모두 유의하게 나타났다. 각 척도에서 아이겐 값 1.0 이상의 요인들이 전체 자료를 설명하는 총분산은 모두 50% 이상인 것으로 나타났다. 또한 회전된 성분 행렬에서 나타난 요인 부하량의 값은 .48~.89였으며 각 문항별 1~5개 차원으로 분류되었다.

수퍼바이저 태도 영역, 수퍼비전 관계 영역, 수퍼비전을 위한 조직특성 영역, 수퍼비전 방법, 수퍼비전 정책 영역은 1개 차원으로 분류되었고 수퍼바이저 지식 영역, 기술 영역은 2개 차원으로 분류되었다. 수퍼바이지 역량, 수퍼바이저 직무 수행 빈도, 수퍼비전 내용 전반은 각각 3개의 차원으로 분류되었고 일반주의 실천에 의거한 핵심 내용과 기술 영역 내용은 선행연구에서 분류한 바와 동일하게 5개 영역으로 분류되었다.

〈표 3-5〉 신뢰도 및 요인 분석결과

	신뢰도	하위 차원 구성 및 신뢰도(문항번호)[7]		KMO	Bartlett 검정	총분산
수퍼바이저 지식	.924	기관 및 지역사회 8문항 (1, 2, 3, 5, 6, 7, 8, 9)	.880	.913	.000	58.13%
		실천개입 및 수퍼비전 지식 5문항(4, 10, 11, 12, 13)	.855			
수퍼바이저 기술	.936	관계 및 의사소통 7문항 (1, 5, 9, 10, 11, 12, 13)	.917	.939	.000	58.13%
		실천개입 및 직무검토, 지원 8문항(2, 3, 4, 6, 7, 8, 14, 15)	.889			
수퍼바이저 태도	.953	수퍼바이저 태도 역량 14문항	.948	.935	.000	62.6%
수퍼바이지 역량	.924	수퍼비전 사전준비 및 계획 4문항(1, 2, 3, 7)	.744	.836	.000	63.65%
		직무태도 4문항(6, 8, 9, 10)	.768			
		수퍼비전 수용과 실행능력 2문항(4, 5)	.688			
관 계	.956	수퍼비전 관계 13문항	.956	.944	.000	65.64%
조직특성	.946	수퍼비전을 위한 조직특성 11문항	.906	.881	.000	51.40%
방 법	.880	수퍼비전 방법 7문항	.880	.882	.000	58.94%
수퍼바이저 직무 빈도	.891	행정적 영역 5문항(1, 2, 3, 4, 5)	.756	.877	.000	57.03%
		교육 및 지지 영역 6문항 (6, 7, 8, 9, 10, 11)	.845			
		수퍼비전 준비 및 실행 영역 4문항(12, 13, 14, 15)	.774			
정 책	.921	수퍼비전 정책 6문항	.921	.894	.000	71.74%
수퍼비전 내용	.910	사회복지 제반 4문항(1, 2, 3, 4)	.748	.865	.000	60.87%
		사회복지 시각 2문항(5, 6)	.675			
		자기관리 및 기관행정 6문항 (7, 8, 9, 10, 11, 12)	.830			
일반주의 실천기반	.931	전문적 발달 6문항(1, 2, 3, 4, 5, 6)	.873	.913	.000	68.47%
		행정적 측면 4문항(7, 8, 9, 10)	.807			
		지역사회정책 측면 4문항 (11, 12, 13, 14)	.834			
		대인관계 측면 2문항(15, 16)	.890			
		클라이언트 체계 개입 측면 8문항 (17, 18, 19, 20, 21, 22, 23, 24)	.918			

7) 문항번호는 〈부록 6〉의 사회복지사 설문 내용 참조.

3) 분석방법

사회복지관 사회복지사 설문조사결과에 있어서 주요 분석은 spss pc＋ (ver12)에 의해 주로 빈도 분석과 표준편차의 기술통계를 활용하였다. 사회복지관 사회복지사 설문조사는 개발된 수퍼비전 표준 내용을 최종적으로 확인하고 내용에 대한 일치도와 우선순위를 확인하는 목적으로 실시되었기 때문에 분석은 수퍼비전 세부구성요소별 평균과 표준편차, 우선순위 제시에만 집중하였다.

수퍼바이저 수행 직무 영역에 있어서는 표준직무 제시를 위해 사용되는 방법을 사용해 빈도, 중요도 2가지 기준에 대해 반복적으로 기술통계를 실시하였다. 빈도와 중요도 2가지 기준을 통합한 기술통계 결과와 중요도와 빈도 간의 차이를 통해 우선도가 높은 내용을 선별해 내어 수퍼바이저의 우선적인 수행 직무를 제시하였다. 설문조사에서 사용된 각 척도의 신뢰도를 알아보기 위해 신뢰도 계수를 알아보았고 설문 세부 영역에 대한 확인을 위해 요인분석을 실시하였다.

수퍼바이저와 수퍼바이지에 따른 차이를 알아보기 위해 독립표본 T검정을 실시하였다. 경력에 따른 차별화된 수퍼비전 내용욕구 차이를 파악하기 위해 Anova를 사용하였다.

최종적으로 델파이 설문 결과와 사회복지사 설문 결과의 차이를 알아보고 수퍼비전 표준을 제시하기 위한 근거를 도출하기 위해 각 평균의 우선순위를 비교하여 분석하였다. 델파이 패널 설문과 사회복지관 사회복지사 설문의 일부 문항 간 차이가 있기 때문에 집단 간 차이검증이 아닌 우선순위를 비교하여 제시하였다. 우선순위의 비교 시, 수퍼바이저와 수퍼바이지 간의 차이가 유의미하게 나타난 영역에 대해서는 사회복지사 전체 결과를 수퍼바이저, 수퍼바이지별로 나누어 함께 분석하였다. 델파이 설문과 사회복지관 실무자 두 집단에서 상위 3순위로 높은 우선순위로 나타난 세부 항목은 수퍼비전 실행을 위한 영역별 핵심 내용으로 제시하였다.

제4장

연구결과

사회복지관 직원 수퍼비전의 구성요소는 수퍼비전의 목적, 수퍼바이저, 수퍼바이지, 수퍼비전 관계, 조직특성, 수퍼비전 실행구조의 6개 요소이다. 본 장에서는 먼저 사회복지관 직원 수퍼비전 표준 체계의 구성과 요소들 간의 관계를 전체적으로 살펴보았고 6개 구성요소에 따라 포커스그룹, 델파이 설문, 사회복지관 사회복지사 설문의 세부 분석결과를 제시하였다. 6개 요소별 연구결과는 먼저 포커스그룹을 통해 수퍼비전의 구성요소별 내용탐색결과를 제시하고 델파이 설문과 사회복지관 사회복지사 설문조사결과를 평균과 표준편차, 중간 값을 중심으로 제시하였다. 또한 셋째로는 직원 수퍼비전 표준제시를 위해 델파이 설문과 사회복지사 설문조사결과의 우선순위를 비교 분석하였다. 우선순위에 있어서 수퍼바이저와 수퍼바이지 간 차이가 있게 나타난 영역에 대해서는 우선순위를 별도로 제시하여 순위의 차이를 보여주었다. 최종적으로 사회복지관 직원 수퍼비전의 하위 요소별 표준과 핵심 내용을 제시하였다. 핵심 내용 제시는 수퍼비전의 이해당사자들인 전문가 집단, 사회복지사 전체 집단, 수퍼바이저 집단, 수퍼바이지 집단의 1~3순위 의견을 모두 반영하였다.

제1절 사회복지관 직원 수퍼비전 표준 체계 구성

다음의 〈그림 3〉에서 보는 바와 같이 본 사회복지관 직원 수퍼비전 표준 체계에서 수퍼비전을 구성하는 요소는 수퍼바이저, 수퍼바이지, 수퍼

비전 관계, 조직특성, 수퍼비전 실행구조 그리고 이러한 수퍼비전 실행을
통해 성취하고자 하는 수퍼비전 목적의 6가지 요소이다. 이러한 6가지
구성요소들이 적절하게 준비되고 상호 연동되지 않는다면 수퍼비전 실행
의 효과는 낮아질 것이며 수퍼비전이 추구하는 궁극적 목적인 서비스의
질 향상, 클라이언트 문제해결은 성취되기 어렵다. 따라서 사회복지관 직
원 수퍼비전 실행은 이러한 6가지 요소를 고려하여 기획되고 실행되어야
한다.

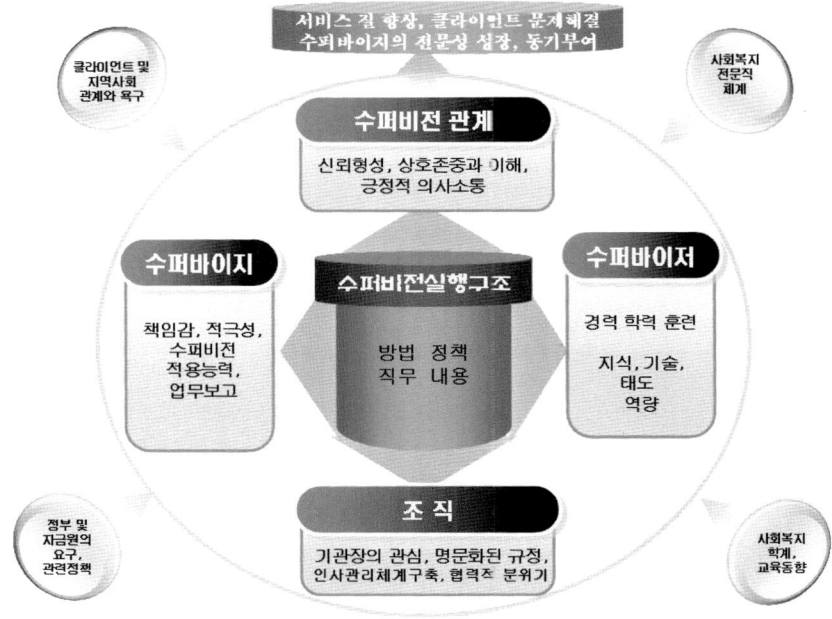

〈그림 3〉 사회복지관 직원 수퍼비전 표준 체계도

　물론 수퍼비전 실행 과정이 사회복지관 내부 역동관계만을 토대로 이
루어지기는 어렵다. 수퍼비전 실행 과정에 영향을 주는 외부 요인으로서
사회복지관이 지역사회·클라이언트와 갖는 관계, 지역사회와 클라이언트
가 갖는 욕구, 정부 및 후원자 등 비용 조달 주체가 하는 요구, 사회복지

관 관련 정책과 법령 등이 있다. 또 다른 차원에서 수퍼비전 실행 과정에 영향을 미치는 외부 요인으로서 사회복지전문직 윤리, 사회복지사협회·사회복지관협회·사회복지학계에서 설정하는 방침과 규정 등이 있다.

사회복지관 수퍼비전은 이러한 외적 요인에 대한 고려 없이 실행될 수 없다. 사회복지관 직원 수퍼비전은 지역사회와 클라이언트의 변화에 능동적으로 대처할 수 있어야 하며 무엇보다 지역사회·클라이언트가 갖는 욕구에 부응하는 서비스를 제공해야 하기 때문이다. 더 나아가 정부 및 후원자 등 비용 조달 주체가 요구하는 책무성 이행 요구에 적절하게 반응해야 하기 때문이다.

즉 사회복지관 수퍼비전 실행은 사회복지관을 둘러싼 일반 환경인 지역사회와 클라이언트, 전문직 체계를 포함하는 생태체계적 요소들을 고려하여 실행되어야 한다. 즉 지역사회와 클라이언트, 사회복지전문직 체계 외에도 수퍼비전의 구성요소인 수퍼바이저, 수퍼바이지, 수퍼비전 관계, 조직 등 하위 체계들을 모두 고려하여 이루어져야 한다.

그러나 본 연구에서는 수퍼비전 실행에 영향을 준다고 가정할 수 있는 외적 요인에 대한 분석을 하지는 않았다. 즉 클라이언트 체계를 포함한 외부 환경이 수퍼비전 구성요소와 갖는 관계 분석은 본 연구의 범위를 벗어나는 것이다. 다만 본 연구에서는 수퍼비전의 이해당사자인 수퍼바이저와 수퍼바이지, 부서관계를 포함한 조직특성을 중심으로 조직 내적 요소를 모두 고려하여 연구를 진행하였다. 또한 현재 한국사회복지관 수퍼비전 기반으로서 필요하다고 판단되는 내용기반을 사회복지학계와 전문직 체계에서 강조하고 있는 일반주의 실천, 사회복지관 사회복지사 표준직무 수행으로 보고 수퍼비전에서 다루어야 하는 내용 개발과 욕구 측면에서 사회복지사들의 의견을 수렴하고 논의하였다.

수퍼비전의 외부 요소에 대해 조직특성과 수퍼비전 내용적 측면에서 부분적으로 포함하려는 노력을 하였음에도 불구하고 수퍼비전 실행에 영향을 주는 외적 요인을 제외한 채 사회복지관 직원 수퍼비전이 갖는 구성요소를 하나의 틀로서 제시하는 작업은 한계를 드러낼 수밖에 없다. 그럼에도 불구하고 외적 요인과 수퍼비전 기반이 사회복지관 내적 차원의 수퍼비전 구성요소와 갖는 관계를 밝히고, 그러한 관계에 토대를 둔 사회복지관 직원 수퍼비전 구성요소를 제시하기 위한 전 단계 모델을 개발할 필요가 있다. 이러한 전 단계 모델은 사회복지관 직원 수퍼비전을 구성하는 조직 내적인 요소 간 관계를 중심으로 제시할 수 있다.

그렇다면 사회복지관 직원 수퍼비전을 구성하는 내적 요소로서 수퍼바이저, 수퍼바이지, 수퍼비전 관계, 조직특성, 수퍼비전 실행구조, 수퍼비전의 목적이 갖는 내용과 관계는 어떠한가?[8]

먼저, 수퍼바이저는 수퍼비전 실행의 주체자이자 책임을 담당하는 직무자로서 일정 기간의 사회복지관 근무경력과 사회복지 전공학력, 수퍼바이저가 되기 위한 훈련이수 등 기본 자격조건을 갖추고 있어야 한다. 그렇다면 수퍼바이저가 갖추어야 할 기본적인 자격·능력은 무엇인가?

수퍼바이저는 수퍼비전을 실행하기 위해 요구되는 지식, 기술, 태도 차원에서 요구하는 역량을 확보하여야 한다. 수퍼바이저에게 요구되는 핵심 지식 영역은 프로그램 계획, 실행, 평가 제반 지식, 수퍼바이저 자신에 대한 인식, 수퍼바이지 직무 전반에 대한 이해, 클라이언트 체계 개입방법, 수퍼비전과 리더십 관련 지식이다. 수퍼바이저가 가지고 있어야 할 핵심 기술 영역은 의사소통 기술, 사회복지 실천기술, 긍정적 지지 및 격려 기술, 관계 형성 및 갈등 중재 기술을 의미한다. 핵심 태도 영역에서 수퍼바이저가 가져야 할 역량에는 일관성, 사회복지 윤리 내재화 및 기관규정 준수 등 윤리적 태도, 개방적 태도, 직무 책임감과 공정한 처우 등이 속한다.

둘째, 수퍼바이지는 직무를 책임감 있고 적극적으로 수행하는 자세를

---

8) 수퍼비전 구성요소별 세부 내용은 이하 연구 내용인 2절부터 7절까지 구체적으로 분석되어 있으며 본 절에서는 연구를 통해 도출된 주요 내용에 대해 전체적인 체계도를 설명하는 차원에서 정리되었다.

가져야 한다. 더 나아가 기본 역량으로서 수퍼비전 내용을 적용·실행하고, 시기적절하고 명확한 업무보고를 할 수 있는 능력을 가져야 한다. 수퍼바이지는 수퍼비전 실행 과정과 결과에 대해 공동책임을 갖는 참여자로서 수퍼비전의 중요성을 함께 인식하고 수퍼비전 내용의 기반이 되는 본인 직무에 대한 보고와 사전자료를 철저히 준비해야 한다. 조직의 정책을 고려하는 가운데 수퍼바이지는 수퍼비전 받을 권리에 대한 인정과 확인 작업을 해야 한다. 또한 조직은 수퍼바이지가 수퍼비전의 중요성 및 공동 참여자로서의 인식 강화를 위한 교육을 준비하고 실천해야 한다.

직원 수퍼비전을 구성하는 내적 요인 중 세 번째로서 수퍼비전 관계체계가 있다. 이 체계는 수퍼바이저와 수퍼바이지가 신뢰를 형성하고 서로 이해하고 존중하며 긍정적으로 의사소통하는 체계이어야 한다. 이러한 효과적인 수퍼비전 관계 형성을 위하여 수퍼바이저와 수퍼바이지 간 의사소통 기술 향상과 상호 이해의 폭을 넓힐 수 있도록 기관·조직 차원에서 의사소통 체계를 조직해야 한다.

넷째, 효율적인 수퍼비전이 이루어질 수 있도록 조직이 갖추어져 있어야 한다. 효율적 수퍼비전을 실천하는 조직체계 구축을 위하여 먼저 사회복지관의 관장과 운영진은 수퍼비전의 중요성에 대해 충분히 인식하고 관심을 표명해야 한다. 또한 조직 내에 마련된 공정하고 명문화된 규정과 절차가 수퍼비전 체계와 연동되는 인사관리 체계가 구축되어야 한다. 또한 효율적 수퍼비전을 위하여 조직 내 협력적인 분위기 구축이 필요하다. 사회복지관 수퍼비전 실행은 전반적인 조직관리 차원에서 이루어져야 효과적이기 때문이다. 수퍼바이저가 갖는 역량의 확보는 수퍼바이저 개인 차원의 노력도 필요하지만 조직 차원에서 수퍼바이저 교육, 중간관리자 교육, 사회복지사 교육 실시, 직무평가 등 조직의 특성 요소로서 전반적인 인사관리 체계를 갖추어야 가능하기 때문이다. 또한 조직은 수퍼바이저가 기본 자격을 갖추도록 하기 위해 수퍼비전 정책을 수립하고 수퍼바이저를 양성하는 교육체계를 준비해야 한다. 더 나아가 조직은 현재의 수퍼바이지가 미래의 수퍼바이저로서 전문적 수퍼비전을 경험할 수 있도록 전문적 수퍼비전 체계와 규정을 수립하여야 한다.

다섯째, 사회복지관 직원 수퍼비전 구성요소로서 수퍼비전 실행구조가 있다. 수퍼비전 실행구조는 하위 요소로서 수퍼비전 방법, 수퍼비전 정책, 수퍼비전의 내용, 수퍼바이저 세부 직무로 구성되어 있다. 수퍼비전 실행을 위해 수퍼비전의 기본 횟수와 주기, 시간, 유형과 도구 활용 등이 규정되어야 한다. 수퍼바이지에 대한 교육적 진단을 통해 수퍼비전 계획 수립이 이루어지고 정기적인 수퍼비전의 실행과 평가가 이루어져야 한다. 수퍼비전을 계획할 때에는 수퍼비전 내용에 대한 합의와 문서화 과정을 통해 계약을 실시하고 다양한 수퍼비전 방법을 활용한다. 수퍼비전을 실행하기 위해서는 조직 차원에서 수퍼비전을 위한 세부정책을 수립해야 한다.

수퍼비전 실행에 대한 성문화된 규정과 수퍼비전 평가체계, 수퍼바이지 교육체계 등이 준비되어야 하며 이러한 규정과 체계들은 조직전반의 직무평가, 직원교육 등 인사관리 체계 속에서 일관성을 가지고 이루어져야 한다. 수퍼바이저 세부 직무는 행정적, 교육적, 지지적 수퍼비전 제공과 수퍼비전 준비와 실행으로서 분류되며 이러한 핵심 직무 내용은 수퍼바이저가 담당해야 하는 직무기술서로 명료화되어야 한다. 수퍼바이저가 책임을 가지고 수행해야 하는 직무에 대한 내용을 기술하는 작업 외에 수퍼바이지의 책임과 역할에 대한 직무기술서가 갖는 중요성 또한 강조되어야 한다. 수퍼비전 내용은 기본적으로 수퍼바이지의 담당 직무와 욕구에 기반을 두고 진행되지만, 한편으로는 사회복지관의 수퍼비전 기반으로서 공통적으로 요구되는 내용에 대해서 교육적 수퍼비전을 지속적으로 제공해야 한다. 또한 앞서 논의한 바와 같이 사회복지관 수퍼비전에 영향을 미치는 사회복지관의 환경과 사회복지전문직 체계를 고려하여 수퍼비전이 이루어져야 한다. 사회복지관 수퍼비전 기반은 일반주의 실천가로서의 핵심 지식과 기술, 사회복지관 사회복지사가 수행해야 하는 표준직무 내용과 사회복지관 환경변화와 사회복지전문직 체계의 요구와 방침에 능동적으로 대처하기 위한 내용으로 이루어져 있다.

수퍼바이저와 수퍼바이지는 사회복지관이라는 조직체계에 속해 있는 직무 수행 주체들로서 수퍼비전을 통해 상호 작용하면서 수퍼비전 관계를 수립한다. 조직은 수퍼바이저와 수퍼바이지가 적절한 수퍼비전 관계 수립을 통해 수퍼비전을 실행할 수 있도록 적극 지원한다. 외부 환경의 영향을 고려하면서 수퍼비전의 내부 하위 체계인 수퍼바이저, 수퍼바이지, 조직, 수퍼비전 관계가 잘 준비되며 수퍼비전이 실행구조를 갖추고 이루어질 때에 단기적으로는 수퍼바이지가 전문적으로 성장하고 궁극적으로는 서비스의 질 향상과 클라이언트 문제해결, 조직목표 달성 및 책무성 이행을 성취할 수 있게 된다.

사회복지관 직원 수퍼비전은 궁극적인 수퍼비전의 목적 달성을 위해 사회복지사로 하여금 일반주의 실천가로서 본인의 직무를 책임감 있게 수행할 수 있도록 수퍼바이저와 수퍼바이지 간 상호 지원하며 수퍼비전이 갖는 생태체계적인 구성요소와 환경의 영향을 고려하여 조직 차원의 제도로서 실행되어야 한다.

제2절 수퍼비전의 목적 표준

1. 포커스그룹 분석결과

수퍼비전 목적의 하위 세부 내용을 탐색하기 위해 실시된 포커스그룹 인터뷰 분석결과, 수퍼비전의 목적은 크게 2가지 측면으로서 클라이언트와 조직목표 달성, 수퍼바이지의 성장과 만족이었다. 사회복지조직의 존재목적은 클라이언트의 존재로 인한 것이며 그에 따라 클라이언트의 문제해결과 그들에게 질적인 서비스를 제공하는 것이 1차적인 조직목표가

된다. 참여자들은 클라이언트 및 조직목표의 달성을 서비스의 질 향상, 클라이언트 문제해결, 조직성과 향상, 책무성의 이행, 직무의 완성과 같은 개념으로 인식하고 있었다. 또한 수퍼바이지 성장과 만족은 사회복지사로서의 전문적 성장, 직무만족 강화, 의사소통 강화, 관계의 개선, 직원에 대한 지지 개념으로 인식하고 있었다.

수퍼비전의 목적은 궁극적으로 클라이언트와 서비스의 질에 있다는 것을 참여자들 또한 인식하고 있었으며 이러한 수퍼비전의 궁극적 목적 외에 도구적인 목적, 즉 수퍼바이저와 수퍼바이지의 의사소통, 지지와 격려 제공, 인간관계의 개선 및 강화를 위한 것으로도 중요하게 인식하고 있다는 것을 알 수 있다. 그러나 도구적인 개념의 목적은 수퍼비전 관계와 의사소통 등 주로 수퍼비전의 주요 실행 주체인 수퍼바이저와 수퍼바이지 상호 작용에 초점을 둔 방향에서 인식되었고 사회복지조직 전반의 조직관리나 인사관리 기제, 사회복지전문직 실천의 모니터링 도구 등의 측면에 대해서는 다소 인식이 낮은 것으로 나타났다.

2. 델파이 1, 2라운드 및 사회복지관 사회복지사 설문 분석결과

포커스그룹 및 선행연구고찰을 통해 도출된 수퍼비전 목적 세부 내용에 따라 개발된 설문으로 진행된 델파이 설문 1, 2라운드 분석결과, 수퍼비전의 목적은 1라운드 7개 영역에서 긍정빈도수(20사례 중 16사례 이상)가 높게 나타났다. 2라운드 평균 및 표준편차 분석결과 상위 3순위는 서비스 질의 향상(4.85), 클라이언트 문제해결(4.70), 수퍼바이지의 전문적 성장(4.70)인 것으로 나타났다. 전체 각 문항 표준편차에 있어서도 9문항 모두 1.0 이하로 나타나 전체적으로 의견에 있어서 어느 정도의 일치도를 보이고 있음을 알 수 있다. 사회복지관 사회복지사 설문 분석결과, 수퍼비전의 목적 상위 3순위로 수퍼바이지의 전문적 성장(4.38), 서비스 질의 향상(4.35), 수퍼바이지의 동기 부여(4.28)로 나타났다. 그러나 수퍼비전 목적 전체 평균은 4.21로서 모든 항목에서 4점 이상으로 나타났고 전체적으로 수퍼비전 목적으로서의 필요성에 대해 높게 평가하였다.

수퍼비전의 목적의 델파이 설문 1, 2라운드와 사회복지사 설문 분석결과를 살펴보면 〈표 4-1〉과 같다. 수퍼비전의 목적은 궁극적으로 서비스의 질, 조직목표 달성과 책무성 이행 그리고 클라이언트 문제해결에 초점을 두어야 하고 또한 수퍼바이지의 성장과 직무만족, 동기 부여, 소진 예방 등에도 초점을 두고 진행되어야 함을 보여주고 있다.

〈표 4-1〉 수퍼비전의 목적

내 용	1라운드	델파이 설문 2라운드		사회복지사 설문	
	긍정응답 빈도	중위수	평균 (표준편차)	중위수 (최빈값)	평균 (표준편차)
1) 서비스 질의 향상	18	5	4.85(0.37)*	4	4.35(0.59)*
2) 조직의 목표(성과) 달성	17	5	4.60(0.50)	4	4.22(0.63)
3) 클라이언트 문제해결	16	5	4.70(0.57)*	4	4.23(0.67)
4) 책무성 이행	18	5	4.65(0.59)	4	4.14(0.66)
5) 수퍼바이지의 전문적 성장	18	5	4.70(0.66)*	4(5)	4.38(0.65)*
6) 수퍼바이지 직무만족 강화	18	4.5	4.40(0.68)	4	4.11(0.75)
7) 수퍼바이지의 동기 부여	17	5	4.55(0.51)	4	4.28(0.69)*
8) 수퍼바이지 스트레스 및 소진 예방	신규	5	4.50(0.61)	4	4.14(0.82)
9) 행정적 효율성 증진	신규	4	4.00(0.79)	4	4.08(0.73)
전 체			4.55(0.36)		4.21(0.50)

*상위 3순위

3. 표준제시를 위한 델파이 패널과 사회복지관 사회복지사 설문 우선순위 비교

수퍼비전의 목적에 대해서 크게 클라이언트와 서비스 측면과 수퍼바이지 측면으로 나눠 볼 때에 수퍼비전에 있어 궁극적이며 수퍼비전 실행자들이 추구해야 할 목적은 클라이언트와 서비스 측면이 더 우선적이어야 한다고 볼 수 있다(Kadushin, 1992, Payne, 1994, 조휘일, 1999). 본 조사에서 수퍼비전 목적 상위 3순위로는 사회복지관 실무자 전체의 경우, 수퍼바이지의 전문적 성장, 서비스의 질 향상, 수퍼바이지의 동기 부여로, 델파이 패널의 경우 서비스의 질 향상, 수퍼바이지의 전문적 성장, 클라이언트 문제해결인 것으로 나타났다.

사회복지관 수퍼바이저들의 경우 상위 3순위로 서비스의 질 향상, 수퍼바이지의 전문적 성장, 수퍼바이지의 동기 부여가, 수퍼바이지들의 경우 수퍼바이지의 전문적 성장, 서비스의 질 향상, 클라이언트 문제해결인 것으로 나타났다. 세부 내용별 비교결과는 〈표 4-2〉, 〈표 4-3〉과 같다.

〈표 4-2〉 수퍼비전의 목적 우선순위 비교(사회복지사·델파이 패널)

사회복지관 사회복지사	우선순위	델파이 패널
수퍼바이지의 전문적 성장	1	서비스 질의 향상
서비스 질의 향상	2	수퍼바이지의 전문적 성장
수퍼바이지의 동기 부여	3	클라이언트 문제해결
클라이언트 문제해결	4	책구성 이행
조직의 목표 달성	5	조직의 목표 달성
책무성 이행	6	수퍼바이지의 동기 부여
수퍼바이지 스트레스 및 소진 예방	7	수퍼바이지 스트레스 및 소진 예방
수퍼바이지 직무만족 강화	8	수퍼바이지 직무만족 강화
행정적 효율성 증진	9	행정적 효율성 증진

〈표 4-3〉 수퍼비전의 목적 우선순위 비교(수퍼바이저·수퍼바이지)

사회복지관 수퍼바이저	우선순위	사회복지관 수퍼바이지
1) 서비스 질의 향상	1	1) 수퍼바이지의 전문적 성장
2) 수퍼바이지의 전문적 성장	2	2) 서비스 질의 향상
3) 수퍼바이지의 동기 부여	3	2) 클라이언트 문제해결
4) 클라이언트 문제해결	4	4) 조직의 목표 달성
4) 책무성 이행	5	4) 수퍼바이지의 동기 부여
6) 조직의 목표 달성	6	6) 수퍼바이지 스트레스 및 소진 예방
6) 수퍼바이지 스트레스 및 소진 예방	7	7) 수퍼바이지 직무만족 강화
8) 수퍼바이지 직무만족 강화	8	8) 책무성 이행
9) 행정적 효율성 증진	9	9) 행정적 효율성 증진

그러나 수퍼비전은 수퍼바이지의 전문적 성장이나 동기 부여보다는 무엇보다 서비스의 질과 조직목표 달성, 클라이언트의 문제해결을 위한 도구이어야 하며 이러한 수퍼비전의 궁극적인 목적에 대한 인식화 작업이 더욱 강조되어야 할 것으로 생각된다.

4. 수퍼비전의 목적 표준 내용

사회복지관 수퍼비전의 목적은 사회복지사들의 동기 부여와 전문적 성장을 통해 궁극적으로 클라이언트의 문제해결은 물론 보다 질 높은 서비스를 제공하기 위함이다. 즉 수퍼비전을 통해 사회복지사들이 업무를 효율적·효과적으로 수행할 수 있도록 도움으로써 클라이언트에게 최대한 양질의 서비스를 제공하고 직원 및 기관이 책무성을 이행할 수 있도록 보장하는 것이다.

수퍼비전의 핵심 목적[9]은 사회복지관 수퍼비전 이해당사자들의 1~3순

---

[9] 핵심 목적은 수퍼비전의 목적 표준에서 가장 중요하게 인식되고 있는 목적을 의미한다. 본 연구에서는 수퍼비전 각 요소에서 가장 우선적이며 중요하게 논

위 의견을 반영하여 다음과 같이 정리되었다.

▶ 수퍼비전의 핵심 목적
- 서비스의 질 향상 · 클라이언트의 문제해결
- 수퍼바이지의 전문적 성장 · 수퍼바이지의 동기 부여

제3절 수퍼바이저 자격 및 역량 표준

1. 포커스그룹 분석결과

수퍼바이저 요소 하위 세부 내용을 탐색하기 위해 실시된 포커스그룹 인터뷰는 수퍼바이저가 수퍼비전을 위해 어떠해야 하는가에 대한 수퍼바이저의 역량을 중심으로 진행되었다. 수퍼바이저는 지식, 기술, 가치 및 태도라는 다각적인 측면에서 역량을 확보하고 강화하기 위해 노력해야 하는 것으로 나타났다. 먼저 지식 역량의 내용은 3가지 측면으로 분류되는데, 사회복지 실천 관련 지식, 조직운영 및 리더십, 수퍼바이지에 대한 이해와 수퍼비전 관련 지식이다. 세부적으로는 사회복지 전반과 클라이언트의 특성에 대한 이해, 프로그램 기획과 관련 절차, 프로그램 효과성 평가, 수퍼비전 관련 제반 지식, 수퍼바이지가 담당하는 세부 직무 관련 이해, 조직운영, 조직관리, 인사관리, 리더십 식으로 나타났다.

둘째, 기술 역량의 내용은 4가지 차원으로 분류되는데, 인간관계 및 의사소통, 직무조정과 평가, 수퍼바이지 학습진단, 정보 수집과 팀 운영 기술이다. 세부적으로 인간관계, 상하 및 동료와의 의사소통, 경청, 긍정적 지지와

의되고 다루어져야 할 내용에 대해 '핵심'의 용어를 사용하여 별도로 내용을 제시하였다.

표현, 즉각적이고 적절한 피드백 제공, 직무 모니터링과 평가, 수퍼바이지에게 맞는 업무분장과 조정, 수퍼바이지 개인성향 및 학습성향 파악, 학습계획 수립, 학습속도 이해, 집단 및 팀 운영, 정보 수집 기술들로 나타났다.

셋째, 태도 역량의 내용은 크게 5가지 차원으로 분류된다. 수퍼바이저 자신의 학습노력, 수퍼바이지에 대한 태도, 본인의 직무 수행에 대한 태도, 인격적 자질과 성향, 직무경험과 능력 차원이다. 세부적인 하위 요소들은 먼저 배우고 노력하는 준비성, 지속적인 학습노력, 개방성, 다양성에 대한 수용력, 수퍼바이지에 대한 기대감 소유, 인내력, 본인의 지시와 지도에 대한 기억력, 솔직함, 근무지에서의 정직성, 책임감, 일관성, 형평성, 시간준수 등 모범적인 근무태도, 후배양성 신념, 원칙과 자기확신, 소신 있음, 윤리성, 예의 있는 태도, 행동력, 다양한 경험의 소유, 전문성으로 나타났다.

위의 결과에 따르면 지식 역량에 비해 기술과 태도 역량에 대한 요구와 기대가 많은 것으로 판단된다. 특히, 태도 역량은 조직 내에서 수퍼바이저의 행동 양태로서 가장 잘 관찰될 수 있는 영역이고 수퍼바이지와 수퍼바이저와 개인성향이나 관계 경험에 따른 다양한 욕구로 인해 가장 많은 하위 요소들로 나타난 것으로 보인다. 예를 들어 참여자 A는 "수퍼바이저가 기억력이 좋으셨으면 좋겠어요. 본인이 얘기하고도 자주 잊으시고 다른 얘기를 하시거든요." 또한 "수퍼바이저가 회사에서 반말을 하지 않았으면 좋겠어요. 좀 예의 있게 대해 주셨으면 해요."라는 표현에서 알 수 있듯이 수퍼바이저 개인의 특정한 성향에 대한 평가와 기대가 나타나기도 했다. 태도 영역에서 공통적인 속성을 도출하기 위해서는 보다 면밀한 연구와 정리가 필요하겠다.

요약하자면, 수퍼바이저의 역량은 지식, 기술, 태도 영역에서 다양한 내용이 도출되었고 수퍼바이저가 역량을 갖추고 직무를 수행하기 위해서는 개인적 노력뿐 아니라 수퍼바이저에 대한 훈련이 필요하리라 판단된다. 수퍼비전 실행의 주체는 1차적으로 수퍼바이저이고 참여자들은 공통적으로 수퍼비전의 책임이 있는 수퍼바이저에게 다양한 역량을 요구하고 있었다. 수퍼바이저는 수퍼바이저로서 책임 있게 직무를 수행하기 위해 다각적인 지식, 기술, 태도의 무장과 준비가 필요하다.

2. 델파이 1, 2라운드 및 사회복지관 사회복지사 설문 분석결과

포커스그룹 및 선행연구고찰을 통해 도출된 수퍼바이저 요소 세부 내용 관련 델파이 설문 1, 2라운드는 수퍼바이저가 되기 위해 요구되는 근무경력, 학력, 직급, 훈련경험을 포함하는 수퍼바이저의 자격요건과 수퍼비전을 위해 필요한 지식·기술·태도를 포함하는 수퍼바이저 역량 내용을 중심으로 조사되었다. 먼저 수퍼바이저가 되기 위해 요구되는 자격요건을 분석한 결과를 살펴보면 다음과 같다.

1) 수퍼바이저의 자격요건

수퍼바이저의 자격요건에 있어서는 근무경력, 학력, 직급, 훈련경험을 세부 내용으로 하였다. 델파이 1, 2라운드와 사회복지사 설문의 자격요건 관련 내용 분석 및 빈도 분석결과는 〈표 4-4〉와 같다.

자격요건에 관련한 세부사항들은 델파이 설문 1라운드 개방형 문항 답변을 통해 내용 분석한 후 델파이 설문 2라운드와 사회복지관 사회복지사 설문조사에게 가장 적적하다고 생각되는 기준 한 가지에 체크하도록 하였다.

델파이 설문 2라운드 분석결과에서는 각각 근무경력 5년 이상, 사회복지 전공의 학사학위 이상, 과장 이상이 가장 높게 나타났다. 그러나 직급은 기관의 상황과 특성에 따라 차이가 있을 수 있으므로 절대적인 조건으로 제시하긴 어려우며, 학문배경은 2년제 전문대학 사회복지학 전공자를 고려해야 하는데, 학력은 근무경력으로 보완될 수 있다는 세부의견이 있었다.

〈표 4-4〉 수퍼바이저의 근무경력, 학력, 직급 기준

항 목	세부 내용	1라운드 결과(빈도)	2라운드 결과(빈도)	사회복지사 설문 결과 빈도(%)
근무경력 (학부 졸업 기준)	1) 7년 이상	3	2	43(20.2)
	2) 5년 이상	13*	18*	145(68.1)*
	3) 3년 이상	4	0	25(11.7)
학문배경 (사회복지학 전공학력 기준)	1) 사회복지전공 석사학위	6	8	116(54.4)*
	2) 사회복지전공 학사학위	10*	11*	96(45.1)
	3) 사회복지전공 2년제 대학 학위	●	●	1(0.5)
직 급	1) 과장 이상	12*	14*	145(68.1)*
	2) 선임 및 대리 이상	3	5	60(28.2)
	3) 부장 이상	●	●	8(3.8)

* 각 항목 영역별 1순위

사회복지관 사회복지사 설문 분석결과, 근무경력에 있어서는 5년 이상 (68.1%), 학력에 있어서는 대학원 졸업 이상(54.4%), 직급에 있어서는 과장 이상(68.1%)이 가장 높은 것으로 나타났다. 그러나 학부 졸업 이상의 학력요건의 경우는 45.1%로 비교적 높게 나타나 의견일치도가 낮았다. 실질적으로 학력요건의 경우에는 학부를 졸업한 경우에 사회복지사 자격증이 확보되어 실무에서 사회복지사로 활동할 수 있는 상황이어서 대학원 졸업에 대한 표준화된 규정을 수립하기에는 무리가 있는 것이 사실이다.

그러나 사회복지관 사회복지사 전체 응답자의 37.1%가 대학원과정 이상의 학력이고 수퍼바이저 중 68.5%(50명)가 대학원과정 이상의 학력을 가지고 있는 것을 볼 때, 수퍼바이저 역할을 수행하게 되면서 대학원을

졸업한 경우가 증가하였다는 것과 대학원 졸업의 필요성과 욕구가 더욱 높아진다는 것을 파악할 수 있다.

수퍼바이저 자격요건의 분석결과는 〈표 4-5〉와 같다.

〈표 4-5〉 수퍼바이저 세부 자격요건

내 용	델파이 설문 2라운드		사회복지사 설문 결과	
	중위수	평균 (표준편차)	중위수	평균 (표준편차)
1) 대학원 졸업자인 경우, 실무경력(근무경력조건)을 2년으로 인정함	4	3.25(1.16)	2	2.68(1.17)
2) 대학원 졸업자인 경우, 실무경력(근무경력조건)을 1년으로 인정함	•	•	3	2.65(1.13)
3) 2년제 대학 졸업자인 경우, 실무경력(근무경력조건 2년을 더 요구함	4	3.85(1.04)	4	3.45(1.11)
4) 선임과 팀장의 수퍼바이저는 일반 사회복지사의 수퍼바이저에 비해 실무경력을 더 요구함	5	4.65(0.59)*	4	4.23(0.76)*
5) 현 해당 기관에서의 근무경력이 최소 1년 이상 되어야 함	4	4.35(0.75)*	4	4.11(0.93)
6) 사회복지 근무경력이면 분야에 관계없이 근무경력을 100% 인정함	2	2.45(1.00)	4	3.38(1.08)
7) 사회복지관이 아닌 다른 사회복지 분야 근무경력은 50%로 인정함	3	2.80(1.24)	3	3.05(0.96)
8) 실습지도경험 2년 이상이 필요함	4	3.60(1.05)	4	3.70(0.79)
9) 일정 자격을 갖춘 수퍼바이저에게 전문적 수퍼비전을 받은 경험이 필요함	4	3.95(0.83)	4	4.15(0.64)*
10) 내부 또는 외부 수퍼비전 관련 교육의 이수가 필요함	4	4.25(0.85)*	4	4.13(0.67)*
11) 직급은 절대적인 기준이 되지 않으며 실무경력이나 훈련경험으로 대체 가능함	4	3.75(1.02)	4	3.51(0.94)
12) 학위는 경력조건으로 보완될 수 있음	2	3.50(1.19)	•	•
13) 사회복지전공자가 아니어도 일정 기간의 사회복지 관련 실무경력이나 훈련경험이 있으면 가능함	2	1.95(1.05)	•	•
14) 사안에 따라 직급이 다른 수퍼바이저가 담당하는 것이 필요(사업 관련은 과장급, 조직 및 비전 관련은 부장급)	4	3.40(1.19)	•	•

* 상위 3순위

델파이 설문 2라운드 분석결과, 전체적으로 평균점이 4점 이하이고 표준편차 1 이상의 문항이 많아 델파이 패널들 간의 의견차이가 비교적 컸다. 이는 다양한 현장 및 개별 기관의 여건에 대한 고려가 필요함을 보여주는 결과이다. 긍정응답이 높은 것으로는 선임 및 팀장에 대한 수퍼바이저의 실무경력 상한 조정(4.65), 현 해당 기관에서의 근무경력 1년 이상(4.35), 수퍼바이저 양성교육 이수(4.25)로 나타났다. 델파이 설문 시 자격기준에 대한 개방형 응답 분석결과, 대학원 졸업의 경우 학부전공인가 아닌가에 따라 자격 기준을 다르게 적용할 수도 있다는 의견이 있었다. 실질적으로 대학원 졸업에 대한 경력인정 부분에서 학부 비전공자의 경우, 대학원 졸업을 경력으로 인정하기 곤란하며 학부를 전공한 경우에만 2년 혹은 1년 정도 인정할 수 있다는 의견들이 있었다. 또한 수퍼바이저로부터 전문적 수퍼비전을 받은 경험에 대한 명확한 선이 필요함 또한 지적되었다. 실습지도경험은 현실적으로 실무경험 3년 이상부터 가능하므로 연 2회를 기준으로 2년 정도 진행경력이 필요하다는 의견이 있었다. 직급은 수퍼바이저 자격요건에 중요한 요소가 될 수 있으나 각 기관마다 직급의 기준과 수준이 다르기 때문에 직급 하나만으로 판단하는 것은 적절한 기준이 되지 못한다는 지적이 있었다. 경력연한으로 학위를 대체할 수 있다는 의견(12번)은 중복 항목으로 기각되었고 사회복지 비전공자에 대한 자격인정(13번)이나 사안에 따른 수퍼바이저 역할 구분(14번)에 대해서는 필요도가 낮아 기각하였다.

델파이 2라운드 설문에서 기각된 문항을 제외하고 실시한 사회복지사 설문 분석결과, 상위 3순위로는 선임과 팀장의 수퍼바이저는 일반 사회복지사의 수퍼바이저에 비해 실무경력을 더 요구함(4.23), 일정 자격을 갖춘 수퍼바이저에게 전문적 수퍼비전을 받은 경험이 필요함(4.15), 내부 또는 외부 수퍼비전 관련 교육 이수가 필요함(4.13)이었다. 이러한 3가지 요건을 제외하고는 그 내용의 적절성에 대해서 4점 이하로 나타나 각 기관 상황별로 차이가 있음을 보여주었으며, 수퍼바이저의 일반자격으로 요건화하기에는 어려운 것으로 나타났다.

2) 수퍼바이저의 역량

수퍼바이저의 역량은 지식, 기술, 태도의 3가지 역량 영역으로 분류하여 분석하였다.

(1) 지식 역량

먼저 수퍼바이저 지식 역량의 분석결과를 살펴보면 다음의 〈표 4-6〉과 같다.

델파이 설문 분석결과, 수퍼바이저 지식 역량은 1라운드 8개 영역에서도 긍정빈도수(16 이상)가 높게 나타났고 2라운드 평균 및 표준편차 분석결과 가장 높은 것은 수퍼바이저 자신의 자아인식(4.80), 클라이언트체계에 대한 개입방법 이해(4.75), 사회복지 윤리, 가치에 대한 이해(4.75)로 나타났다. 전체적으로 모든 세부 영역에서 4.0 이상의 평균값으로 나타났고 표준편차도 14문항 모두 1.0 이하로서 전체적으로 의견의 일치도를 보이고 있다.

사회복지관 사회복지사 설문 분석결과, 수퍼바이저에게 필요한 지식 역량 상위 3순위로는 프로그램 계획, 실행 및 효과성 평가 제반 지식(4.56), 수퍼바이지 직무 전반에 대한 이해(4.54), 수퍼비전에 대한 지식(4.53)인 것으로 나타났다. 지식 역량의 전체 평균은 4.44점이고 전체 세부 항목이 4.0 이상으로 필요성이 높게 나타났다.

〈표 4-6〉 수퍼바이저 지식 역량 필요도

내 용	1라운드 긍정응답 빈 도	델파이 설문 2라운드		사회복지사 설문 결과	
		중위수	평균 (표준편차)	중위수	평균 (표준편차)
1) 기관의 사명·철학·구조·재정 등 대한 이해	신규	5	4.60(0.60)	5	4.45(0.62)
2) 조직운영 및 분석기법 등 조직관리 지식	18	4	4.15(0.75)	4	4.38(0.60)
3) 직원경력 개발 및 인적자원시스템구축 등 인사관리 지식	18	4	4.30(0.80)	4	4.30(0.65)
4) 수퍼바이저 자신의 강·약점, 편견 등에 대한 자기인식과 과학적 지식	신규	5	4.80(0.41)*	5	4.44(0.64)
5) 리더십 관련 지식	18	4	4.35(0.67)	5	4.48(0.91)
6) 관련 국가, 지방단위 복지정책에 대한 이해	신규	4	4.25(0.55)	4	4.21(0.63)
7) 지역사회 및 서비스 전달 체계에 대한 이해	신규	4	4.45(0.51)	5	4.45(0.62)
8) 사회복지 전반의 동향과 변화추세 이해	19	4	4.40(0.50)	4	4.39(0.62)
9) 프로그램 계획, 실행 및 효과성 평가 제반 지식	16	5	4.65(0.49)	5	4.56(0.55)*
10) 인간행동의 다양성과 클라이언트 특성에 대한 이해	19	5	4.70(0.47)	5	4.44(0.65)
11) 클라이언트 체계에 대한 개입방법 이해	신규	5	4.75(0.44)*	5	4.52(0.61)
12) 사회복지 윤리, 가치에 대한 이해	신규	5	4.75(0.44)*	5	4.45(0.69)
13) 수퍼바이지 직무 전반에 대한 이해	19	5	4.70(0.47)	5	4.54(0.60)*
14) 수퍼비전에 대한 지식	19	5	4.60(0.50)	5	4.53(0.61)*
전 체		4.57	4.53(0.32)		4.44(0.46)

* 상위 3순위

(2) 기술 역량

수퍼바이저 기술 역량의 분석결과는 〈표 4-7〉과 같다. 델파이 설문 분석결과, 수퍼바이저 기술 역량은 1라운드 11개 영역에서 긍정빈도수(16 이상)가 높게 나타났다. 2라운드 평균 및 표준편차 분석결과, 가장 높은 것은 사회복지 전문적 실천기술(4.80), 의사소통(4.75), 갈등 중재 기술(4.65)

로 나타났다. 학습 촉진 기술을 제외하고는 모두 4.0 이상의 평균값으로 나타나 전체적으로 중요한 역량으로 인식하고 있음을 알 수 있다. 학습 촉진 기술도 중간 값은 4점이고 긍정적인 응답이 많으나 표준편차가 1.0에 근접하는 0.93으로 패널들 간의 의견차이가 다소 있음을 알 수 있다. 전체 각 문항 표준편차에 있어서도 15문항 모두 1.0 이하로 나타나 전체 의견에 있어서 어느 정도의 일치도를 보이고 있다.

〈표 4-7〉 수퍼바이저 기술 역량 필요도

내 용	1라운드 긍정응답 빈도	델파이 설문 2라운드		사회복지사 설문 결과	
		중위수	평균 (표준편차)	중위수 (최빈값)	평균 (표준편차)
1) 수퍼바이지 개인성향·특성 이해	19	5	4.55(0.51)	4(5)	4.38(0.65)
2) 수퍼바이지 교육적 진단 및 학습계획 수립	16	4	4.15(0.81)	4	4.24(0.68)
3) 학습 촉진 기술	신규	4	3.85(0.93)	4	4.11(0.70)
4) 정보 수집 기술	18	4	4.05(0.76)	4	4.15(0.70)
5) 직무분석·업무분장과 조정	18	5	4.60(0.50)	4(5)	4.38(0.64)
6) 각종 기록 유지와 기록 능력	신규	4	4.25(0.64)	4	4.25(0.71)
7) 직무 모니터링 기술	19	4	4.40(0.60)	4	4.30(0.65)
8) 평가정보 수집, 직무 수행 피드백 제공, 객관적 평가 시행 등 직원평가 기술	19	4	4.35(0.67)	4	4.38(0.64)
9) 팀워크 및 집단을 이끄는 기술	17	4	4.20(0.52)	5	4.52(0.63)
10) 경청, 의사표현, 의사전달 등 의사소통 기술	19	5	4.75(0.44)*	5	4.56(0.56)*
11) 긍정적 지지 및 격려 기술	18	5	4.50(0.61)	5	4.55(0.64)*
12) 조직상하 및 동료와의 관계 형성 기술	17	5	4.55(0.60)	5	4.55(0.57)*
13) 갈등 중재 기술	18	5	4.65(0.49)*	5	4.52(0.61)
14) 개인, 집단, 조직 및 지역사회 실천 등 사회복지 전문적 실천기술	신규	5	4.80(0.52)*	4	4.38(0.64)
15) 지역사회자원 분석 및 활용 기술	신규	5	4.40(0.75)	4	4.33(0.62)
전 체		4.40	4.40(0.42)		4.37(0.47)

*상위 3순위

사회복지관 사회복지사 설문 분석결과, 상위 3순위로 경청·의사표현·의사전달 등 의사소통 기술(4.56), 긍정적 지지 및 격려 기술(4.55), 조직 상하 및 동료와의 관계 형성 기술(4.55)로 나타났다. 수퍼바이저 지식 역량과 같이 기술 역량도 전체 평균이 4.37로서 모든 영역이 4.0 이상으로 나타나 15문항 모두 수퍼바이저에게 필요한 역량으로 인식하고 있었다.

(3) 태도 역량

수퍼바이저 태도 역량 분석결과를 살펴보면 〈표 4-8〉과 같다.

〈표 4-8〉 수퍼바이저 가치 및 태도 역량 필요도

내 용	1라운드 긍정응답 빈도	델파이 설문 2라운드		사회복지사 설문 결과	
		중위수	평균 (표준편차)	중위수	평균 (표준편차)
1) 공정한 처우	16	4.5	4.40(0.68)	5	4.56(0.59)*
2) 지속적, 적극적 학습태도	18	4	4.15(0.81)	5	4.41(0.68)
3) 전문가로서의 지속적 성장 및 전문적 자아의 확립	16	5	4.60(0.50)	4	4.39(0.62)
4) 직무에 대한 책임감	16	5	4.65(0.49)*	5	4.56(0.62)*
5) 사회복지윤리 내재화 및 기관규정 준수 등 윤리적 태도	16	5	4.75(0.44)*	5	4.45(0.66)
6) 수퍼바이지 전문적 성장에 대한 신념과 헌신	16	4.5	4.45(0.60)	5	4.45(0.70)
7) 먼저 행동하고 노력하는 솔선수범	●	4	4.35(0.67)	5	4.46(0.74)
8) 협력 및 협동	●	4	4.25(0.79)	5	4.46(0.68)
9) 다양한 의견개진 수용과 관점 공유 등 개방적 태도	●	5	4.55(0.60)	5	4.59(0.57)*
10) 공감적 이해	16	4.5	4.45(0.60)	5	4.51(0.66)
11) 진실함	16	4	4.40(0.60)	5	4.51(0.65)
12) 일관성	16	5	4.65(0.49)*	5	4.62(0.62)*
13) 수퍼바이지 및 직무 어려움에 대한 수용, 기대 유지 등 인내력	16	5	4.55(0.51)	5	4.49(0.62)
14) 수퍼바이지의 자율성에 대한 적극적 인정	●	●	●	5	4.44(0.66)
전 체			4.48(0.47)		4.49(0.51)

* 상위 3순위

델파이 설문 분석결과, 태도 역량은 1라운드 12개 영역에서 긍정빈도수 (16 이상)가 높게 나타났다. 2라운드에서 가장 높은 결과로 나타난 것은 윤리적 태도(4.75), 직무에 대한 책임감(4.65), 일관성(4.65)이었다. 모든 세부 문항이 4.0 이상의 평균값으로 중요하게 인식하고 있었고 표준편차 도 1.0 이하로 나타나 전체 의견에 있어서 어느 정도의 일치도를 보이고 있다.

사회복지관 사회복지사 설문 분석결과, 상위 3순위로 일관성(4.62), 다 양한 의견개진 수용과 관점 공유 등 개방적 태도(4.59), 공정한 처우 (4.56), 직무에 대한 책임감(4.56)으로 나타났다. 수퍼바이저의 지식, 기술 역량과 마찬가지로 14문항 모두 4.0 이상이며 전체 평균점수도 4.49로서 매우 높게 나타나 수퍼바이저에게 필요한 태도 역량으로 인식하고 있음 을 알 수 있다.

3. 표준제시를 위한 델파이 패널과 사회복지관 사회복지사 우선순위 비교

1) 수퍼바이저의 자격요건

수퍼바이저의 일반 자격요건에 대해 사회복지관 사회복지사들은 5년 이상 근무경력, 대학원 졸업 이상 학력, 과장 이상의 직위가 가장 높은 결과로 나타났고 델파이 패널은 학력요건에서 학부 졸업 이상이 가장 높 게 나타났다. 세부 내용별 비교결과는 〈표 4-9〉와 같다.

수퍼바이저가 되기 위해서는 최소 5년 이상의 사회복지 실무경력이 필 요하고 조직 내부에서의 위치상 중간관리자급이며 결재권을 가진 과장 이상의 직급자가 수퍼바이저 역할을 하는 것이 적절하다는 판단인 것으 로 생각된다. 그러나 학력에 대해서는 학부와 대학원 졸업 이상의 기준에

서 차이가 있었다. 실질적으로 사회복지관 현장에서 수퍼바이저 자격은
학력으로 통제하기 어려운 것이 사실이다. 다만, 다수의 사회복지관 실무
자들이 수퍼바이저 자격을 갖추는 데에는 대학원 졸업 이상의 학력을 갖
추는 것이 수퍼비전 실행상 효과적이라는 판단을 하고 있는 것으로 파악
할 수 있다.

〈표 4-9〉 수퍼바이저 일반 자격요건 우선순위 비교

내 용	사회복지관 사회복지사	우선 순위	델파이 패널
수퍼바이저 근무경력 요건	**5년 이상** 7년 이상 3년 이상	1 2 3	**5년 이상** 3년 이상 7년 이상
수퍼바이저 학력 요건	**대학원 졸업 이상** 학부 졸업 이상 2년제 대학 졸업 이상	1 2 3	**학부 졸업 이상** 대학원 졸업 이상 2년제 대학 졸업 이상
수퍼바이저 직위 요건	**과장 이상** 선임 및 대리 이상 부장 이상	1 2 3	**과장 이상** 선임 및 대리 이상 부장 이상

일반 자격요건 세부 내용별 비교결과는 〈표 4-10〉과 같다.
　일반 자격요건 세부 내용 상위 3순위로는 사회복지관 사회복지사들의 경
우 선임 사회복지사들에 대한 수퍼바이저 실무경력 연장, 전문적 수퍼비전
의 경험, 내·외부 수퍼비전 관련 교육 이수로, 델파이 패널의 경우 2순위
에 있어 현 해당 기관에서의 최소 1년 이상의 근무경력인 것으로 나타났다.
　수퍼바이저 세부 자격요건에서 사회복지사와 델파이 패널은 공통적으
로 자격을 갖춘 수퍼바이저에게 전문적 수퍼비전을 받은 경험을 강조하
였다. 이를 위해서 각 사회복지관은 수퍼바이저 자격 확보를 위해 전문적
수퍼비전을 경험할 수 있도록 기관 내·외부의 수퍼비전 훈련체계를 갖
출 필요가 있다.

〈표 4-10〉 수퍼바이저 자격요건 세부 내용 비교

사회복지관 사회복지사	우선순위	델파이 패널
선임과 팀장의 수퍼바이저는 일반 사회복지사의 수퍼바이저에 비해 실무경력을 더 요구함	1	선임과 팀장의 수퍼바이저는 일반 사회복지사의 수퍼바이저에 비해 실무경력을 더 요구함
일정 자격을 갖춘 수퍼바이저에게 전문적 수퍼비전을 받은 경험이 필요함	2	현 해당 기관에서의 근무경력이 최소 1년 이상 되어야 함
내부 또는 외부 수퍼비전 관련 교육의 이수가 필요함	3	내부 또는 외부 수퍼비전 관련 교육의 이수가 필요함
현 해당 기관에서의 근무경력이 최소 1년 이상 되어야 함	4	일정 자격을 갖춘 수퍼바이저에게 전문적 수퍼비전을 받은 경험이 필요함
실습지도경험 2년 이상이 필요함	5	2년제 대학 졸업자인 경우, 실무경력(근무경력조건) 2년을 더 요구함
직급은 절대적인 기준이 되지 않으며 실무경력이나 훈련경험으로 대체 가능함	6	직급은 절대적인 기준이 되지 않으며 실무경력이나 훈련경험으로 대체 가능함
2년제 대학 졸업자인 경우, 실무경력(근무경력조건) 2년을 더 요구함	7	실습지도경험 3년 이상이 필요함
사회복지 근무경력이면 분야에 관계없이 근무경력을 100% 인정함	8	대학원 졸업자인 경우, 실무경력(근무경력조건)을 2년으로 인정함
사회복지관이 아닌 다른 사회복지 분야 근무경력은 50%로 인정함	9	사회복지 근무경력이면 분야에 관계없이 근무경력을 100% 인정함
대학원 졸업자인 경우, 실무경력(근무경력조건)을 2년으로 인정함	10	사회복지관이 아닌 다른 사회복지 분야 근무경력은 50%로 인정함
대학원 졸업자인 경우, 실무경력(근무경력조건)을 1년으로 인정함	11	●

2) 수퍼바이저의 역량

(1) 지식 역량

지식 역량의 세부 내용별 비교결과는 〈표 4-11〉, 〈표 4-12〉와 같다.

〈표 4-11〉 수퍼바이저 지식 역량 비교(사회복지사·델파이 패널)

사회복지관 사회복지사	우선순위	델파이 패널
프로그램 계획, 실행 및 효과성 평가 지식	1	수퍼바이저 자신이해 및 자기인식 지식
수퍼바이지 직무 전반에 대한 이해	2	클라이언트 체계에 대한 개입방법 이해
수퍼비전에 대한 지식	3	사회복지 윤리, 가치에 대한 이해
클라이언트 체계에 대한 개입방법 이해	4	수퍼바이지 직무 전반에 대한 이해
리더십 관련 지식	5	인간행동의 다양성과 클라이언트 특성이해
기관의 사명·철학·구조·재정 등 대한 이해	6	프로그램 계획·실행 및 효과성 평가 지식
사회복지 윤리·가치에 대한 이해	7	기관의 사명·철학·구조·재정 등 대한 이해
지역사회 및 서비스 전달 체계에 대한 이해	8	수퍼비전에 대한 지식
수퍼바이저 자신이해 및 자기인식 지식	9	지역사회·서비스 전달 체계에 대한 이해
인간행동의 다양성과 클라이언트 특성 이해	10	사회복지 전반의 동향과 변화추세 이해
사회복지 전반의 동향과 변화추세 이해	11	리더십 관련 지식
조직운영 및 분석기법 등 조직관리 지식	12	직원경력 개발 등 인사관리 지식
직원경력 개발 등 인사관리 지식	13	국가·지방단위 복지정책에 대한 이해
국가·지방단위 복지정책에 대한 이해	14	조직운영 및 분석기법 등 조직관리 지식

　수퍼바이저 지식 역량 내용 상위 3순위로는 사회복지관 사회복지사들의 경우 프로그램 계획·실행 및 효과성 평가 제반 지식, 수퍼바이지 직무 전반에 대한 이해, 수퍼비전에 대한 지식으로 나타났다. 델파이 패널 조사결과에서는 상위 3순위로 수퍼바이저 자신의 강·약점, 편견 등에 대한 자기인식과 과학적 지식, 클라이언트 체계에 대한 개입방법 이해, 사회복지 윤리, 가치에 대한 이해로 나타났다.

　수퍼바이저 지식 역량의 경우, 수퍼바이저와 수퍼바이지 간의 의견차이가 있는 것으로 나타나 세부 내용별로 수퍼바이저와 수퍼바이지를 구분하여 우선순위를 살펴보았다. 수퍼바이저들은 상위 3순위로 프로그램 계획, 실행 및 효과성 평가 제반 지식, 수퍼바이지 직무 전반에 대한 이해, 수퍼비전에 대한 지식으로 나타났고 수퍼바이지들은 프로그램 계획, 실행 및 효과성 평가 제반 지식, 리더십 관련 지식, 클라이언트 체계에 대한 개입방법 이해인 것으로 나타났다.

　수퍼바이저와 수퍼바이지 공통적으로 프로그램 계획과 실행 그리고 평

가에 대한 지식이 1순위로 나타나 수퍼비전이 원활히 이루어지기 위해서
는 조직 내와 학교교육 과정 내에서 이러한 영역의 교육을 더욱 강화시켜
야 함을 보여주는 결과라 하겠다. 전반적으로 모든 세부 영역에서 필요성
이 높게 나타났지만, 리더십 관련 지식의 영역에서는 수퍼바이지의 우선
순위가 3순위로 매우 높게 나타났다.

〈표 4-12〉 수퍼바이저 지식 역량 비교(수퍼바이저·수퍼바이지)

사회복지관 수퍼바이저	우선순위	사회복지관 수퍼바이지
수퍼바이지 직무 전반에 대한 이해	1	프로그램 계획·실행 및 효과성 평가 지식
프로그램 계획·실행 및 효과성 평가 지식	2	클라이언트 체계에 대한 개입방법 이해
수퍼비전에 대한 지식	3	리더십 관련 지식
클라이언트 체계에 대한 개입방법 이해	4	수퍼바이지 직무 전반에 대한 이해
리더십 관련 지식	5	수퍼비전에 대한 지식
기관의 사명·철학·구조·재정 등 대한 이해	6	지역사회 및 서비스 전달 체계에 대한 이해
사회복지 윤리·가치에 대한 이해	7	수퍼바이저 자기이해 및 자기인식 지식
지역사회 및 서비스 전달 체계에 대한 이해	8	인간행동의 다양성과 클라이언트 특성 이해
수퍼바이저 자기이해 및 자기인식 관련 지식	9	사회복지 윤리·가치에 대한 이해
인간행동의 다양성과 클라이언트 특성 이해	10	기관의 사명·철학·구조·재정 등 대한 이해
사회복지 전반의 동향과 변화추세 이해	11	사회복지 전반의 동향과 변화추세 이해
조직운영 및 분석기법 등 조직관리 지식	12	조직운영 및 분석기법 등 조직관리 지식
직원경력 개발 등 인사관리 지식	13	직원경력 개발 등 인사관리 지식
국가·지방단위 복지정책에 대한 이해	14	국가·지방단위 복지정책에 대한 이해

(2) 기술 역량

사회복지관 사회복지사 조사에서 수퍼바이저의 기술 역량 내용 상위 3
순위로는 경청, 의사표현, 의사전달 등 의사소통 기술, 긍정적 지지 및 격
려 기술, 조직상하 및 동료와의 관계 형성 기술로 나타났다. 델파이 패널
조사결과에서는 상위 3순위로 개인, 집단, 조직 및 지역사회 실천 등 사
회복지 전문적 실천기술, 경청, 의사표현, 의사전달 등 의사소통 기술, 갈
등 중재 기술로 나타났다. 세부 내용별 비교결과는 〈표 4-13〉과 같다.

본 조사에서 수퍼바이저 기술 역량에 있어서는 의사소통과 관계 기술이

가장 필요한 기술로서 나타나 수퍼비전의 선행변수로서 수퍼비전 관계의 중요성을 강조하는 선행연구들(Kilminster and Folly, 2000, 문지은, 2004, 고유나·성희자, 2004)과도 연결성이 있는 결과라고 생각된다. 특히, 수퍼바이저 교육 시, 지식 영역의 교육만이 아닌 기술 영역의 실질적인 훈련을 통해 수퍼바이저로서의 역량을 강화할 필요가 있겠다.

〈표 4-13〉 수퍼바이저 기술 역량 우선순위 비교

사회복지관 사회복지사	우선 순위	델파이 패널
경청, 의사표현, 의사전달 등 의사소통 기술	1	전문적 사회복지 실천기술
긍정적 지지 및 격려 기술	2	경청, 의사표현, 의사전달 등 의사소통 기술
조직상하 및 동료와의 관계 형성 기술	3	갈등 중재 기술
갈등 중재 기술	4	직무분석·업무분장과 조정
팀워크 및 집단을 이끄는 기술	5	수퍼바이지 개인성향·특성 이해
전문적 사회복지 실천기술	6	조직상하 및 동료와의 관계 형성 기술
수퍼바이지 개인성향·특성 이해	7	긍정적 지지 및 격려 기술
직원평가정보 수집 및 객관적 직원평가 기술	8	직무 모니터링 기술
직무분석·업무분장과 조정	9	직무 모니터링 기술
지역사회자원 분석 및 활용 기술	10	직원평가정보 수집 및 객관적 직원평가 기술
직무 모니터링 기술	11	각종 기록 유지와 기록 능력
각종 기록 유지와 기록 능력	12	팀워크 및 집단을 이끄는 기술
수퍼바이지 교육적 진단 및 학습계획 수립	13	수퍼바이지 교육적 진단 및 학습계획 수립
학습 촉진 기술	14	정보 수집 기술
정보 수집 기술	15	학습 촉진 기술

또한 수퍼바이저는 무엇보다 수퍼바이지의 사회복지 실천의 지원자이자 훈련가로서 전문적인 사회복지 실천기술이 준비되어야 한다고 본다. 이를 위해서는 수퍼바이저가 되기 위한 훈련 과정과 담당 직무에 대한 전문적인 정기 수퍼비전 경험이 반드시 수반되어야 한다고 판단된다.

(3) 태도 역량

사회복지관 사회복지사들은 수퍼바이저 태도 역량 내용 상위 3순위로 일관성, 다양한 의견개진 수용과 관점 공유 등 개방적 태도, 공정한 처우,

직무에 대한 책임감을 꼽았다. 델파이 패널 조사결과에서는 상위 3순위로 사회복지 윤리 내재화 및 기관규정 준수 등 윤리적 태도, 일관성, 직무에 대한 책임감으로 나타났다. 세부 내용별 비교결과는 〈표 4-14〉와 같다. 태도 영역에서 실무자들은 수퍼바이저의 일관적인 태도와 개방성, 공정성을 중요하게 평가한 반면, 델파이 패널은 수퍼바이저의 윤리적 태도를 중요한 영역으로 평가하였다.

〈표 4-14〉 수퍼바이저 태도 역량 우선순위 비교

사회복지관 사회복지사	우선 순위	델파이 패널 2라운드
일관성	1	윤리 내재화 및 규정 준수 등 윤리적 태도
의견수용과 관점 공유 등 개방적 태도	2	일관성
공정한 처우	3	직무에 대한 책임감
직무에 대한 책임감	4	전문가로서의 지속적 성장과 전문적 자아확립
공감적 이해	5	수퍼바이지 수용 및 기대 유지 등 인내력
진실함	6	의견수용과 관점 공유 등 개방적 태도
수퍼바이지 수용 및 기대 유지 등 인내력	7	먼저 행동하고 노력하는 솔선수범
먼저 행동하고 노력하는 솔선수범	8	수퍼바이지 전문적 성장에 대한 신념과 헌신
협력 및 협동	9	공정한 처우
윤리 내재화 및 규정 준수 등 윤리적 태도	10	진실함
수퍼바이지 전문적 성장에 대한 신념과 헌신	11	먼저 행동하고 노력하는 솔선수범
지속적, 적극적 학습태도	12	협력 및 협동
전문가로서의 지속적 성장과 전문적 자아확립	13	지속적, 적극적 학습태도
수퍼바이지의 자율성에 대한 적극적 인정	14	•

태도 역량은 조직 내에서 수퍼바이저의 행동 양태로서 가장 잘 관찰될 수 있는 영역이고 수퍼바이지와 수퍼바이저와 개인성향이나 관계 경험에 따라 다양한 욕구로 나타날 수 있다. 그러나 기본적으로는 일관성과 공정한 처우, 직무에 대해 책임감 있는 모습, 윤리적 태도와 개방적인 태도가 중요한 수퍼바이저의 역량으로 평가되었다.

또한 수퍼바이저는 수퍼비전 제공자로서만이 아니라 조직 내부에서 직무 수행의 모델로서도 기능하여야 하기 때문에 이러한 외부 행동 양태로 표출되는 수퍼바이저의 태도 측면의 개선을 위해 개별적인 노력과 지속적인 자기점검이 유지되어야 한다고 생각된다. 사회복지 윤리 내재화의 태도나 사회복지 윤리와 가치에 대한 지식은 사회복지관 사회복지사 집단보다는 델파이 패널 집단에서 그 필요도가 높게 나타났다. 실질적으로 한국 상황에서 사회복지 윤리의 중요성은 최근에서야 학문적인 논의와 관련 교과목 개설이 진행되고 있고, 현장에서의 구체적인 실천논의 또한 다소 취약한 상황이었다. 사회복지관 실천현장에서 사회복지사로서 전문가 윤리와 가치를 내재화시키기 위한 다양한 노력과 이를 위한 구체적이고 심도 깊은 논의가 필요하다.

4. 수퍼바이저의 자격 및 역량 표준 내용

1) 수퍼바이저의 자격요건[10]

사회복지관의 수퍼바이저는 사회복지전공 학사 이상의 사회복지사로 5년 이상의 사회복지 관련 실무경험과 과장 이상의 직위를 가진 자로 한다.
현 해당 기관에서의 근무경력이 최소 1년 이상 된 자로서 기관과 기관 환경에 대한 이해를 가진 자로 한다.
선임과 과장 등 숙련 사회복지사들에 대한 수퍼바이저는 7년 이상의 사회복지 관련 실무경력이 필요하다.
또한 사회복지관 수퍼바이저는 수퍼비전 관련 교육을 이수하고 자격을 갖춘 수퍼바이저에게 전문적 수퍼비전을 받은 경험이 있어야 한다. 이를 위해 각 사회복지관은 수퍼바이저 자격을 위해 기관 내·외부에서 전문적 수퍼비전 경험을 위한 체계를 갖추고 수퍼바이저를 훈련시켜야 한다.

---

10) 단, 수퍼바이저의 일반 자격요건들은 기관의 상황에 따라 별도의 훈련, 자문, 오리엔테이션, 제2선 수퍼비전을 통해 조정안을 마련할 수 있다. 본 표준은 델파이 패널과 사회복지관 실무자들이 공통적으로 중요하다고 생각하는 기준들을 정리한 것이며 개별 기관들의 특성과 상황을 모두 고려한 표준을 제시하지는 못했다.

수퍼바이저의 핵심11) 자격요건은 수퍼비전 이해당사자들의 1~3순위 의견을 반영하여 다음과 같이 정리되었다.

> ▶ 수퍼바이저의 핵심 자격요건
> ● 5년 이상의 경력, 학부 졸업 이상, 과장 이상의 직급
> ● 선임급 이상의 수퍼바이지에 대한 담당 수퍼바이저의 숙련성 고려
> ● 전문적 수퍼비전의 경험을 통한 훈련과 준비
> ● 현 해당 기관에서의 일정 근무경험 확보

2) 수퍼바이저의 역량

(1) 수퍼바이저들은 수퍼비전을 위해 사회복지 관련 '지식'(Knowledge)을 습득하기 위해 지속적으로 노력해야 하며 기본적으로 다음과 같은 영역에서의 지식 보유가 필수적이다.

K-1. 수퍼바이저는 자신의 강·약점, 편견 등에 대한 자기인식과 지속적인 자기분석, 성찰을 위해 과학적 지식을 갖추어야 한다.

K-2. 수퍼바이저는 프로그램 계획, 실행 및 효과성 평가 관련 제반 지식에 대한 이해도가 높아야 한다.

K-3. 수퍼바이저는 사회복지 윤리 및 가치에 대한 이해도가 높아야 한다.

K-4. 수퍼바이저는 다양한 클라이언트의 특성을 이해하고 개입방법에 대한 지식을 갖추고 있어야 한다.

K-5. 수퍼바이저는 담당 수퍼바이지의 직무 전반에 대한 이해가 높아야 한다.

K-6. 수퍼바이저는 기본적으로 수퍼비전을 실행하기 위해 수퍼비전

---

11) 본 연구에서는 수퍼비전 각 요소에서 가장 우선적이며 중요하게 논의되고 다루어야 할 내용에 대해 '핵심'의 용어를 사용하여 별도로 제시하였다.

이론, 수퍼비전 모델과 방법, 수퍼바이저 역할 등 수퍼비전 관련 지식을 보유하여야 한다.

K-7. 수퍼바이저는 해당 기관 및 조직관리 지식 그리고 조직리더로서 리더십 관련의 전반적인 지식을 갖추어야 한다.

K-8. 수퍼바이저는 조직이 지역사회에서 갖는 미션을 이해하고 지역사회 욕구에 부응할 수 있도록 지역사회 및 전달 체계에 관한 지식을 갖추어야 한다.

K-9. 그 외 수퍼바이저는 효과적인 수퍼비전을 위해 사회복지 전반의 동향과 변화추세, 관련 복지정책에 대한 이해를 도모하여야 한다.

수퍼바이저의 핵심[12] 지식 역량은 수퍼비전 이해당사자들의 1~3순위 의견을 반영하여 다음과 같이 정리되었다.

> ▶ 수퍼바이저의 핵심 지식 역량
> ● 프로그램 계획, 실행, 효과성 평가 제반 지식
> ● 수퍼바이저 자신의 강·약점, 편견 등에 대한 자기인식과 이를 위한 과학적 지식
> ● 수퍼바이지 직무 전반에 대한 이해
> ● 클라이언트 체계에 대한 개입방법
> ● 수퍼비전 및 리더십 관련 지식

(2) 수퍼바이저들은 수퍼비전을 위해 '기술'(Skill)적인 영역에서 다양한 기술을 활용해야 하며 기술의 향상을 위해 지속적으로 노력해야 한다. 기본적으로 다음과 같은 영역에서의 기술 보유가 필수적이다.

---

12) 본 연구에서는 수퍼비전 각 요소에서 가장 우선적이며 중요하게 논의되고 다루어야 할 내용에 대해 '핵심'의 용어를 사용하여 별도로 제시하였다.

S-1. 수퍼바이저는 사회복지 전문적 실천기술, 즉 개인, 집단, 조직 및 지역사회 실천의 기술을 보유하여야 한다.

S-2. 수퍼바이저는 효과적인 수퍼비전을 위해 경청, 의사표현, 의사전달 등 의사소통 기술을 보유하여야 한다.

S-3. 수퍼바이저는 수퍼바이지의 직무 수행과 노력에 대해 긍정적 지지를 제공하고 격려할 수 있는 기술을 보유하여야 한다.

S-4. 수퍼바이저는 조직상하 및 동료와의 관계 형성 기술을 보유하여야 한다.

S-5. 수퍼바이저는 조직과 부서 내, 그리고 수퍼바이지 간 갈등을 중재할 수 있는 기술을 보유하여야 한다.

S-6. 수퍼바이저는 조직 내 집단 수퍼비전, 팀 활동의 주도자로서 팀워크 형성 및 집단을 이끄는 기술을 보유하여야 한다.

S-7. 수퍼바이저는 수퍼바이지들의 직무에 대한 과학적 분석 및 업무 분장과 조정의 기술을 보유하여야 한다.

S-8. 수퍼바이저는 담당 수퍼바이지의 개인성향, 특성 그리고 교육적 욕구를 사정하고 수퍼바이지 개인에 따른 학습계획을 수립하고 학습을 촉진할 수 있는 기술을 보유하여야 한다.

S-9. 수퍼바이저는 수퍼바이지의 직무와 개인의 전문적 성장에 관한 모니터링 및 평가 기술을 보유하여야 한다.

S-10. 그 외 수퍼바이저는 지역사회자원을 분석하고 활용할 수 있는 기술을 갖추어야 하며 각종 문서관리와 기록 유지에 대한 지도를 위해 기록 능력에 집중하여야 하고 사회복지 동향 및 다양한 관련 정보를 수집하는 기술을 보유하여야 한다.

수퍼바이저의 핵심[13] 기술 역량은 수퍼비전 이해당사자들의 1~3순위

---

13) 본 연구에서는 수퍼비전 각 요소에서 가장 우선적이며 중요하게 논의되고 다루어야 할 내용에 대해 '핵심'의 용어를 사용하여 별도로 제시하였다.

의견을 반영하여 다음과 같이 정리되었다.

▶ 수퍼바이저의 핵심 기술 역량
- 의사소통 기술(경청, 의사표현, 의사전달 등)
- 사회복지 실천기술(개별, 집단, 조직 및 지역사회 실천 등)
- 긍정적 지지 및 격려 기술
- 조직상하 및 동료와의 관계 형성 기술
- 갈등 중재 기술

---

(3) 수퍼바이저들은 수퍼비전이 원활히 이루어질 수 있도록 '태도'(Attitude)의 향상을 위해 지속적으로 노력해야 한다. 기본적으로 다음과 같은 영역에서의 태도의 보유가 필수적이다.

A-1. 수퍼바이저는 직무 수행과 지도감독에 있어 일관적인 태도를 갖추어야 한다.

A-2. 수퍼바이저는 사회복지 윤리의 내재화 및 기관규정 준수 등 윤리적 태도를 갖추어야 한다.

A-3. 수퍼바이저는 다양한 의견개진 수용과 관점 공유 등 개방적 태도를 갖추어야 한다.

A-4. 수퍼바이저는 직무 수행의 모델로서 기능하기 위해 업무 수행에 있어 책임감 있는 태도를 갖추어야 한다.

A-5. 수퍼바이저는 직무평가 및 수퍼바이지에 대한 처우에 있어 공정한 태도를 갖추어야 한다.

A-6. 수퍼바이저는 수퍼바이지에 대한 진실한 태도로 공감적 이해를 할 수 있어야 한다.

A-7. 수퍼바이저는 수퍼바이지를 수용하고 수퍼바이지가 담당하고

있는 직무 어려움을 이해하며 지속적으로 기대를 유지할 수 있는 인내하는 태도를 갖추어야 한다.

A-8. 수퍼바이저는 전문가로서의 지속적인 성장 및 전문적 자아의 확립을 위해 노력하고 적극적으로 학습하여야 하며 수퍼바이지 전문적 성장에 대해 신념을 가지고 헌신적으로 임하는 태도를 갖추어야 한다.

A-9. 그 외 수퍼바이저는 수퍼바이지와 협력하고 협동하는 태도로 직무를 수행하며 수퍼바이지의 자율성에 대해 적극적으로 인정하는 태도를 갖추어야 한다.

수퍼바이저의 핵심[14] 태도 역량은 수퍼비전 이해당사자들의 1~3순위 의견을 반영하여 다음과 같이 정리되었다.

> ▶ 수퍼바이저의 핵심 태도 역량
> ● 일관성
> ● 사회복지 윤리 내재화 및 기관규정 준수 등 윤리적 태도
> ● 다양한 의견개진 수용과 관점 공유 등 개방적 태도
> ● 직무에 대한 책임감
> ● 공정한 처우

---

14) 본 연구에서는 수퍼비전 각 요소에서 가장 우선적이며 중요하게 논의되고 다루어야 할 내용에 대해 '핵심'의 용어를 사용하여 별도로 제시하였다.

제4절 수퍼바이지의 역량 표준

1. 포커스그룹 분석결과

수퍼비전을 위한 수퍼바이지의 역량에 대한 세부 내용을 탐색하기 위해 실시된 포커스그룹 인터뷰 분석결과, 수퍼바이지의 역량은 수퍼비전에 대한 준비와 수용태도 그리고 직무 수행의 적극적 태도 측면으로 나타났다. 주로 수퍼비전을 위한 사전준비와 수퍼비전에 대한 수용적 태도, 수퍼비전 받은 내용의 적용능력 등 수퍼비전의 실행과 관련된 영역의 내용이다. 이러한 수퍼비전 실행에 관련된 세부적인 영역 외에 수퍼바이지의 직무 수행태도에 있어 자발적이고 적극적이고 수용적인 태도를 수퍼비전을 위한 중요한 요소로서 보았다. 세부적인 하위 요소들로 본인의 자기계발에 대한 명확한 계획, 명확한 업무보고, 수퍼비전 욕구의 표현, 수퍼비전 내용의 적용능력과 자세, 배우고자 하는 의욕, 수퍼비전에 대한 공동책임 인식, 수퍼비전에 대한 기대감, 자발성, 수용적, 비방어적, 적극성, 기관과 조직에 대한 긍정적 인식태도, 자기업무에 대한 직관으로 나타났다.

수퍼바이저에게 다각적으로 다양한 수퍼비전 역량을 요구하고 있는 것과는 달리 수퍼바이지에게는 주로 본인 직무에 대한 보고준비, 수퍼비전 받은 내용에 대한 수용과 실행, 적극적인 직무자로서의 태도를 요구하고 있었다. 이는 수퍼비전 실행의 책임은 누구보다도 수퍼바이저에게 있음을 의미하는 것이다. 그러나 수퍼비전의 공동 주체자로서 수퍼바이지 또한 자기의 계발에 대한 인식과 노력, 수퍼비전에 대한 준비와 실행력을 확보해야 할 필요가 있다. 또한 수퍼비전의 욕구를 밝히고 요청하는 수퍼바이지에게 수퍼바이저들은 수퍼비전을 주고 싶은 욕구가 많이 나타난다고도 하였다. 참여자 B는 "글쎄, 나는 우는 놈에게 떡 하나 더 주고 싶다랄까…… 수퍼비전을 기대하고 필요하다고 욕구를 표현하는 수퍼바이지에게 이상하게도 더 주게 되더라구요. 어찌 보면 그러한 수퍼바이지들보다 다른 수퍼바이지들에게 수퍼비전이 더 필요할 수도 있는데도 말이예요.”라고 이야기하기도 하였다.

사회복지조직에서 수퍼비전은 수퍼바이지의 권리로서 인식되어야 한다. 수퍼바이지는 수퍼비전을 위한 직무보고를 준비하고 수퍼비전을 공식적으로 요청하여 수퍼비전 받을 권리를 누려야 한다고 본다.

수퍼바이저와 수퍼바이지 역량의 직무자로서의 기본 태도와 관련하여 수퍼바이저에게는 주로 일관성이나 형평성, 원칙 준수 등이 강조되는 것에 반해 수퍼바이지에게는 직무에 대한 적극성, 자발성 등의 태도가 강조되고 있다. 이는 수퍼바이저와 수퍼바이지에게 어떠한 직무태도의 모습을 보다 집중적으로 강화해야 하는가에 대한 근거를 제시해 준다. 직무에 대한 책임감이나 개방적인 태도는 수퍼바이저 및 수퍼바이저 양자에게 모두 요구되는 역량으로 인식되고 있었다.

2. 델파이 1, 2라운드 및 사회복지관 사회복지사 설문 분석결과

수퍼비전을 위한 수퍼바이지의 역량 내용에 대한 분석결과 빈도, 평균 및 표준편차는 〈표 4-15〉와 같이 나타났다.

델파이 설문 분석결과, 수퍼바이지 역량은 1라운드 9개 영역에서 긍정 빈도수(15 이상)가 높게 나타났다. 2라운드 평균 및 표준편차 분석결과 가장 높은 것은 직무에 대한 책임감(4.70), 수퍼비전 내용의 실행능력(4.60), 적절하고 명확한 업무보고(4.55)였다. 본인의 자기계발에 대한 명확한 계획 수립(4.10)을 제외하고 그 외 모든 영역에서 4.4 이상의 높은 평균값으로 나타났다. 각 문항 표준편차 값이 15문항 모두 1.0 이하여서 전체적으로 델파이 패널 간 의견에 있어서는 어느 정도의 일치도를 보이

고 있었다. 직무 및 수퍼비전 내용에 대한 자발적 수행태도의 문항은 수
퍼비전 내용에 대한 자발적 적용자세와 실행능력의 문항과 내용 면에서
중복된다고 판단되어 사회복지사 설문조사 시에는 기각하였다.

〈표 4-15〉 수퍼바이지의 역량 필요도

내 용	1라운드 긍정응답 빈도	델파이 설문 2라운드		사회복지사 설문조사	
		중위수	평균 (표준편차)	중위수	평균 (표준편차)
1) 수퍼비전에 대한 공동책임 인식	17	5	4.50(0.69)	4	4.20(0.64)
2) 본인 자기계발에 대한 명확한 계획 수립	15	4	4.10(0.85)	4	4.36(0.64)
3) 수퍼비전 욕구의 표현 및 수퍼비전 요청	18	4.5	4.40(0.68)	4	4.32(0.65)
4) 수퍼비전에 대한 수용적이며 비방어적인 태도	19	4.5	4.50(0.51)	4	4.25(0.73)
5) 수퍼비전 내용에 대한 자발적 적용자세와 실행능력	20	5	4.60(0.50)*	4	4.34(0.67)
6) 시기적절하고 명확한 업무보고	19	5	4.55(0.51)*	5	4.43(0.65)*
7) 사전자료 작성 및 제출 등 수퍼비전에 대한 준비	●	4.5	4.45(0.60)	4	4.30(0.70)
8) 수퍼바이지의 자기인식	●	5	4.45(0.69)	5	4.40(0.68)
9) 직무 수행에 대한 적극적 태도	18	5	4.50(0.61)	5	4.45(0.71)*
10) 직무에 대한 책임감	●	5	4.70(0.57)*	5	4.60(0.66)*
11) 자발성(직무 및 수퍼비전 내용에 대한 자발적 수행태도)	19	4.5	4.45(0.60)	●	●
전 체			4.47(0.41)		4.36(0.52)

* 상위 3순위

사회복지관 사회복지사 설문 분석결과, 상위 3순위로는 직무에 대한 책
임감(4.60), 직무 수행에 대한 적극적 태도(4.45), 시기절적하고 명확한 업
무보고(4.43)인 것으로 나타났다. 수퍼바이지 역량 영역 전체 10문항 모
두 4점 이상으로 나타났고 전체 평균도 4.36으로서 모든 문항을 수퍼비전
을 위해 필요한 수퍼바이지 역량 영역으로 인식하고 있었다.

3. 표준제시를 위한 델파이 패널과
사회복지관 사회복지사 우선순위 비교

사회복지관 사회복지사 조사의 경우 수퍼바이지의 역량 상위 3순위로
는 직무에 대한 책임감, 직무 수행에 대한 적극적 태도, 시기적절하고 명
확한 업무보고인 것으로 나타났다. 델파이 패널 조사결과에서는 상위 3순
위로 직무에 대한 책임감, 수퍼비전 내용에 대한 자발적 적용자세와 실행
능력, 시기적절하고 명확한 업무보고로 나타났다. 수퍼바이지에게 공통적
으로 요구되는 역량은 본인 직무에 대한 책임감과 업무보고능력인 것으
로 나타났다. 세부 내용별 비교결과는 〈표 4-16〉과 같다.

〈표 4-16〉 수퍼바이지의 역량 우선순위 비교

사회복지관 사회복지사	우선순위	델파이 패널
직무에 대한 책임감	1	직무에 대한 책임감
직무 수행에 대한 적극적 태도	2	수퍼비전 내용 적용자세와 실행능력
시기적절하고 명확한 업무보고	3	시기적절하고 명확한 업무보고
수퍼바이지의 자기인식	4	직무 수행에 대한 적극적 태도
본인 자기계발에 대한 명확한 계획 수립	5	수퍼비전에 대한 공동책임 인식
수퍼비전 내용 적용자세와 실행능력	6	수퍼비전에 대한 수용적·비방어적 태도
수퍼비전 욕구의 표현 및 수퍼비전 요청	7	사전자료 작성 및 제출 등 수퍼비전 준비
사전자료 작성 및 제출 등 수퍼비전 준비	8	수퍼바이지의 자기인식
수퍼비전에 대한 수용적·비방어적 태도	9	수퍼비전 욕구의 표현 및 수퍼비전 요청
수퍼비전에 대한 공동책임 인식	10	본인 자기계발에 대한 명확한 계획 수립

본 연구에서 위와 같이 수퍼바이지의 역량에 대한 중요성이 높게 지적
된 것은 수퍼비전이 상호적인 관계 속에서 수퍼바이저와 수퍼바이지 두
사람의 상호적인 책임하에 진행되며 상호의 역량이 준비되어야 함을 보
여주는 결과라 하겠다. 그러나 수퍼바이저와 수퍼바이저 역량의 세부적인
내용을 비교해 보면 수퍼바이지에게는 전체적으로 수퍼비전과 직무에 임

하는 적극적 태도와 자세가 주로 요구되는 반면, 수퍼바이저에게는 지식, 기술, 가치 및 태도 영역에서 보다 포괄적이고 다양한 세부 역량이 요구되어 수퍼바이저가 되기 위한 심도 깊은 훈련과 교육 등 역량 강화를 위한 대안이 마련되어야 함을 알 수 있다.

특히, 필요 역량에 있어 기본적인 직무 수행의 책임감과 적극적 태도 외에 업무보고의 중요성이 지적되었는데, 시기적절하고 명확한 업무보고의 중요성과 보고의 방법 등에 대한 세부적인 교육이 필요하리라 판단된다.

4. 수퍼바이지의 역량 표준 내용

수퍼바이지들은 수퍼비전이 효과적으로 이루어질 수 있도록 다음과 같은 영역에서의 '역량'(Competence) 보유가 필수적이다.

C-1. 수퍼바이지는 본인 직무에 대해 책임감 있는 태도를 갖추어야 한다.

C-2. 수퍼바이지는 직무 수행에 대해 적극적 태도를 갖추어야 한다.

C-3. 수퍼바이지는 수퍼비전 내용에 대한 자발적 적용자세와 실행능력을 갖추어야 한다.

C-4. 수퍼바이지는 본인 직무 수행에 대한 시기적절하고 명확한 업무보고를 실행할 수 있어야 한다.

C-5. 수퍼바이지는 자신에 대한 인식과 이를 위한 과학적 지식을 확보하여야 하고 자기계발에 관한 명확한 계획을 수립할 수 있어야 한다.

C-6. 수퍼바이지는 수퍼비전에 대한 공동책임을 인식하고 수퍼비전에 대해 준비하여야 한다.

C-7. 수퍼바이지는 수퍼비전에 대한 수용적인 태도를 갖추고 수퍼비전의 욕구를 표현할 수 있어야 한다.

수퍼바이지의 핵심[15] 역량은 수퍼비전 이해당사자들의 1~3순위 의견을 반영하여 다음과 같이 정리되었다.

▶ 수퍼바이지의 핵심 역량

● 직무에 대한 책임감

● 직무 수행에 대한 적극적 태도

● 수퍼비전 내용에 대한 자발적 적용자세와 실행력

● 시기적절하고 명확한 업무보고

제5절 수퍼비전 관계 표준

1. 포커스그룹 분석결과

수퍼비전을 위한 수퍼비전 관계의 세부 내용을 탐색하기 위해 실시된 포커스그룹 인터뷰 분석결과, 수퍼비전 관계는 3가지 차원으로 분류되었다. 첫째, 상호 이해와 상호 작용, 의사소통 등 관계의 상호적인 측면, 둘째, 상호 성장과 협력, 신뢰 등 관계를 통한 목적을 강조하는 측면, 셋째, 공적 관계와 사적 관계 수립의 조율, 전문가로서의 인정과 상호 처우, 전문적 돕는 관계 등 관계의 적절한 경계와 전문적 성격에 대한 측면이다. 수퍼비전이 의사소통의 도구인 만큼 참여자들은 수퍼비전의 관계요소로서 적극적인 의사소통과 상호 작용이 중요함을 인식하고 있었다.

이제까지 선행연구자들은 수퍼비전 관계의 요소들로 의사소통, 상호 이해와 동의, 공유, 신뢰, 존중, 안전함 등을 중요 요소로서 제시하였다. 참여자들의 관계에 대한 논의는 이러한 선행연구의 논의에서 의사소통, 상

---

15) 본 연구에서는 수퍼비전 각 요소에서 가장 우선적이며 중요하게 논의되고 다루어야 할 내용에 대해 '핵심'의 용어를 사용하여 별도로 제시하였다.

호 이해, 신뢰 등의 영역에서 일맥상통한 측면이 있다. 그러나 최근 수퍼비전 관계가 추구해야 할 방향으로 논의되고 있는 바와 같이(Kadushin and Harkness, 2002, Jeffreys, 2001, 성희자, 2002) 수퍼바이저와 수퍼바이지의 관계는 상호 성장과 협력관계로의 전환이 필요하고 또한 그러한 관계로 인식되어야 하는 것으로 나타났다. 또한 한국 수퍼비전 관계에 대한 논의는 공적인 관계에서만 논의되기 어렵고 공적 관계와 사적 관계의 적절한 조율과 활용이 필요한 것으로 인식되었다. 서구와는 다르게 한국의 수퍼비전 관계에 있어서는 사적인 관계의 영향을 많이 받는 것으로 보고된 것으로 볼 때(김계현, 1992) 수퍼비전에서의 사적인 관계 수립과 조직 내에서의 관계의 경계에 대한 논의는 더욱 심도 깊게 접근되어야 할 것으로 보인다.

또한 한국의 수퍼바이저와 수퍼바이지의 관계는 보다 전문가로서의 상호 인정과 인격적 처우를 강조하는 방향에서 강화되어야 할 필요가 있다고 본다. 수퍼비전이 보다 상호 성장과 협력관계로 전환되기 위해서는 수퍼바이저와 수퍼바이지 양 주체자 간 상하적이고 수직적인 관계가 아니라 보다 수평적이며 전문가로서의 돕는 관계로서의 인식변화가 필요하다.

2. 델파이 1, 2라운드 및 사회복지관 사회복지사 설문 분석결과

델파이 설문 분석결과, 수퍼비전 관계요소는 1라운드 8개 영역에서도 긍정빈도수(15 이상)가 높게 나타났다. 2라운드 평균 및 표준편차 분석결과, 상위 3순위로 신뢰 형성(4.85), 긍정적 의사소통(4.80), 상호 이해(4.70)인 것으로 나타났다. 전체적으로 4.3 이상의 높은 평균값이이서 13문항 모두 수퍼비전 관계의 중요한 요소들로 인식하고 있음을 알 수 있다. 전체 각 문항 표준편차에 있어서도 1.0 이하로 나타나 패널 간 의견에 있어서 어느 정도의 일치도를 보이고 있었다. 수퍼비전 관계 필요도 분석결과는 〈표 4-17〉과 같다.

〈표 4-17〉 수퍼비전 관계 필요도

내 용	1라운드 긍정응답 빈도	델파이 설문 2라운드		사회복지사 설문 결과	
		중위수	평균 (표준편차)	중위수	평균 (표준편차)
1) 상호 이해	18	5	4.70(0.57)*	5	4.43(0.65)
2) 상호 성장	18	5	4.60(0.60)	5	4.50(0.66)
3) 협력적 파트너십	17	5	4.35(0.81)	5	4.48(0.64)
4) 활발한 상호 작용	19	5	4.65(0.59)	5	4.51(0.60)
5) 긍정적 의사소통	19	5	4.80(0.41)*	5	4.53(0.66)*
6) 전문적 관계와 친밀감 등 라포 형성	●	5	4.45(0.89)	5	4.49(0.66)
7) 신뢰 형성	19	5	4.85(0.37)*	5	4.62(0.60)*
8) 상호 존중	15	5	4.60(0.60)	5	4.55(0.65)*
9) 공적 관계와 사적 관계의 균형	16	5	4.40(0.82)	4	4.34(0.68)
10) 수퍼비전 실시와 관계에 대한 책임 공유	●	5	4.40(0.75)	5	4.40(0.69)
11) 상호 배려	●	4	4.10(0.79)	5	4.43(0.70)
12) 감정 공유와 자유로운 사고표현, 관점 허용 등 상호 개방	●	4	4.35(0.59)	5	4.41(0.68)
13) 서로에 대한 관심	●	4	3.80(0.83)	4	4.30(0.73)
전 체			4.47(0.41)		4.46(0.53)

* 상위 3순위

사회복지관 사회복지사 설문 분석결과, 상위 3순위로는 신뢰 형성(4.62), 상호 존중(4.55), 긍정적 의사소통(4.53)인 것으로 나타났다. 기본적으로는 신뢰와 상호 존중 속에서 상호간에 보다 긍정적인 의사소통이 이루어지는 것이 수퍼비전 관계에 있어서 중요한 요소라는 것을 알 수 있다. 또한 상호 성장, 협력적 파트너십의 요소가 각각 4.50(5위), 4.48(7위)로 비교적 높게 나타났다. 전체적으로 수퍼비전 관계 영역 13문항 모두 4점 이상으로 나타났으며 평균은 4.46으로서 수퍼비전을 위한 중요한 요소로 인식하고 있었다.

3. 표준제시를 위한 델파이 패널과
   사회복지사 설문 우선순위 비교 분석

사회복지관 사회복지사의 경우 수퍼바이저와 수퍼바이지의 관계 상위 3순위로는 신뢰 형성, 상호 존중, 긍정적 의사소통인 것으로 나타났다. 델파이 패널 조사결과에서는 상위 3순위로 신뢰 형성, 긍정적 의사소통, 상호 이해로 나타났다. 세부 내용별 비교결과는 〈표 4-18〉과 같다.

〈표 4-18〉 수퍼비전 관계 우선순위 비교

내 용	우선 순위	델파이 패널
신뢰 형성	1	신뢰 형성
상호 존중	2	긍정적 의사소통
긍정적 의사소통	3	상호 이해
활발한 상호 작용	4	활발한 상호 작용
상호 성장	5	상호 존중
전문적 관계와 친밀감 등 라포 형성	6	상호 성장
협력적 파트너십	7	전문적 관계와 친밀감 등 라포 형성
상호 이해	8	공적 관계와 사적 관계의 균형
상호 배려	9	수퍼비전 실시와 관계에 대한 책임 공유
공적 관계와 사적 관계의 균형	10	협력적 파트너십
감정 공유와 관점 허용 등 상호 개방	11	수퍼비전 실시와 관계에 대한 책임 공유
수퍼비전 실시와 관계에 대한 책임 공유	12	상호 배려
서로에 대한 관심	13	서로에 대한 관심

위의 결과는 선행연구들에서 수퍼바이지들이 긍정적 지지와 격려에 대한 욕구가 높다고 보고되고 있는 바(Kadushin, 1976, 황성철, 2004)와 유사한 맥락의 결과로서 수퍼바이저들은 수퍼비전 관계 수립을 위해 긍정

적 의사소통의 필요성에 대해 인식하고, 적극적으로 긍정적 지지를 제공하려는 노력을 실천해야 할 것으로 보인다. 또한 관계의 유지와 강화를 위해서는 우선적으로 수퍼바이저와 수퍼바이지 양자 모두 신뢰 형성을 위해 노력해야 할 것이다.

그러나 수퍼비전 관계는 일방적이거나 한 사람만 영향력을 행사하는 관계라기보다는 수퍼바이저와 수퍼바이지가 조직의 목표와 서비스의 질 향상이라는 동일 목표를 위해 상호적으로 영향력을 주고받는 관계인만큼 보다 협력적 파트너십과 상호 성장을 지향하는 방향에서 더욱 강조되어야 할 것이라고 본다.

4. 수퍼비전 관계 표준 내용

효과적인 수퍼비전을 위해 수퍼바이저와 수퍼바이지는 다음과 같은 수퍼비전 '관계'(Relations)를 구축하기 위해 노력한다.

R-1. 수퍼바이저와 수퍼바이지는 관계의 신뢰성 확보에 집중한다.

R-2. 수퍼바이저와 수퍼바이지는 상호 존중한다.

R-3. 수퍼바이저와 수퍼바이지는 활발하게 상호 작용하며 긍정적 의사소통에 집중한다.

R-4. 수퍼바이저와 수퍼바이지는 상호를 이해하고 배려하도록 노력한다.

R-5. 수퍼바이저와 수퍼바이지는 상호 성장하는 관계가 되도록 상호 헌신한다.

R-6. 수퍼바이저와 수퍼바이지는 전문적 관계를 형성하고 친밀감 강화와 라포 형성을 위해 노력하여 공적 관계와 사적 관계의 경계와 균형을 조율한다.

R-7. 수퍼바이저와 수퍼바이지는 수퍼비전에 대한 책임을 공유하며 협력적 파트너십을 발휘한다.

R-8. 수퍼바이저와 수퍼바이지는 상호 관심을 가지고 감정을 공유하며 자유로운 사고와 관점을 표현하는 등 서로에게 개방적 태도로 임한다.

수퍼비전 관계의 핵심[16] 내용은 수퍼비전 이해당사자들의 1~3순위 의견을 반영하여 다음과 같이 정리되었다.

```
▶ 수퍼비전 관계 핵심 내용
● 신뢰 형성
● 상호 존중
● 긍정적 의사소통
● 상호 이해
```

제6절 수퍼비전을 위한 조직특성 표준

1. 포커스그룹 분석결과

수퍼비전을 위한 조직특성은 크게 3가지 차원으로 첫째, 미션과 비전의 정립, 조직 방향성의 합의와 공유를 포함하는 조직목표 설정 및 합의 차원, 둘째, 공정하고 분명한 규율과 절차, 적절한 규모의 조직구조, 인사관리 체계 수립과 가동 등 조직체계 및 제도 마련 차원, 셋째, 협력적 분위기, 협력적 문화 조성 등 조직문화 차원이다. 수퍼비전 실행을 위해서는 이를 원활히 하기 위한 조직 차원의 환경 조성과 조직 기본 체계의 정립이 필요한데, 참여자들은 무엇보다 조직의 목표, 즉 미션과 비전의 정립

---

16) 본 연구에서는 수퍼비전 각 요소에서 가장 우선적이며 중요하게 논의되고 다루어야 할 내용에 대해 '핵심'의 용어를 사용하여 별도로 제시하였다.

을 중요한 요소로 보았다. 또한 조직의 미션과 비전은 존재만으로는 조직을 활성화할 수 없고 지속적으로 이를 공유하는 전략이 필요하다고 보았다. 수퍼비전 체계와 연동하여 시너지 효과를 낼 수 있는 조직체계의 정비와 제도 마련 또한 중요한 요소로 논의되었다. 마지막으로 조직의 분위기가 일반적으로 얼마나 협력적이냐가 수퍼비전을 효과적으로 이루어지게 하는 데에 기반이 된다고 보았다. 이러한 수퍼비전을 위한 조직특성은 수퍼비전을 실행할 수 있도록 하는 기반이자 행정적 수퍼비전의 내용이며 수퍼비전을 원활히 수행할 수 있도록 하는 업무환경이 된다. 사회복지관에서의 수퍼비전은 수퍼바이저와 수퍼바이지의 개별 역량과 두 주체의 상호 작용으로서만 논의되어서는 궁극적인 차원의 서비스의 질 개선과 조직변화를 담보할 수 없다. 보다 세부적인 차원의 조직특성에 대한 논의가 이루어져야 할 것으로 판단된다.

2. 델파이 1, 2라운드 및 사회복지관 사회복지사 설문 분석결과

수퍼비전을 위한 일반적 조직환경인 조직특성 영역의 분석결과, 빈도, 평균 및 표준편차는 〈표 4-19〉와 같이 나타났다. 델파이 설문 분석결과, 1라운드 8개 영역에서 지역사회 및 전문직 체계화의 연계, 교류(11)를 제외하고는 긍정빈도수(17 이상)가 높게 나타났다. 2라운드 평균 및 표준편차 분석결과 상위 3순위로는 조직의 공정하고 분명한 규정과 절차(4.60), 조직의 협력적 분위기(4.55), 조직의 인사관리 체계 구축과 실행(4.55), 조직미션과 비전의 정립(4.55)인 것으로 나타났다. 각 문항 표준편차에 있어서도 기관 내 부서 구조, 자원, 부서 내 관계문항을 제외하고는 10문항 모두 1.0 이하로 나타나 전체적으로 의견에 있어서 어느 정도의 일치도가 있었다. 세부적인 피드백으로 기관 내 부서 구조·자원·부서 내 관계문

항은 문항의 불명확성에 대한 문제가 제기되었으나 수퍼비전에 대한 생
태체계적 관점에서 부서체계는 중요하게 논의되고 있어(Kadushin, 1992)
항목을 부서 내 원활한 관계 수립 내용으로 수정하여 사회복지사 대상
설문조사를 실시하였다.

〈표 4-19〉 수퍼비전을 위한 조직특성 필요도

내 용	1라운드 긍정응답 빈도	델파이 설문 2라운드		사회복지사 설문 결과	
		중위수	평균 (표준편차)	중위수 (최빈값)	평균 (표준편차)
1) 조직미션·비전의 정립	17	5	4.55(0.88)*	5	4.49(0.66)*
2) 조직운영 방향성의 합의와 공유	19	5	4.50(0.61)	5	4.46(0.66)
3) 조직의 공정하고 명문화된 규정과 절차	19	5	4.60(0.60)*	5	4.45(0.65)
4) 조직의 인사관리 체계 구축과 실행	18	5	4.55(0.69)*	5	4.43(0.67)
5) 조직 전반의 협력적인 분위기	18	5	4.55(0.60)*	5	4.48(0.69)*
6) 기관장의 수퍼비전에 대한 이해와 관심	●	5	4.50(0.61)	5	4.49(0.66)*
7) 수퍼비전을 위한 물리적·구조적 환경 준비	18	4	4.30(0.73)	5	4.39(0.74)
8) 수퍼비전에 대한 긍정적 조직문화	●	5	4.45(0.69)	5	4.46(0.73)
9) 지역사회 및 전문직 체계와의 연계·교류	11	4	4.00(0.79)	4(5)	4.28(0.76)
10) 지속적 학습과 공유, 지원 체계 구축 등 조직의 학습조직화	18	4	4.35(0.67)	4(5)	4.33(0.73)
11) 부서 내 원활한 관계[17]	●	4	3.65(1.04)	5	4.41(0.69)
전 체			4.36(0.51)		4.42(0.56)

* 상위 3순위

사회복지관 사회복지사 설문 분석결과, 상위 3순위로는 조직미션·비전
의 정립(4.49), 기관장의 수퍼비전에 대한 이해와 관심(4.49), 조직 전반의
협력적인 분위기(4.48)인 것으로 나타났다. 수퍼비전을 위한 조직특성 평

---

17) 델파이 2라운드 설문에서는 '기관 내 부서 구조, 자원, 부서 내 관계' 항목으
로 설문조사 실시함.

균은 4.42로 다소 높고 11문항 모두 4.0 이상의 평균점으로 나타나 하위
요소 전체 영역을 중요하게 인식하고 있음을 알 수 있다.

3. 표준제시를 위한 델파이 패널과
사회복지관 사회복지사 우선순위 비교

조사에 참여한 사회복지사들은 수퍼비전을 위한 조직특성 내용 상위 3
순위로 조직미션·비전의 정립, 기관장의 수퍼비전에 대한 이해와 관심,
조직 전반의 협력적인 분위기를 꼽았다. 델파이 패널 조사결과에서는 상
위 3순위로 조직의 공정하고 명문화된 규정과 절차, 조직 전반의 협력적
인 분위기, 조직의 인사관리 체계 구축과 실행으로 나타났다. 세부 내용
별 비교결과는 〈표 4-20〉과 같다.

〈표 4-20〉 수퍼비전을 위한 조직특성 우선순위 비교

사회복지관 사회복지사	우선순위	델파이 패널
기관장의 수퍼비전에 대한 이해와 관심	1	조직의 공정하고 명문화된 규정과 절차
조직미션·비전의 정립	2	조직 전반의 협력적인 분위기
조직 전반의 협력적인 분위기	3	조직의 인사관리 체계 구축과 실행
수퍼비전에 대한 긍정적 조직문화	4	조직미션·비전의 정립
조직운영 방향성의 합의와 공유	5	조직운영 방향성의 합의와 공유
조직의 공정하고 명문화된 규정과 절차	6	기관장의 수퍼비전에 대한 이해와 관심
부서 내 원활한 관계	7	수퍼비전에 대한 긍정적 조직문화
수퍼비전을 위한 물리적·구조적 환경 준비	8	조직의 학습조직화
조직의 학습조직화	9	수퍼비전을 위한 물리적·구조적 환경 준비
조직의 인사관리 체계 구축과 실행	10	지역사회 및 전문직 체계와의 연계·교류
지역사회 및 전문직 체계와의 연계·교류	11	•

조직미션과 정립은 실무자와 패널 모두 중요한 요소로 평가했고, 패널은
조직 전반의 규정과 체계의 중요성을 강조한 반면 실무자들은 조직 최고
리더인 기관장의 이해와 관심을 수퍼비전을 위한 조직특성 중 가장 중요

한 요소로서 평가하였다. 수퍼비전이 조직 내에서 제도로서 원활히 수행되기 위해서는 1차적으로 조직의 최고 관리자인 기관장의 수퍼비전에 대한 이해와 관심 그리고 실천하려는 의지가 중요하다는 것을 알 수 있다. 또한 조직의 분위기를 부서 간, 직위 간의 경계를 넘어 상호 지원하고 함께 문제를 해결해 나가는 협력적 분위기로 만드는 것이 효과적인 수퍼비전을 위해 필요하다는 것을 파악할 수 있다.

또한 조직이 지향하는 목표인 미션과 비전이 명확하게 정립되어 있고 조직원 간의 협력적인 문화가 조성된 상황에서 수퍼비전이 효과적으로 시행될 수 있다는 인식을 보여주는 결과라 하겠다. 이는 수퍼비전이 하나의 기관제도로서 효과적으로 실행되기 위해서는 수퍼바이저와 수퍼바이지의 개별 역량이나 두 주체의 긍정적 관계성만으로는 충족될 수 없고 리더십, 전략기획, 조직설계, 인사관리 체계, 조직문화 조성, 학습조직화 등 사회복지관의 사회복지행정이 체계화되고 각 부분이 상호 연동되어야 한다는 것을 보여주는 것이다.

4. 수퍼비전을 위한 조직특성 표준 내용

효과적인 수퍼비전을 위해서 조직(organization)은 제도 실행의 기반이 되는 다양한 전략을 수립하고 제도의 실행력을 확보하며 아울러 수퍼비전을 위한 조직적 환경을 조성해야 한다. 수퍼비전을 위한 조직특성의 세부 내용은 다음과 같다.

O-1. 수퍼비전을 실행하는 조직은 조직의 미션과 비전을 우선적으로 정립하며 조직운영의 방향성에 대한 합의를 도출하고 지속적으로 공유해야 한다.

O-2. 수퍼비전을 실행하는 조직은 기관대표자가 수퍼비전에 대한 이해와 관심을 가지고 수퍼비전의 적극적인 실행을 표명하여야 한다. 기관

대표자와 운영진은 수퍼비전의 실행에 대해 지속적으로 모니터링하며 피드백을 수렴한다.

O-3. 수퍼비전을 실행하는 조직은 공정하고 명문화된 규정과 절차를 확보하여야 한다. 또한 수퍼비전 실행 정책을 수립하여야 한다.[18]

O-4. 수퍼비전을 실행하는 조직은 수퍼비전 체계를 포함하는 기관 전반의 인사관리 체계를 구축하고 실행하여야 한다.

O-5. 수퍼비전을 실행하는 조직은 조직 전반의 협력적인 분위기를 구축하고 수퍼비전에 대해 조직성원들이 전반적으로 긍정적으로 인식할 수 있도록 지속적으로 노력하여야 한다. 수퍼비전에 대한 인식화 작업은 수퍼바이저들만이 아닌 수퍼바이지들에게도 이루어져 수퍼비전에 대한 책임 공유와 수퍼비전 받을 권리에 대해 강조하여 이루어져야 한다.

O-6. 수퍼비전을 실행하는 조직은 수퍼비전을 위한 물리적, 구조적 환경 조성을 위해 노력하여야 한다. 개별 및 집단 수퍼비전 등을 실행할 수 있는 준비된 공간을 마련해야 한다.

O-7. 그 외 수퍼비전을 실행하는 조직은 지속적 학습과 공유, 다각적인 학습실행, 학습지원 체계 구축 등 조직의 학습조직화를 추구하여야 하며 지역사회 및 전문직 체계와의 연계와 교류를 위해 노력하여야 한다.

효과적인 수퍼비전 실행을 위해 필요한 조직특성 핵심[19] 내용은 수퍼비전 이해당사자들의 1~3순위 의견을 반영하여 다음과 같이 정리되었다.

---

18) 수퍼비전 정책의 세부 내용은 수퍼비전 실행구조 수퍼비전 정책 영역에 제시되어 있다.

19) 본 연구에서는 수퍼비전 각 요소에서 상대적으로 우선적이며 중요하게 논의되고 다루어야 할 내용에 대해 '핵심'의 용어를 사용하여 별도로 제시하였다.

▶ 조직특성 핵심 내용
- 기관장의 수퍼비전에 대한 이해와 관심 표명
- 조직의 공정하고 명문화된 규정과 절차 마련
- 조직 인사관리 체계 구축과 실행
- 조직 전반의 협력적인 분위기 구축 노력

제7절 수퍼비전 실행구조 표준

수퍼비전 실행구조는 수퍼비전 방법, 정책, 수퍼바이저의 직무, 수퍼비전 내용의 4가지 요소로 세부 내용을 규명하였다.

1. 포커스그룹 분석결과

수퍼비전 실행구조에 있어서는 포커스그룹 진행 일정상, 세부적인 요소별 질문을 실시하지 않았고 전체적으로 주로 수퍼비전의 유형과 횟수, 기관에서의 수퍼비전 정책방향에 대해서 포괄적으로 논의하였다. 먼저, 수퍼비전 주기 및 횟수에 관련된 것으로 개별, 집단, 동료 수퍼비전 실시와 주 1회 이상의 주기적인 진행, 개별 수퍼비전 월 1회 이상 실시, 초보·중간·숙련 사회복지사별 차별화된 수퍼비전 구조, 최일선 수퍼바이저와 이선 수퍼바이저, 최고 관리자 수퍼비전의 병행구조 수립과 활용 등이 세부 내용이다. 수퍼비전 정책의 하위 요소로는 수퍼비전 규정, 수퍼바이저 직무기술, 수퍼비전 지침과 매뉴얼, 수퍼바이저 양성 과정(교육), 수퍼바이저 평가체계, 수퍼비전 기록과 모니터링이었다.

참여자들은 수퍼비전의 유형 중, 개별 수퍼비전은 월 1회 필수적으로 진행되도록 해야 하는 가장 중요한 유형으로 논의하였는데, 이는 김지은·

김광웅(2003)의 연구에서와 같이 개별 수퍼비전이 가장 효과적이라는 결과와 유사하다. 그러나 수퍼비전의 유형에 있어서는 보다 다양한 유형으로 진행되고 있지 않다는 지적과 특히, 집단 수퍼비전 형식을 적극 도입할 필요에 대한 의견도 있었다. 또 다른 논의로 사회복지사의 숙련성에 따라 내용, 빈도, 형식 등에서 차별화된 수퍼비전 구조를 갖출 필요가 논의되었다. 수퍼비전은 경력이 낮을수록 영향력이 크며 수퍼바이지의 숙련성이 높을수록 직무 수행의 자율성을 확보해 주는 것이 효과적이라는 선행연구(문수정·김계현, 2000; Anderson, 2002)에서와 같이 수퍼비전은 수퍼바이지의 숙련성을 고려하여 공통적이며 필수적인 영역과 차별화된 영역을 모두 고려하여 실행되는 것이 이상적이리라 본다. 수퍼바이저급에 따른 수퍼비전 제공의 논의에 대해서는 최일선, 이선, 최고 관리자의 수퍼비전을 다각적으로 받을 기회를 갖는 것이 필요하다는 의견도 제기되었다.

2. 델파이 1, 2라운드 및 사회복지관 사회복지사 설문 분석결과

수퍼비전 실행구조 관련 델파이 패널과 사회복지관 사회복지사 설문에서는 수퍼비전 세부 도구 사용을 제외한 수퍼비전 방법, 정책, 직무, 내용의 4가지 요소를 중심으로 수퍼비전 표준에 대한 의견을 수집하였다. 세부 내용에 있어서 수퍼바이저 1인당 담당 수퍼바이지의 수와 수퍼비전 시간에 대한 의견은 사회복지사 설문 시에만 실시하였다.

1) 수퍼비전 방법

먼저 수퍼비전 방법 영역의 델파이 설문 분석결과는 〈표 4-21〉과 같다. 델파이 설문 분석결과, 수퍼비전의 구조는 1라운드 3개 영역에서 긍정빈도수가 13 이상이나 전체 타 영역에 비해 비교적 낮은 결과로 나타났다. 2라운드 평균 및 표준편차 분석결과 상위 2순위로는 개별 수퍼비전 월 1회 이상 제공(4.70), 숙련도별 차별화된 수퍼비전 제공(4.45)인 것으로 나타났다. 문항 구성에 대한 개방형 의견에서 있어서 수퍼비전 계약 항목은 필요성은 인정하지만 한국 상황에서 현실적으로 적용하는 데에 있어서는 무리가 있다는 의견들이 많았다. 또한, 외부자문 체계 활용에 대해서는 보완적으로 활용할 수 있으나 수퍼비전 표준에서 기본적으로 중요한 것은 기관 내부의 수퍼바이저와 수퍼바이지의 상호 작용에 초점을 두고 제도적으로 실행되는 내부 체계가 더욱 강조되어야 함이 지적되었다. 일선 수퍼바이저의 책임하에 이선 수퍼바이저와 최고 관리자인 관장의 집단 수퍼비전 진행에 대해서는 수퍼비전과 차별화하여 논의해야 한다는 세부의견이 있었다. 기본적인 수퍼비전 실행은 수퍼바이저와 수퍼바이지 2인 간의 상호 작용과 책임이 가장 중요하고 기본이 되어야 하며 분기나 반기 또는 연간 1회 정도 제공되는 이선 수퍼바이저 및 관장과의 만남은 수퍼비전이라고 정의 내릴 수 없으며 면담이나 평가회로 차별화해야 한다는 내용이었다. 이러한 일부 피드백을 수용하여 델파이 2라운드 7)번 문항을 기각하였다. 그러나 수퍼비전 계약의 부분은 평균이 비교적 낮음에도 불구하고 선행연구들에서 수퍼비전 계약의 필요성이 논의되고 있어 본 연구에서는 기각하지 않았고 계약의 내용을 구체적으로 설명하는 방식으로 항목을 수정하여 실무조사에 활용하였다. 전체 각 문항 표준편차에 있어서도 7문항 모두 1.0 이하로 나타나 전체적으로 의견에 있어서 어느 정도의 일치도를 보이고 있음을 알 수 있다.

사회복지관 사회복지사 설문 분석결과, 상위 2순위로 개별 수퍼비전을 월 1회 이상 제공(4.30), 초보, 중간, 숙련 사회복지사별 차별화된 수퍼비전 내용과 구조 제공(4.27)으로 나타났다. 수퍼비전 운영구조 전체 평균은 4.22이고 전체 7문항 모두 4점 이상의 점수로 나타났다.

〈표 4-21〉 수퍼비전 방법 필요도(N=211)

내 용	1라운드 긍정응답 빈도	델파이 2라운드		사회복지사 설문	
		중위수	평균 (표준편차)	중위수	평균 (표준편차)
1) 개별 수퍼비전 월 1회 이상 제공		5	4.70(0.57)*	4	4.30(0.74)*
2) 개별, 집단, 동료 수퍼비전 등의 형식으로 주 1회 이상 수퍼비전 유지	16	4	4.05(0.83)	4	4.21(0.73)
3) 초보, 중간, 숙련 사회복지사별 차별화된 수퍼비전 내용과 구조 제공	16	5	4.45(0.69)*	4	4.27(0.70)*
4) 지역사회나 사회복지학계 등 외부자문을 활용하는 시스템 구축 및 활용	●	4	3.95(0.76)	4	4.21(0.76)
5) 수퍼비전 계획 수립과 실행, 평가 과정 실시 및 관련 도구 활용	●	4	4.30(0.73)	4	4.23(0.67)
6) 수퍼비전 내용에 대한 합의, 문서화 등 수퍼비전 계약 실시	13	4	3.70(0.92)[20]	4	4.11(0.75)
7) 일선 수퍼바이저의 개별 수퍼비전 책임하에 연간 집단 수퍼비전 형식의 이선 수퍼바이저의 수퍼비전, 관장 수퍼비전 실시 (분기별, 반기별 1회 등)	●	4	4.00(0.79)	●	●
8) 기록검토 외 다양한 수퍼비전 방법의 활용	●	●	●	4	4.23(0.66)
전 체			4.16(0.35)		4.22(0.54)

* 상위 2순위

그러나 수퍼바이저와 수퍼바이지의 역량, 조직특성, 수퍼비전 관계 영역에 비해 다소 낮은 평균점으로 나타났고 중위수에 있어서도 모두 4점이었다. 수퍼비전 구조는 기관과 사업진행 상황, 사회복지사들의 숙련도 등에 따라 다른 양상으로 진행될 수 있기 때문에 결과가 다소 낮은 것으로 판단된다. 또한 수퍼비전 계약에 대해서는 델파이 패널 2라운드 결과에서 다소 낮은 점수로 나온 것과 유사하게 가장 낮은 결과로 나타났다. 그러나 델파이 2라운드 결과와는 다르게 수퍼비전 계약의 내용을 수퍼비

---

20) 델파이 2라운드 설문에서는 수퍼비전 계약이라는 간단한 문항으로 설문을 실시하였다. 평균값이 결과 다소 낮게 나타났으나 기각하지 않았고 사회복지사 설문 시에는 계약의 내용을 보다 설명적으로 표현하여 조사를 실시하였다(6번 문항).

전 내용에 대한 합의, 문서화 등으로 정의내림으로써 실무자조사에서는 4.11의 비교적 높은 필요도로 나타났다.

수퍼비전을 위해 적절한 시간과 수퍼바이지의 수에 대한 의견에 대하여 30분 이상에서 60분 미만이라고 답한 응답자가 전체의 48.6%였고 수퍼바이지의 수에 대해서는 3명이라고 답한 응답자가 전체의 55.2%로 나타났다. 적절한 수퍼비전 평균시간은 50.8분, 적절한 수퍼바이지의 수는 담당 수퍼바이저 1인당 3.6명으로 3, 4명인 것으로 나타났다. 수퍼비전을 위한 적절한 시간과 수퍼바이저 1인당 담당 수퍼바이지의 수에 대한 분석결과는 다음의 〈표 4-22〉와 같다.

〈표 4-22〉 수퍼비전 시간과 담당 수퍼바이지 수의 필요도

내 용	빈 도		평 균
수퍼비전 시간 (N=210)	30분 미만	40(19.0%)	50.8분
	30분 이상 ~ 60분 미만	102(48.6%)	
	60분 이상	68(32.4%)	
수퍼바이지의 수 (N=212)	2명 이하	40(18.9%)	3.6명
	3명	117(55.2%)	
	4명 이상	55(25.9%)	

2) 수퍼비전 정책

델파이 설문 분석결과, 수퍼비전 정책은 1라운드 6개 영역에서 긍정빈도수(16 이상)가 높게 나타났다. 2라운드 평균 및 표준편차 분석결과 상위 2순위로 수퍼비전 평가체계(4.45), 수퍼비전 규정 수립(4.35)으로 나타났다. 모든 세부 영역에서 4.1 이상의 평균값으로 나타나 전반적으로 수퍼비전 정책 영역이 수퍼비전 실행에 있어 중요함을 알 수 있다. 각 문항 표준편차에 있어서도 9문항 모두 1.0 이하로 나타나 전체적으로 의견에 있어서 어느 정도의 일치도가 있었다. 그러나 수퍼비전 지침, 직무기술서

활용, 수퍼바이저 교육체계에 관련된 부분은 표준편차가 1.0에 근접하게 나타나 델파이 패널 간 다소의 의견차이가 있음을 알 수 있다.

 사회복지관 사회복지사 설문 분석결과, 상위 2순위로는 수퍼바이저 평가 및 수퍼비전 진행 평가, 피드백 등 수퍼비전 평가체계 수립 및 실시 (4.25), 수퍼비전 기록 및 기록 유지(4.23)인 것으로 나타났다. 수퍼비전 정책 필요도 전체 평균은 4.18이고 6문항 모두 4점 이상의 값으로 나타나 전체적으로 필요성을 인식하고 있었다.

 수퍼비전 정책 필요도 분석결과는 〈표 4-23〉과 같다.

〈표 4-23〉 수퍼비전 정책 필요도

내 용	1라운드 긍정응답 빈도	델파이 설문 1라운드		사회복지사 설문 결과	
		중위수	평균 (표준편차)	중위수	평균 (표준편차)
1) 수퍼비전 자격·책임·구조·내용·교육 이수 등에 대한 규정 수립	16	5	4.35(0.88)*	4	4.14(0.67)
2) 수퍼비전 지침 내지 매뉴얼 개발 및 활용	19	4.5	4.25(0.97)	4	4.15(0.74)
3) 수퍼바이저 직무기술서 작성 및 활용	16	4	4.10(0.97)	4	4.08(0.69)
4) 수퍼바이저 평가 및 수퍼비전 진행 평가, 피드백 등 수퍼비전 평가체계 수립 및 실시	18	4.5	4.45(0.60)*	4	4.25(0.68)*
5) 수퍼바이저 교육체계 준비 및 실행	18	4.5	4.30(0.92)	4	4.22(0.72)
6) 수퍼비전 기록 및 기록 유지	16	4	4.10(0.72)	4	4.23(0.72)*
전 체			4.25(0.71)		4.18(0.59)

* 상위 2순위

 수퍼비전 정책은 수퍼비전을 위한 역량, 조직특성, 수퍼비전 관계의 영역에 비해서는 다소 낮은 점수로 나타났다. 이는 수퍼비전 구조와 유사한 맥락으로 기관 상황과 역량에 따라 수퍼비전 정책은 차별화되어 운영될 필요가 있는 것으로 평가된다.

3) 수퍼바이저의 직무:
수퍼바이저 직무분석을 통한 직무 표준 탐색

수퍼바이지의 세부 직무에 관한 내용은 델파이 패널들에게 1차 개방형 문항을 통해 기술하도록 하였다. 1차 델파이 패널들의 의견은 개방코딩을 통해 분석되었다.

델파이 패널들이 기술한 수퍼바이저의 세부 직무를 1차 내용 분석한 결과는 〈표 4-24〉와 같다. 수퍼바이저가 수행해야 하는 직무와 세부 과업에 대한 의견은 크게 7가지 영역의 14가지 직무 내용으로 분류되었다. 첫째는 사회복지사에게 조직의 미션과 비전 등 조직가치와 조직에 대한 이해를 증진시키고 적절한 근무환경을 제공하는 것으로 조직 전반과 관련한 행정적 수퍼비전 영역이다. 둘째는 담당 수퍼바이지의 세부 직무를 파악하고 직무를 분석, 배치, 조정, 평가하며 수퍼바이지가 담당하는 세부 프로그램 및 사례에 대한 피드백을 제공하는 직무검토와 평가와 관련한 행정적 수퍼비전 영역이다. 셋째는 수퍼바이지에게 직무 관련 정보를 제공하고 공유하며 직접적인 훈련과 교육을 실시하고 실천기법을 전수하는 교육적 수퍼비전 영역이다. 넷째는 수퍼바이지의 직무만족과 스트레스를 완화하기 위한 지원과 격려, 정서적 유대감 강화를 위한 지지적 수퍼비전 영역이다. 다섯째는 수퍼바이지의 특성과 성향을 이해하고 수퍼바이지 욕구와 자기계발 등을 숙지하려는 수퍼바이지에 대한 이해 영역이다. 여섯째는 수퍼비전을 주기 위해 준비해야 하는 수퍼바이저 자신의 정보 수집과 학습노력 영역이다. 일곱째는 수퍼비전을 직접적으로 준비, 실행, 평가하는 영역으로 수퍼비전 진행 준비와 수퍼비전 기록 유지, 수퍼비전 모니터링과 평가, 의사소통의 장 운영 등이 세부 과업이다. 이러한 7가지 영역의 내용은 Kadushin(1976)이 제시한 행정, 교육, 지지의 수퍼비전의 3대 기능, Middleman and Rhodes(1985)이 제시한 연결, 통합, 유도 기능과 유사하게 분류되었다. 홍콩에서의 수퍼비전 기능을 포커스그룹 방법을 통해 규명한 Tsui(2002)의 연구에서도 수퍼비전은 행정, 교육, 지지의 3대 기능으로 분류된 바 있다.

〈표 4-24〉 수퍼바이저의 세부 직무 내용 분석

상위 범주	범 주	개 념
행정적 (조직 전반) 수퍼비전	1) 조직가치 내재화 유도, 근무환경 제공	조직의 사명과 조직문화 전수 및 조직이해도 증진 도모, 팀 간 업무조정 및 협조태도 지도, 수퍼바이지와 조직 간의 다리, 조직특성에 대한 이해 도모, 기관의 특성, 비전 등 조직 전반에 대한 이해, 바람직한 근무환경 제공
행정적 (직무검토 및 평가) 수퍼비전	2) 수퍼바이지 직무 파악	수퍼바이지의 업무 파악, 업무 진행에 대한 파악, 수퍼바이지의 직무와 관련된 정보 수집 및 정리
	3) 직무분석 및 분장, 조정, 위임	수퍼바이지 직무분석, 직무배정, 업무조정, 업무량 파악, 업무배치, 업무조정과 지역사회연계, 업무분장, 위임
	4) 직무평가(모니터링, 평가, 방향성 수립)	수퍼바이지 업무 수행 평가, 직무평가, 업무 양과 질, 직무검토, 수행태도 모니터링, 업무 모니터링, 평가, 점검, 직무만족 조사, 업무 수행 장애요인 파악, 장애요인 제거를 위한 다각적 노력, 직무 수행 내용에 대한 수정 및 방향성 제시, 월보고, 계획 숙지 및 검토, 사업계획 및 평가
	5) 프로그램 및 사례(기록)에 대한 분석, 피드백	수퍼바이지의 사례기록 분석, 프로그램 기획 및 효과성 평가, 해당 업무 관련 프로그램 계획서 및 레코딩 숙지 및 검토, 프로그램 기획, 실행(일부 참여), 평가 업무, 사회복지 실천 내용에 대한 윤리 및 가치적합성 판단, 세부 직무와 관련된 보고서, 계획서, 평가서 등에 대한 점검
교육적 수퍼비전	6) 수퍼바이지 교육, 전수	지역사회 실천에 관한 지식과 기술 전수, 수퍼바이지를 위한 교육, 훈련계획, 다양한 교육훈련 기법 활용, 수퍼바이지 훈련, 전문성 향상을 위한 지식, 기술, 가치적 측면에 대한 교육, 업무에 필요한 지식과 기술에 대한 수퍼비전 제공, 정기적인 직원 스터디, 직원교육 기획 및 진행, 사회복지 관련 정보 제공, 업무에 필요한 지식과 기술 제공
지지적 수퍼비전	7) 수퍼바이지 지지, 정서적 유대 강화	수퍼바이지에 대한 정서적 유대 강화, 신뢰 형성, 자기인식 향상을 위한 도움 제공, 업무만족감 증진을 위한 지지, 격려, 업무만족감 지원, 최근의 관심사, 갈등, 고민 등과 같은 인간적인 부분에 대한 관심, 직원관계 파악, 스트레스 관리와 정서적 지지를 제공

상위 범주	범 주	개 념
수퍼바이지 이해	8) 수퍼바이지에 대한 이해	수퍼바이지 특성 파악, 수퍼바이지 개인적 특성 객관적 이해, 수퍼바이지의 자기계발계획 숙지 및 검토
수퍼바이저 자기인식 및 자기계발 노력	9) 수퍼바이저 자신의 자기계발, 지식습득 노력	사회복지 지식 및 기술 축적 노력, 능력 향상을 위한 자기계발, 보수교육 및 재교육 참여, 기관의 연사업계획서 및 예산서 · 정책 및 규정 등 숙지 · 검토, 수퍼비전 관련 매뉴얼 · 모델과 이론 · 지침서 등 숙지 · 검토, 최근 사회적 변화 및 사회복지정책에 관한 자료 수집, 지역사회참여 및 외부 활동을 통한 사회복지 정보 획득, 자기계발을 위한 교육 및 훈련에 참여, 실무 노하우 축적을 위한 노력 및 연구물 정리, 전문지식 개발, 사업 관련 지식 및 조직 관련 정보에 대한 지속적인 탐구, 의사소통능력 개발, 수퍼바이저 자신에 대한 이해 노력, 실천기술 · 기록 · 프로그램 운영 · 평가에 대한 이해 노력
	10) 수퍼바이저의 직접적 서비스 업무 수행 실시	실천 사례 수행, 수퍼바이저의 사례관리, 집단지도 등의 직접적인 서비스 업무 수행
수퍼비전 준비, 실시	11) 수퍼비전 기록 유지	정기적인 수퍼비전 및 내용 기록, 수퍼비전 기록지 검토 및 분석, 수퍼비전에 대한 업무보고 및 보고서 작성, 수퍼바이지 업무성과 및 태도에 대한 기록 남기기, 수퍼비전 내용에 대한 기록
	12) 수퍼비전 모니터링 및 평가	수퍼비전에 대한 모니터링, 기관의 수퍼비전 시스템을 평가하고 지속적인 업그레이드를 위해 정책 결정에 영향 미치기, 수퍼비전 효과에 대한 평가
	13) 수퍼비전 진행 준비 (계획 , 장소, 시간 등)	수퍼비전 계획, 수퍼비전록(자료) 준비, 수퍼비전 준비 (기록검토, 내용 준비, 일자 및 시간의 일관성, 장소 준비), 수퍼비전 환경 조성(장소, 시간 확인), 수퍼비전 시스템 구축(방식, 주기, 대상 등)
	14) 집단회의, 개별면담 등 의사소통의 장 진행, 운영	정기적인 회의 및 의사소통의 장 마련, 사례회의, 직원회의 등 진행, 정기적인 직원 면담, 개방적 합리적 의사소통, 명확한 피드백 제공

수퍼바이저의 직무분석의 세부 내용에 있어서는 행정적 기능에 관한 과업 수행이 다소 많은 내용을 차지했다. 또한 중간관리자인 수퍼바이저에게 조직 전반의 가치를 전달하고 내재화시키는 중간 교량으로서의 역

할을 다소 강조하고 있었고 직원의 채용과 선발, 변화대행자로서의 과업에 대한 인식은 일부 부서 간의 의사소통이나 업무조정 수준으로 나타났다. 본 연구에서 수퍼바이저가 수행해야 하는 직무로서 차별화된 점은 수퍼바이저가 수퍼비전을 하나의 제도 내지 프로그램으로서 운영하고 준비, 실행, 평가하는 과정을 중요한 직무로서 규명했다는 점이다. 사회복지조직 내에서 수퍼비전의 준비와 실행, 평가는 수퍼바이저 개인이 비공식적으로 수행하는 과업이 아니라 책임을 가지고 공식적으로 수행되는 중요한 직무로서 계속적으로 논의되어야 한다.

위와 같이 내용 분석한 결과를 토대로 델파이 2라운드 설문을 통해 14개 문항에 대한 수퍼바이저 직무 필요도에 대해 응답하도록 하였다.

수퍼바이저의 세부 직무 필요도 분석결과는 다음의 〈표 4-25〉와 같다. 수퍼바이저의 세부 직무 내용은 2라운드 평균 및 표준편차 분석결과 상위 5순위로 직무평가(4.65), 수퍼바이저 자신의 자기계발 및 지식습득 노력(4.55), 수퍼바이지 프로그램 및 사례에 대한 분석 및 피드백(4.55), 수퍼바이지에 대한 이해(4.55), 직무분석 및 분장, 조정(4.50)인 것으로 나타났다.

수퍼바이저가 직접적인 서비스 업무를 수행해야 하느냐에 대해서는 의견의 일치도가 낮아 사회복지관 사회복지사 설문 시에는 기각되었다.

기타 영역에 대해서는 4.0 이상의 평균값으로 수퍼바이저 세부 직무로서 전반적으로 필요성을 인식하고 있었다. 각 문항 표준편차에 있어서도 수퍼바이저의 직접적 서비스 업무 수행을 제외하고는 모두 1.0 이하로 나타나 전체적으로 의견에 있어서 어느 정도의 일치도를 보이고 있었다.

수퍼바이저의 직무 수행에 관련해서는 델파이 설문을 통해 세부 내용을 정리하였고 사회복지관 사회복지사 설문조사 시에는 수퍼바이저의 직무 표준을 선정하기 위해 직무분석에서 일반적으로 사용하고 있는 수행빈도와 직무 중요도를 4점 척도로 평가하도록 하였다. 두 가지 기준의 비교를 통해 우선적으로 개선되어야 할 수퍼바이저의 세부 직무과업을 도출해 내기 위해서이다.

〈표 4-25〉 수퍼바이저의 세부 직무 필요도(5점 필요도 델파이 설문)

수퍼바이저 세부 직무(과업)	1라운드	델파이 설문 2라운드		
	빈도	평균 (표준편차)	우선 순위	5개 우선순위 선택 빈도
1) 조직가치 내재화 유도, 근무환경 제공	6	4.25(0.72)	8	8
2) 수퍼바이지 직무 파악	4	4.45(0.69)	6	7
3) 직무분석 및 분장, 조정	8	4.50(0.61)	5	9*
4) 직무평가(모니터링, 평가, 방향성 수립)	14	4.65(0.49)*	1	12*
5) 수퍼바이지 프로그램 및 사례에 대한 분석, 피드백	6	4.55(0.51)*	2	10*
6) 수퍼바이지 교육, 전수	10	4.15(0.75)	11	2
7) 수퍼바이지 지지, 정서적 유대 강화	8	4.30(0.86)	7	7
8) 수퍼바이지에 대한 이해	5	4.55(0.69)*	2	11*
9) 수퍼바이저 자신의 자기계발, 지식습득 노력	15	4.55(0.51)*	2	16*
10) 수퍼바이저의 직접적 서비스 업무 수행 실시	2	3.35(1.09)	14	0
11) 수퍼비전 기록 유지	5	4.20(0.70)	10	3
12) 수퍼비전 모니터링 및 평가	3	3.95(0.76)	12	5
13) 수퍼비전 진행 준비(계획, 장소, 시간 등)	5	3.90(0.85)	13	1
14) 집단회의, 개별면담 등 의사소통의 장 진행, 운영	5	4.25(0.64)	8	6
전 체		4.21(0.49)		

*상위 2순위

먼저 수퍼바이저의 세부 직무 수행 분석결과, 가장 빈번하게 수행되고 있는 직무 상위 3순위로 세부 프로그램 및 사례에 대한 분석과 피드백 제공(2.96), 수퍼바이지와의 정서적 유대 강화(2.88), 업무스트레스 관리 및 직무만족 증진을 위한 지지, 격려(2.88)인 것으로 나타났다. 사회복지 관 사회복지사 설문의 수퍼바이저 세부 직무 수행 빈도와 중요도 분석결 과는 〈표 4-26〉과 같다.

〈표 4 - 26〉 수퍼바이저의 세부 직무 수행 빈도와 중요도
(4점 척도 사회복지사 설문)

수퍼바이저의 세부 직무	직무 수행 빈도		직무 중요도	
	중위수 (최빈값)	평균 (표준편차)	중위수 (최빈값)	평균 (표준편차)
1) 수퍼바이지 직무 파악을 위한 정보와 자료 수집, 이해 노력	3	2.78(0.77)	3	3.36(0.55)
2) 직무분석 및 분장, 조정, 위임	3	2.60(0.79)	3	3.28(0.62)
3) 직무검토 및 평가, 방향성 논의	3	2.74(0.72)	3	3.42(0.61)
4) 세부 프로그램 및 사례(기록)에 대한 분석, 피드백 제공	3	2.96(0.77)*	3(4)	3.46(0.59)*
5) 조직특성 및 미션과 비전 등 조직 전반 가치와 방침의 내재화를 위한 이해 강화 도모	3	2.56(0.78)	3	3.29(0.63)
6) 수퍼바이지 교육훈련, 기술 전수	2(3)	2.45(0.80)	3	3.36(0.61)
7) 수퍼바이지 직무 및 사회복지 관련 정보 제공	3	2.70(0.77)	3	3.33(0.60)
8) 수퍼바이지와의 정서적 유대 강화	3	2.88(0.77)*	3	3.40(0.61)
9) 업무스트레스 관리 및 직무만족 증진을 위한 지지, 격려	3	2.88(0.80)*	4	3.52(0.58)*
10) 수퍼바이지의 특성, 성향, 역량 등 대한 정보 수집 및 이해 노력	3	2.69(0.80)	3	3.38(0.57)
11) 수퍼바이저 자신의 자기계발, 교육 참여, 지식습득 노력	3	2.84(0.72)	4	3.54(0.55)*
12) 수퍼비전 기록 유지	3	2.87(0.81)	3	3.36(0.61)
13) 수퍼비전 모니터링 및 평가	3	2.58(0.76)	3	3.42(0.58)
14) 수퍼비전 진행 준비(계획, 장소, 시간 등)	3	2.63(0.76)	3	3.23(0.70)
15) 집단회의, 개별면담 등 의사소통의 장 진행, 운영	3	2.87(0.77)	3	3.34(0.62)
전 체		2.73(0.48)		3.38(0.39)

*상위 3순위

수퍼바이저의 직무 수행에 있어서 프로그램 및 사례에 대한 피드백 제공, 지지적 차원의 수퍼비전 제공은 비교적 원활히 이루어지는 반면 수퍼

바이지 교육훈련 및 기술 전수와 관련한 교육적 수퍼비전과 조직가치 내재화 및 과학적 직무분석과 조정을 위한 수퍼비전은 비교적 낮게 수행되는 것으로 나타나 보다 교육적, 행정적 수퍼비전 차원에서 보완이 필요한 것으로 조사되었다. 수퍼비전을 위한 사전준비와 수퍼비전에 대한 모니터링과 평가의 내용도 수행도가 낮은 것으로 조사되어 수퍼비전 계획과 실행, 평가 및 피드백이라는 수퍼비전의 일련의 과정이 보다 강화되어야 할 필요가 있는 것으로 나타났다.

수퍼바이저 세부 직무 중요도 분석결과, 상위 3순위로 수퍼바이저 자신의 자기계발, 교육 참여, 지식습득 노력(3.54), 업무스트레스 관리 및 직무만족 증진을 위한 지지, 격려(3.52), 세부 프로그램 및 사례(기록)에 대한 분석, 피드백 제공(3.46)인 것으로 나타났다.

세부 직무 중요도 전체 평균은 3.38로 나타났고 15문항 모든 영역에서 4점 만점 중 3점(기본 직무) 이상으로 나타났다.

특히, 가장 중요한 중요 세부 직무로서 먼저 수퍼바이저로서 수퍼비전을 제공하기 전에 수퍼바이저 자신이 자기를 개발하고 지속적으로 지식습득 노력을 수행해야 한다는 것이 1위로 도출되어 수퍼바이저가 되기 위해서는 직무자 스스로의 노력이 중요하며 또한 기관 차원에서 지속적인 훈련과 지식습득을 위한 기회가 제공되어야 한다는 것을 보여주는 결과라 하겠다.

수퍼바이저 세부 직무의 중요도는 4점 척도 질문으로 수퍼바이저의 세부 직무로서 최소 유지 또는 줄여야 하는 업무(1점), 보조적 업무(2점), 직무성격 기본 업무(3점), 전략적 강화 업무(4점)로 답변하도록 하였다. 직무의 표준은 전체 실무자들의 다수의견이 중요하며 이는 최빈값을 통해 가장 많은 의견으로 답변된 결과를 확인할 필요가 있다. 〈표 4-26〉에서의 최빈값의 결과에서 보는 바와 같이 수퍼바이저의 세부 직무로서 전략적으로 강화되어야 할 영역은 우선순위 상위 3위 문항인 수퍼바이저 자신의 자기계발, 교육 참여, 지식습득 노력과 수퍼바이지의 업무스트레스 관리 및 직무만족 증진을 위한 지지, 격려 그리고 세부 프로그램 및 사례에 대한 분석과 피드백인 것으로 나타났다. 세부 직무로 도출된 15문항에 대하여 최소 유지하거나 보조적인 성격의 직무는 없는 것으로 조사되었다.

수퍼바이저 직무 수행 빈도와 중요도 분석과 함께 수퍼바이저의 표준 직무 중 우선적으로 수행해야 하는 직무를 도출하기 위해 현재 수행되고 있는 빈도와 중요도를 함께 고려한 결과를 분석하였는데 세부결과는 〈표 4-27〉과 같다.

〈표 4-27〉 빈도와 중요도를 고려한 수퍼바이저의 세부 직무[21]

빈도와 중요도를 고려한 내용 순위	우선 순위	중요도와 빈도의 차이: 우선적으로 개선해야 할 내용 순위
세부 프로그램 및 사례(기록)에 대한 분석, 피드백 제공	1	수퍼바이지 교육훈련, 기술 전수
업무스트레스 관리 및 직무만족 증진을 위한 지지, 격려	2	수퍼비전 모니터링 및 평가
수퍼바이저 자신의 자기계발, 교육 참여, 지식습득 노력	3	조직특성 및 미션과 비전 등 조직 전반 가치와 방침의 내재화를 위한 이해 강화 도모

* 상위 3순위

빈도와 중요도를 고려한 결과에서 현재 가장 수행 빈도가 높으면서 중요한 직무로서도 인식되고 있는 세부 직무 3순위는 세부 프로그램 및 사례에 대한 분석과 피드백 제공, 업무스트레스 관리 및 직무만족 증진을 위한 지지·격려, 수퍼바이저 자신의 자기계발·교육 참여·지식습득 노력인 것으로 나타났다. 실질적으로 수퍼바이저가 수행해야 하는 중요한 세부 직무인 동시에 현재 수행에서 빈번하게 수행되고 있는 세부 직무라면 수행에 있어서는 큰 장애물이 없는 것이라고 평가된다. 반면 중요하게

---

21) 전체 수퍼바이저의 세부 직무 빈도와 중요도 고려 및 우선도를 도출한 14문항 전체의 평균, 표준편차, 우선순위 결과는 〈부록 10〉에 제시되어 있다.

평가되는 직무이면서 수행 빈도에 있어서는 낮은 세부 직무(즉, 중요도와 수행 빈도의 차이 값이 큰 직무)는 현실적으로 우선적으로 개선되어야 하는 직무라고 볼 수 있는데 중요도와 수행 빈도 간의 차이가 가장 큰 세부 직무 3순위로는 수퍼바이지 교육훈련·기술 전수, 수퍼비전 모니터링 및 평가, 조직특성 및 미션과 비전 등 조직 전반 가치와 방침의 내재화를 위한 이해 강화 도모로 나타났다. 이들 직무에 대해 우선적으로 수행도를 높이기 위한 다양한 방안 수립이 필요하다.

4) 수퍼비전 내용

수퍼비전에서 다루어야 하는 내용 영역에 대한 분석결과는 〈표 4-28〉과 같다. 델파이 설문 분석결과, 수퍼비전 내용은 1라운드 4개 영역에서 긍정빈도수(15 이상)가 높게 나타났다. 2라운드 평균 및 표준편차 분석결과 상위 2순위로는 사회복지 윤리와 가치의 제반 지식과 기술(4.60), 일반주의 실천가로서의 통합적인 실천을 수행하기 위한 제반 지식과 기술을 다룸(4.45)인 것으로 나타났다. 전체적으로 4.0 이상의 평균값으로 수퍼비전 내용으로서 9가지 영역에 대해 전반적으로 필요성을 인식하고 있었다. 각 문항 표준편차에 있어서도 9문항 모두 1.0 이하로 나타나 전체적으로 의견에 있어서 어느 정도의 일치도를 보이고 있었다.

사회복지관 사회복지사 설문 분석결과, 수퍼비전 내용을 사회복지 전반 영역, 일반주의 실천에 기반을 둔 지식과 기술 영역, 사회복지관의 표준사업 영역에 따라 세부적으로 살펴보았다.

먼저 사회복지 제반 지식과 관련한 내용 필요도 상위 3순위는 직무분석·예산 수립 및 편성·사업계획 등 기획 및 재정관리, 직원교육·실습지도·업무평가 등 인력관리, 사회복지 동향과 변화추세인 것으로 나타났다.

〈표 4-28〉 수퍼비전 내용 분석결과

내 용	1라운드 긍정응답 빈도	델파이 설문 2라운드		사회복지사 설문 결과	
		중위수	평균 (표준편차)	중위수	평균 (표준편차)
1) 사회복지사의 표준직무의 하위 세부 직무와 과업 내용의 제반 지식과 기술을 다룸	16	5	4.35(0.81)	●	●
2) 일반주의 실천가로서 통합적인 실천을 수행하기 위한 제반 지식과 기술을 다룸	17	5	4.45(0.69)*	4	4.01
3) 사회복지 윤리와 가치에 따른 실천을 할 수 있는 제반 지식과 기술을 다룸	18	5	4.60(0.68)*	4	4.01
4) 지역사회문제 해결을 위한 지역사회 실천의 제반 지식과 기술을 다룸	●	4	4.35(0.67)	4	4.15
5) 직무와 관련된 신규 이론 및 지식	●	4	4.00(0.79)	4	4.06
6) 사회복지 동향과 변화추세	●	4	4.00(0.73)	4	4.17*
7) 다학문적 접근 필요성과 사회복지 정체성 확립	●	4	4.05(0.76)	4	4.09
8) 수퍼바이저와의 관계 이해 및 활용	●	4	4.05(0.83)	4	4.00
9) 전문가가 갖추어야 할 속성과 태도	●	4.5	4.35(0.75)	4	4.14
10) 시간 및 건강관리 등 자기관리	●	●	●	4	4.07
11) 직원교육, 실습지도, 업무평가 등 인력관리	●	●	●	4	4.19*
12) 각종 기록, 보고서, 회의록 등 문서관리	●	●	●	4	4.09
13) 직무분석, 예산 수립 및 편성, 사업계획 등 기획 및 재정관리	●	●	●	4	4.26*
전 체			4.24(0.59)		4.11(0.43)

*상위 3순위

　다음으로 일반주의 실천기반 핵심 지식과 기술 영역의 세부 수퍼비전 내용 필요도 분석결과는 〈표 4-29〉와 같다.

　일반주의 실천기반 핵심 지식과 기술 영역에 대한 조사는 사회복지사 설문조사 시에만 실시하였다. 일반주의 실천에 기반을 둔 핵심 지식과 기술 내용에 대한 수퍼비전 내용 필요도 분석결과 상위 5순위로는 프로그램 계획 · 실행 · 평가 기술, 클라이언트 사정 기술, 의뢰 및 사례관리기술, 평가 및 종결 기술, 클라이언트 면접 기술, 집단에의 개입 기술인 것으로 나타났다. 상위 5순위 모두 클라이언트 체계 개입과 관련한 내용에 해당하는 영역으로 수퍼비전에서는 무엇보다 클라이언트 체계 개입에 관련된 내용을 우선적으로 다루어야 한다고 생각하고 있는 것으로 나타났다.

프로그램 계획 실행 평가 기술의 경우, 수퍼바이저의 필요 역량, 수퍼바이저의 중요 직무 분석결과에서도 1순위로 나타났는데, 수퍼비전의 내용과 관련한 영역에서도 동일하게 1순위로 나타나 현재 수퍼비전에 있어서 가장 중요하게 비중을 두어야 하는 내용인 것으로 판단된다.

일반주의 실천기반 핵심 지식과 기술 영역의 세부 영역별로 평균을 분석한 결과, 전문적 발달 영역 4.22(0.52), 행정적 발달 영역 4.14(0.53), 지역사회정책 발달 영역 4.19(0.53), 대인관계 기술 영역 4.23(0.69), 클라이언트 체계 개입을 위한 기술 영역 4.35(0.69)로 나타나 직접적으로 클라이언트 체계에 개입하는 영역에 대한 수퍼비전 내용욕구가 높은 것으로 나타났다.

〈표 4-29〉 일반주의 실천기반 핵심 지식과 기술 관련 수퍼비전 내용

내 용		중위수	평균 (표준편차)	우선 순위
전문적 발달을 위한 내용	1) 사회사업가치 및 윤리에 대한 사명감: 전문 직 가치, 윤리의 내면화 및 증진	4	4.16(0.69)	19
	2) 인간의 다양성 존중: 특성, 문화, 계층 이해 및 수용	4	4.13(0.70)	20
	3) 사회 · 경제정의 증진의 사명감: 사회적 약자 에 대한 인식, 개선을 위한 노력	4	4.06(0.69)	22
	4) 자기인식: 자신의 강 · 약점 파악, 전문가로서 의 자신에 대한 이해	4	4.31(0.66)	9
	5) 전문적 성장에 대한 책임감	4	4.33(0.63)	8
	6) 자신의 실천 활동에 대한 효과성 평가	4	4.34(0.61)	7
전문적 발달을 위한 내용 전체			4.22(0.52)	

	내 용	중위수	평균 (표준편차)	우선 순위
행정적 측면의 지식 및 기술	7) 기관사명, 비전 이해: 기관철학, 사명, 목적	4	4.09(0.70)	21
	8) 기관구조 파악: 구조 분석, 역동성 분석	4	4.04(0.67)	23
	9) 조직 내에서 기능하는 능력: 업무책임, 역할 숙지, 업무계획	4	4.22(0.65)	14
	10) 기록 유지와 기록 활동: 기록 방법과 기록 피드백	4	4.21(0.63)	15
	행정적 측면의 지식 및 기술 내용 전체		4.14(0.53)	
지역 사회· 정책적 측면의 교육 내용	11) 관련 사회복지정책: 기관 및 직무 관련 정책	4	4.02(0.66)	24
	12) 지역사회에 대한 이해: 지역 및 자원조사	4	4.29(0.60)	10
	13) 서비스 전달 체계 이해: 서비스 연계망 활 용, 지역사회 내 관련 조직과의 관계 등	4	4.24(0.68)	12
	14) 인적, 물적 자원 개발 및 관리: 모금, 홍보, 매체 활용, 자원봉사자 개발 및 관리	4	4.20(0.66)	17
	지역사회·정책적 측면의 교육 내용 전체		4.19(0.53)	
기본적 대인 관계 기술 내용	15) 대인관계 의사소통 기술	4	4.27(0.73)	11
	16) 동료와의 관계 기술	4	4.21(0.72)	15
	기본적 대인관계 기술 내용 전체		4.23(0.69)	
클라 이언트 체계 개입을 위한 기술 내용	17) 인간행동, 다양성에 관한 지식 적용	4	4.17(0.67)	18
	18) 클라이언트 면접 기술	4	4.38(0.62)*	5
	19) 클라이언트 사정 기술	5	4.40(0.69)*	2
	20) 평가 및 종결 기술	4	4.39(0.59)*	3
	21) 집단에의 개입 기술	4	4.38(0.64)*	5
	22) 의뢰 및 사례관리 기술	4	4.39(0.64)*	3
	23) 옹호 활동 기술	4	4.23(0.68)	13
	24) 프로그램 계획, 실행, 평가 기술	5	4.49(0.57)*	1
	클라이언트 체계 개입을 위한 기술 내용 전체		4.35(0.69)	

* 상위 5순위

3. 표준제시를 위한 델파이 패널과
사회복지관 사회복지사 우선순위 비교

1) 수퍼비전 방법

사회복지관 사회복지사와 델파이 패널 설문조사결과 모두 상위 3순위로 개별 수퍼비전 월 1회 이상 제공, 초보, 중간, 숙련 사회복지사별 차별화된 수퍼비전 내용과 구조 제공, 수퍼비전 계획 수립과 실행, 평가 과정 실시 및 관련 도구 활용인 것으로 나타났다. 세부 내용별 비교결과는 〈표 4-30〉과 같다.

〈표 4-30〉 수퍼비전의 구조 우선순위 비교

사회복지관 사회복지사	우선순위	델파이 패널
개별 수퍼비전 월 1회 이상 제공	1	개별 수퍼비전 월 1회 이상 제공
초보, 중간, 숙련 사회복지사별 차별화된 수퍼비전 내용과 구조 제공	2	초보, 중간, 숙련 사회복지사별 차별화된 수퍼비전 내용과 구조 제공
수퍼비전 계획 수립과 실행, 평가 과정 실시 및 관련 도구 활용	3	수퍼비전 계획 수립과 실행, 평가 과정 실시 및 관련 도구 활용
기록검토 외 다양한 수퍼비전 방법의 활용	4	개별, 집단, 동료 수퍼비전 등의 형식으로 주 1회 이상 수퍼비전 유지
개별, 집단, 동료 수퍼비전 등의 형식으로 주 1회 이상 수퍼비전 유지	5	지역사회나 사회복지학계 등 외부자문을 활용하는 시스템 구축 및 활용
지역사회나 사회복지학계 등 외부자문을 활용하는 시스템 구축 및 활용	6	수퍼비전 계약 실시
수퍼비전 내용에 대한 합의, 문서화 등 수퍼비전 계약 실시	7	●

기본적으로 수퍼비전은 수퍼바이지 개별에 초점을 둔 형태로 월 1회 이상 제공되어야 한다는 구조를 공통적으로 중요하게 평가하였다. 수퍼비전 구조 세부 내용 중 수퍼비전 계약은 델파이 패널 2라운드와 실무자 결과에서 모두 가장 낮은 순위로 나타났다. 그러나 델파이 2라운드 결과와는 다르게 수

퍼비전 계약의 내용을 수퍼비전 내용에 대한 합의, 문서화 등으로 정의 내림으로써 실무자조사에서는 4점 이상의 비교적 높은 필요도로 나타났다.

수퍼비전에서의 계약은 실질적으로 수퍼비전 실행이라는 서비스에 대하여 수퍼바이저와 수퍼바이지가 공식적인 서면계약을 맺는다는 개념보다는 효과적인 수퍼비전 실시를 위해 수퍼바이저와 수퍼바이지가 연간의 수퍼비전 내용에 대한 점검과 조율, 수퍼비전 계획서 형식 등으로의 서면 합의를 실시하는 형식으로 이루어져야 할 것으로 생각된다. 또한 수퍼비전 계약은 선행연구에서 중요한 구성요소로서 지적되고 있는바, 한국적 상황에서의 실행방법의 대안을 모색하고 실질적으로 진행되지 못하는 어려움을 해결하기 위한 논의가 더욱 필요하리라 본다.

2) 수퍼비전 정책

수퍼비전 정책의 세부 내용별 비교결과는 〈표 4-31〉과 같다.

〈표 4-31〉 수퍼비전 정책 우선순위 비교

사회복지관 사회복지사	우선순위	델파이 패널
수퍼비전 평가체계 수립 및 실시	1	**수퍼비전 평가체계 수립 및 실시**
수퍼비전 기록 및 기록 유지	2	**수퍼비전 규정 수립**
수퍼바이저 교육체계 준비 및 실행	3	**수퍼바이저 교육체계 준비 및 실행**
수퍼비전 지침 개발 및 활용	4	수퍼비전 지침 개발 및 활용
수퍼비전 규정 수립	5	수퍼바이저 직무기술서 작성 및 활용
수퍼바이저 직무기술서 작성 및 활용	6	수퍼비전 기록 및 기록 유지

사회복지사 조사의 경우 수퍼비전 정책 내용 상위 3순위는 수퍼바이저 평가 및 수퍼비전 진행 평가, 피드백 등 수퍼비전 평가체계 수립 및 실시, 수퍼비전 기록 및 기록 유지, 수퍼바이저 교육체계 준비 및 실행인 것으로 나타났다. 델파이 패널 조사결과에서는 상위 3순위로 수퍼바이저 평가

및 수퍼비전 진행 평가, 피드백 등 수퍼비전 평가체계 수립 및 실시, 수퍼비전 자격·책임·구조·내용·교육 이수 등에 대한 규정 수립, 수퍼바이저 교육체계 준비 및 실행으로 나타났다. 실무자와 패널 공통적으로 수퍼비전 평가체계 마련과 실행을 중요한 정책요소로 평가하였다.

3) 수퍼바이저의 세부 직무

수퍼바이저의 세부 직무 필요도에 대한 세부 내용별 비교결과는 〈표 4-32〉와 같다. 수퍼바이저 세부 직무 내용 사회복지관 실무자 결과에서는 상위 3순위로 수퍼바이저 자신의 자기계발·교육 참여·지식습득 노력, 업무스트레스 관리 및 직무만족 증진을 위한 지지·격려, 세부 프로그램 및 사례(기록)에 대한 분석·피드백 제공으로 나타났다.

델파이 패널 조사결과에서는 상위 3순위로 직무평가, 프로그램 및 사례(기록)에 대한 분석·피드백 제공, 수퍼바이저 자신의 자기계발과 지식습득 노력, 수퍼바이지의 특성, 성향, 역량 등 대한 정보 수집 및 이해 노력으로 나타났다.

사회복지사 전체와 패널 공통적으로 프로그램과 사례에 대한 분석 및 피드백 제공 직무를 수퍼바이저가 수행해야 하는 중요 직무로서 평가하였다. 이는 수퍼바이저에 필요한 역량에 있어 프로그램 계획, 실행 및 효과성 평가 제반 지식의 내용이 1순위로 지적된 것과 연결되는 맥락이라고 볼 수 있다. 패널들의 결과와 다르게 실무자조사에서는 수퍼바이저 자신의 자기계발과 지식습득 노력의 직무가 가장 중요한 직무로서 조사되어 수퍼비전을 제공하기 위해서는 1차적으로 수퍼바이저 자신의 지속적인 학습노력과 준비 역량이 필요하다는 것을 보여주고 있다. 이러한 맥락에서 수퍼바이저 자신의 자기계발과 지식습득을 위한 과업들은 비공식적인 개인 차원의 노력이 아니라 공식적인 차원이 하나의 직무로서 인정되어 의무적으로 수행될 필요가 있으리라 판단된다.

수퍼바이저의 직무는 실질적으로 현 직무를 수행하는 수퍼바이저 자신
이 인식하는 세부 직무에 대한 평가가 중요하다는 판단하에 수퍼바이저
만을 표집하여 결과를 분석하였다. 별도 분석결과 상위 3순위로는 수퍼바
이저 자신의 자기계발·교육 참여·지식습득 노력, 업무스트레스 관리 및
직무만족 증진을 위한 지지·격려, 그리고 수퍼바이지와의 정서적 유대
강화 노력으로 나타났다. 수퍼바이저 스스로도 향후 전략적으로 강화되어
야 할 중요 직무로서 자신의 자기계발과 지식습득 노력을 1순위로 인식
하고 있었고 그 다음으로는 수퍼바이지에 대한 지지적 영역에서의 지원
을 중요한 직무로 평가하고 있었다.

〈표 4-32〉 수퍼바이저 세부 직무 우선순위 비교

사회복지관 사회복지사	우선순위	델파이 패널
수퍼바이저의 자기계발, 지식습득 노력	1	직무검토 및 평가, 방향성 논의
스트레스 관리 및 직무만족 증진을 위한 지지, 격려	2	프로그램 및 사례에 대한 분석, 피드백
프로그램 및 사례에 대한 분석, 피드백	3	수퍼바이저의 자기계발, 지식습득 노력
수퍼비전 모니터링 및 평가	4	수퍼바이지 특성과 성향 이해 노력
직무검토 및 평가, 방향성 논의	5	직무분석 및 분장, 조정, 위임
수퍼바이지와의 정서적 유대 강화	6	수퍼바이지 직무 파악, 정보 수집
수퍼바이지 특성과 성향 이해 노력	7	수퍼바이지와의 정서적 유대 강화
수퍼비전 기록 유지	8	조직이해 강화와 조직가치 내재화 도모
수퍼바이지 직무 파악, 정보 수집	9	회의, 개별면담 등 의사소통의 장 진행, 운영
수퍼바이지 교육훈련, 기술 전수	10	수퍼비전 기록 유지
회의, 개별면담 등 의사소통의 장 진행, 운영	11	수퍼바이지 교육훈련, 기술 전수
수퍼바이지 직무 및 사회복지 관련 정보 제공	12	수퍼비전 모니터링 및 평가
조직이해 강화와 조직가치 내재화 도모	13	수퍼비전 진행 준비(계획, 장소, 시간 등)
직무분석 및 분장, 조정, 위임	14	•
수퍼비전 진행 준비(계획, 장소, 시간 등)	15	•

수퍼바이저 집단(N=70)의 중요도 부분에서 4점(전략적 강화직무)의 최
빈값으로 도출된 문항은 수퍼바이저 자신의 자기계발(47), 업무스트레스
관리 및 직무만족 증진을 위한 지지격려(45), 수퍼바이지와의 정서적 유대
강화 노력(45), 세부 프로그램 및 사례에 대한 분석과 피드백(38), 조직 전

반의 가치와 방침의 내재화를 위한 이해 강화 도모(36), 직무검토 및 평가
·방향성 논의(36), 수퍼바이지 교육훈련과 전수(35)인 것으로 나타났다.

4) 수퍼비전의 내용

먼저 사회복지 제반 관련 수퍼비전 내용욕구 분석결과, 실무자 결과에
서는 상위 3순위로 직무분석·예산 수립 및 편성·사업계획 등 기획 및
재정관리, 직원교육·실습지도·업무평가 등 인력관리, 사회복지 동향과
변화추세인 것으로 나타났고 델파이 패널 결과에서는 상위 3순위로 사회
복지 윤리와 가치에 따른 실천을 할 수 있는 제반 지식과 기술, 일반주의
실천가로서 통합적인 실천을 수행하기 위한 제반 지식과 기술, 지역사회
문제 해결을 위한 지역사회 실천의 제반 지식과 기술, 전문가가 갖추어야
할 속성과 태도로 나타났다.

그러나 델파이 패널 조사 시에는 자기관리 및 기관행정과 관련된 내용
을 함께 질문하지 않아 같은 내용으로 비교하기에는 다소의 무리가 있다.
사회복지사 표준직무 영역과 관련하여 추가로 포함된 4가지 영역을 제외
한다면 실무자 조사결과에서는 사회복지 동향과 변화추세, 지역사회문제
해결을 위한 지역사회 실천의 제반 지식과 기술, 전문가가 갖추어야 할
속성과 태도가 우선순위로 도출된 것으로 파악할 수 있다.

세부적인 내용별 비교 분석결과는 〈표 4-33〉과 같다.

사회복지 제반 관련 수퍼비전 내용 영역은 수퍼바이저와 수퍼바이지 간
유의미한 차이가 있게 나타난 영역이다. 수퍼바이저가 가장 필요하게 생각
하는 상위 3순위는 기획 및 재정관리, 인력관리, 문서관리이고, 수퍼바이지
의 경우는 사회복지 동향과 변화추세, 기획 및 재정관리, 인력관리, 전문가
가 갖추어야 하는 속성과 태도, 지역사회 실천기술인 것으로 나타났다.

수퍼바이저들이 수퍼비전 제공에서 중요하게 고려해야 하는 점은 수퍼
바이지들은 사회복지 동향과 변화추세, 전문가가 갖추어야 하는 속성과 태

도 영역에 대한 욕구가 높다는 점이다. 수퍼비전에 대한 만족과 수퍼비전을 통한 수퍼바이지의 전문적 성장을 위해서는 이러한 영역에 대한 수퍼바이지의 자기계발 노력과 수퍼비전 내용의 준비, 수퍼바이저와의 수퍼비전 내용에 대한 합의점 도출 등의 과제를 해결해야 할 것으로 생각된다.

〈표 4-33〉 사회복지 제반 수퍼비전 내용 필요도 우선순위 비교

사회복지관 사회복지사	우선 순위	델파이 패널
기획 및 재정관리	1	사회복지 윤리와 가치에 따른 실천 지식과 기술
직원교육, 실습지도, 업무평가 등 인력관리	2	일반주의 실천 제반 지식과 기술
사회복지 동향과 변화추세	3	전문가가 갖추어야 할 속성과 태도
지역사회 실천의 제반 지식과 기술	4	지역사회 실천의 제반 지식과 기술
전문가가 갖추어야 할 속성과 태도	5	다학문적 접근 필요성과 사회복지 정체성 확립
각종 기록, 보고서, 회의록 등 문서관리	6	수퍼바이저와의 관계 이해 및 활용
다학문적 접근 필요성과 사회복지 정체성 확립	7	사회복지 동향과 변화추세
시간 및 건강관리 등 자기관리	8	직무와 관련된 신규 이론 및 지식
일반주의 실천 제반 지식과 기술	9	•
사회복지 윤리와 가치에 따른 실천 지식과 기술	10	•
직무와 관련된 신규 이론 및 지식	11	•
수퍼바이저와의 관계 이해 및 활용	12	•

다음으로 일반주의 실천에 기반을 둔 핵심 내용과 기술에 대한 내용 필요도에 대해 5가지 하위 영역별 1, 2순위 내용만을 제시한 결과는 〈표 4-34〉와 같다. 일반주의 실천기반 내용과 욕구조사는 사회복지사만을 대상으로 실시되어 델파이 패널과의 우선순위 비교는 이루어지지 못했다. 앞서 논의한 바와 같이 전체 일반주의 실천기반 한 핵심 지식과 기술 내용은 전체 24가지 세부 항목에 있어서 상위 5순위는 모두 클라이언트 체계개입을 위한 기술 영역에 해당되는 내용들이었다.

사회복지관 직원 수퍼비전은 어떤 영역코다도 프로그램 계획과 평가, 클라이언트 사정과 평가, 사례관리, 집단 개입 등 클라이언트 체계 개입 기술을 증진시키는 내용이 중심을 이루어야 할 것으로 생각된다. 그러나 사회복지사들을 통합적 실천을 하는 일반주의 실천가로서 양성하기 위해

서는 5가지 하위 영역별로 균형 있게 수퍼비전을 제공하여야 할 것이다. 일반주의 실천에 기반을 둔 핵심 내용과 기술에 대한 결과 중 전문적 발달 영역과 행정적 측면에서는 수퍼바이저와 수퍼바이지에 따라 차이가 있게 나타났다. 세부적인 차이는 사회사업가치 및 윤리에 대한 사명감 영역과 기관사명과 비전 이해 영역에서 수퍼바이저가 수퍼바이지에 비해 수퍼비전 내용 필요도를 높게 인식하고 있었다.

〈표 4-34〉 일반주의 실천기반 핵심 지식 내용 우선순위

	사회복지관 사회복지사 전체 (수퍼바이지 결과와 순위 동일)	우선 순위	수퍼바이저
전문적 발달을 위한 내용	자신의 실천 활동에 대한 효과 성 평가	1	자신의 실천 활동에 대한 효과 성 평가
	전문적 성장에 대한 책임감	2	자기인식: 자신의 강·약점 파악, 전문가로서의 자신에 대한 이해
행정적 측면	조직 내에서 기능하는 능력: 업무책임, 역할 숙지, 업무계획	1	기관사명, 비전 이해: 기관철학, 사명, 목적
	기록 유지와 기록 활동: 기록 방법과 기록 피드백	2	조직 내에서 기능하는 능력: 업 무책임, 역할 숙지, 업무계획
지역사회 ·정책 측면	지역사회에 대한 이해: 지역· 자원조사	1	지역사회에 대한 이해: 지역· 자원조사
	서비스 전달 체계 이해: 서비 스 연계망 활용, 지역사회 내 관련 조직과의 관계 등	2	서비스 전달 체계 이해: 서비스 연계망 활용, 지역사회 내 관련 조직과의 관계 등
기본적 대인관계 측면	대인관계 의사소통 기술	1	대인관계 의사소통 기술
	동료와의 관계 기술	2	동료와의 관계 기술
클라이언 트 체계 개입 측면	프로그램 계획, 실행, 평가 기술	1	프로그램 계획, 실행, 평가 기술
	클라이언트 사정 기술	2	클라이언트 사정 기술

우선순위에 있어서 전문적 발달의 영역은 큰 차이가 없게 나타났지만 수퍼바이저의 경우, 자기인식의 내용을 2순위로서 높게 인식했고, 행정발

달 영역에 있어서는 수퍼바이저는 기관의 미션과 비전에 대한 이해 영역을 1순위로 지적한 반면 수퍼바이지는 조직 내에서 기능하는 능력을 1순위로 지적하였다. 이러한 수퍼바이저와 수퍼바이지의 내용 필요도에 대한 차이는 수퍼비전 실행에 각기 다른 욕구와 기대로 나타나 효과적인 수퍼비전에 장애요인으로 작용할 수 있다. 수퍼바저는 수퍼바이지에 대한 교육적 진단을 실시하거나 수퍼비전 계획 수립 시 충분한 의사소통을 통해 이러한 차이를 파악하고 보다 세부적으로 수퍼비전 욕구에 대해 논의할 필요가 있다.

4. 수퍼비전 실행구조 표준 내용

1) 수퍼비전 방법

수퍼비전 방법은 수퍼비전 주기 및 횟수, 유형, 시간, 도구 활용, 기법, 과정과 단계, 계약, 담당 수퍼바이지의 수, 장소로 구성되어 있다. 수퍼비전 실행구조의 세부 내용은 다음과 같다.

(1) 수퍼비전 주기 및 횟수

개별 수퍼비전은 월 1회 이상[22] 제공되어야 하며 개별·집단·동료 수퍼비전의 형태로 최소한 주 1회 이상 수퍼비전을 유지한다. 수퍼비전은 정기적인 일정 수립을 통해 진행되어야 하며 상황과 사안에 따라 정기적인 일정 외에 부가적으로 수퍼비전을 시행할 수 있다.

---

22) 개별 수퍼비전의 횟수는 사회복지사의 경력이나 직위, 숙련성에 따라 차별화될 수 있는 영역이다. 월 1회는 수퍼비전 횟수의 최소 기준으로 책정되었다.

156

(2) 수퍼비전 유형

수퍼비전은 개별 수퍼비전, 집단 수퍼비전, 동료 수퍼비전, 외부자문 등의 유형을 활용할 수 있으며 기관 및 부서의 상황 및 사안에 따라 다양한 유형을 적절히 선택하여 실시한다.

단, 수퍼바이지를 개별화하여 실시하는 개별 수퍼비전은 월 1회 이상 유지되어야 한다.

조직 내·외부 인적자원을 최대한 활용하여 수퍼비전이 효과적으로 실행될 수 있도록 한다.

(3) 수퍼비전 시간

정기적 수퍼비전은 통상적으로 최소 30분~1시간 수준 이상 진행한다. 월 1회 이상 유지되는 개별 수퍼비전의 경우, 충분한 시간을 확보하고 일정한 과정에 의해 진행되어야 한다. 그러나 특정 상황과 사안에 따라 수퍼비전이 필요한 경우에는 시간을 조정하여 효과적으로 진행한다.

(4) 수퍼비전 도구 개발 및 활용

수퍼비전은 수퍼비전 계획, 실행, 평가 등 일련의 과정으로 진행되며 각 단계에서 활용할 수 있는 다양한 도구와 서식을 적극 활용한다. 사회복지관 차원에서 수퍼비전 계획서, 수퍼바이지 학습사정도구, 수퍼비전 기록, 수퍼비전 평가서, 수퍼바이저 평가서 등의 양식을 적극 개발, 적용한다.

(5) 수퍼비전 기법

수퍼비전 기법은 수퍼바이지의 훈련목적과 사안에 따라 다양하게 사용하여야 한다.

수퍼비전 기법은 일반적으로 수퍼바이지의 사례나 프로그램 기록검토, 역할극, 토론, 책읽기, 기법전수, 코칭, 녹음과 녹화, 관찰 및 참관 등이 대표적이다. 일정한 기법에 고정되지 않고 다양한 기법을 사용할 수 있도록 상호 노력한다.

(6) 수퍼비전 과정과 단계

수퍼바이지에 대한 교육적 진단, 즉 수퍼바이지의 직무 역량과 학습능력을 사정하고 그에 따라 수퍼비전 계획을 수립하고 계약을 실시하여야 한다. 수퍼바이지 사정을 위해 다각적인 방법을 활용하여 수퍼바이지 개인의 수퍼비전에 대한 욕구와 필요한 훈련의 영역을 파악한다.

수퍼바이지에 대한 교육적 사정 후, 수퍼비전 내용과 과정, 의무에 대하여 수퍼바이저와 수퍼바이지 상호의 협약을 맺는다.

다양한 기법 및 도구 활용을 통해 수퍼비전을 실행하고 수퍼비전 실행에 대한 평가 및 피드백을 수렴한다. 이러한 평가의 내용은 다시 수퍼비전을 계획하고 실행하기 위한 근거로 환류되어야 한다.

교육적 사정 ⇒ 계 약(계획 수립) ⇒ 실 행(도구 활용) ⇒ 평가 및 피드백

---

(7) 수퍼비전 계약

수퍼비전 계약은 연간 수퍼비전 계획에 대한 조율과 상호 동의의 방법으로 활용한다. 수퍼바이저와 수퍼바이지는 상호간에 수퍼비전에 대한 기대와 욕구를 표명하고 서식을 통해 기록을 남기도록 한다.

(8) 수퍼바이지의 수[23]

수퍼비전 실행을 위해 적절한 수퍼바이지의 수는 수퍼바이저 1인당 3,

---

[23] 기관의 사정상, 1인의 수퍼바이저당 3, 4명을 초과하는 수퍼바이지를 담당할 시에는 업무조정 또는 제2선 상급 수퍼바이저의 협력, 직무훈련 등 기관 차원에서 수퍼비전을 원활히 수행할 수 있는 대안을 마련해 줄 필요가 있다.

4명이 적절하다.

(9) 수퍼비전 장소

수퍼비전을 위한 조직환경에서 논의된 바와 같이 기관은 개별 및 집단 수퍼비전 등을 실행할 수 있는 준비된 공간을 마련한다. 수퍼바이저는 수퍼바이지가 수퍼비전을 편안히 느낄 수 있도록 최대한의 환경을 준비한다. 그러나 수퍼비전은 임시적으로 또는 상황에 따라 고정화된 장소에서만 이루어지는 것이 아니라 클라이언트를 만나는 현장과 지역사회에서 또는 인터넷 공간 등에서 즉각적으로 이루어질 수 있다.

수퍼비전의 핵심[24] 실행구조 내용은 수퍼비전 이해당사자들의 1~3순위 의견을 반영하여 다음과 같이 정리되었다.

> ▶ 수퍼비전 핵심 실행구조 내용
> - 개별 수퍼비전 월 1회 이상 30~60분으로 주기적 실시
> - 다양한 유형의 수퍼비전 활용
> - 다양한 수퍼비전 기법 및 도구 활용
> - 교육적 진단, 계획 수립과 계약, 실행, 평가의 과정과 단계로 실시
> - 수퍼비전 계약과 서식 개발
> - 수퍼바이저 1인당 3, 4명의 수퍼바이지 담당
> - 준비된 수퍼비전 공간 마련

---

24) 본 연구에서는 수퍼비전 각 요소에서 상대적으로 우선적이며 중요하게 논의되고 다루어야 할 내용에 대해 '핵심'의 용어를 사용하여 별도로 제시하였다.

2) 수퍼비전 정책

수퍼비전 정책은 수퍼비전 평가, 규정, 기록 및 기록 유지, 수퍼바이저와 수퍼바이지 교육, 지침 활용으로 구성되어 있다. 세부 구성요소를 살펴보면 다음과 같다.

(1) 수퍼비전 평가

효과적인 수퍼비전의 실행과 체계의 수정, 발전을 위해 수퍼바이저 평가, 수퍼비전 운영 평가, 수퍼비전 만족도 평가, 수퍼비전 구조에 대한 피드백 등 다양한 평가체계를 구축·실행하도록 한다.

(2) 수퍼비전 규정

수퍼바이저 자격, 책임, 구조, 내용, 교육 이수 등을 포함하는 명문화된 수퍼비전 규정을 수립한다.

(3) 수퍼비전 기록 및 기록 유지

주기적으로 시행되는 수퍼비전에 대한 기록을 남기며 지속적으로 기록이 유지되고 조직에 의해 모니터링되어야 한다.

(4) 수퍼비전 교육

● 수퍼바이저 교육

기관 내부에서 수퍼바이저 역할을 수행하는 직원들에 대해 수퍼바이저 교육체계를 마련하여 시행하여야 한다. 수퍼바이저로 입문하는 직원들 및 기존 수퍼바이저들에 대한 보수교육도 진행되어야 한다. 수퍼바이저 교육의 주요 내용은 수퍼바이저로서의 역량 및 수퍼바이저 직무과업, 수퍼비전의 내용욕구 그리고 기관의 특성에 관련한 고유의 내용을 기반으로 한다.

우선적으로 강화되어야 할 영역은 특별히 수퍼비전에 관한 기술 영역이며 인간관계 및 의사소통 기술에 대한 집중적인 교육이 필요하다.

또한 수퍼바이저의 교육은 수퍼바이저가 보유한 역량에 따라 강화되고 차별화되어야 하며 기관별 수퍼바이저들의 역량 보유도에 대한 평가 후 세부적인 교육 내용을 개발하여 시행하도록 한다.

수퍼바이저 교육은 내부 교육과 전문직협회 주관의 외부 교육을 수퍼바이저 훈련 기본 내용에 따라 적절히 활용하며 기본 양성교육 후에 주기적으로 보수교육 과정을 마련하여 시행한다.

● 수퍼바이지 교육

수퍼비전 교육은 수퍼비전에 대한 책임 공유와 수퍼비전을 받을 권리 그리고 수퍼바이지의 역량에 대한 내용을 주제로 수퍼바이지에게도 실시되어야 한다. 특히, 수퍼비전의 준비와 자신의 자기계발 계획에 대한 내용이 강화되어야 한다. 수퍼바이지 교육 또한 해당 기관의 수퍼바이지가 보유한 수퍼비전 관련 역량에 따라 차별화하여 진행될 필요가 있다.

(5) 수퍼비전 지침 활용

수퍼비전의 원활한 수행을 위해 수퍼비전 표준을 기반으로 하는 기관 수퍼비전 지침을 준비하여 적극 활용한다.

수퍼비전 핵심[25] 정책은 수퍼비전 이해당사자들의 1~3순위 의견을 반영하여 다음과 같이 정리되었다.

---

25) 본 연구에서는 수퍼비전 각 요소에서 상대적으로 우선적이며 중요하게 논의되고 다루어야 할 내용에 대해 '핵심'의 용어를 사용하여 별도로 제시하였다.

▶ 수퍼비전 핵심 정책
● 수퍼비전 평가체계 실행
● 수퍼비전 규정 마련
● 수퍼비전 기록의 효율적 활용

3) 수퍼바이저의 직무

수퍼바이저의 직무는 행정, 교육, 지지적 목적의 세부 직무와 수퍼비전의 준비, 실행, 평가 세부 직무로 구성되어 있다. 세부 내용을 살펴보면 다음과 같다.

(1) 수퍼비전을 위한 기본 준비 세부 즈무

가장 우선적으로 수퍼비전을 위해 수퍼타이저 스스로 자기계발 및 지식습득을 위해 노력하며 수퍼바이지의 특성과 역량에 대한 사정을 위해 지속적으로 정보를 수집한다.

(2) 행정적 수퍼비전 영역의 세부 직무

수퍼바이저는 세부 프로그램 및 사례 진행에 대한 분석과 피드백을 제공하고 수퍼바이지의 담당 직무를 과학적으로 분석하며 업무분장 및 조정, 위임의 역할을 수행한다.

수퍼바이지의 직무를 주기적으로 검토하고 평가하여 피드백을 제공하고 직무 수행의 방향성을 논의한다.

또한 수퍼바이지가 조직의 특성을 이해할 수 있도록 도움을 제공하고 조직 핵심 가치와 방침을 내재화할 수 있도록 한다.

(3) 교육적 수퍼비전 영역의 세부 직무

수퍼바이저는 수퍼바이지 직무에 필요한 기술 전수를 위해 수퍼바이지를 교육·훈련하며 관련 사회복지 정보를 제공한다.

(4) 지지적 수퍼비전 영역의 세부 직무

수퍼바이저는 수퍼바이지와의 정서적 유대 관계 속에서 수퍼바이지의 업무스트레스 관리와 직무만족의 증진을 위해 지지, 격려하는 역할을 수행한다.

(5) 수퍼비전 실행과 평가 세부 직무

수퍼바이저는 수퍼비전 전반의 계획을 수립하고 수퍼비전 실행을 위한 장소와 일정을 준비하며 개별, 집단 수퍼비전 등 의사소통의 장을 운영한다.

또한 정기적으로 진행되는 수퍼비전의 진행과 결과에 대해 기록을 남기고 수퍼비전에 대해 모니터링하며 수퍼비전 실행 효과에 대해 평가한다.

이 중 현재 수퍼바이저가 전략적으로 강화해야 할 직무는 수퍼바이저 자신의 자기계발, 업무스트레스 관리 및 직무만족 증진을 위한 지지격려, 수퍼바이지와의 정서적 유대 강화 노력, 세부 프로그램 및 사례에 대한 분석과 피드백, 조직 전반의 핵심 가치와 방침의 내재화 도모, 직무검토 및 평가·방향성 논의, 수퍼바이지 교육훈련과 전수 등이다. 수퍼바이저들은 이러한 세부 직무의 전략적 강화를 위해 노력하여야 한다.

특히, 수퍼바이저의 효과적인 직무 수행을 위해 우선적으로 강화해야 할 직무는 수퍼바이지 교육훈련·기술 전수, 수퍼비전 모니터링·평가, 조직 핵심 가치와 방침의 내재화를 돕는 직무이다. 수퍼바이저들은 이러한 세 가지 세부 과업을 수행하는 데 있어서 현실적인 장애와 문제를 해결하기 위해 집중적으로 노력하여야 한다.

수퍼바이저 핵심[26] 직무는 수퍼비전 이해당사자들의 1~3순위 의견을 반영하여 다음과 같이 정리되었다.

> ▶ 수퍼바이저의 핵심 직무
> ● 수퍼바이저 자신의 자기계발 및 지식습득
> ● 직무검토 및 평가, 방향성 논의
> ● 사례 및 프로그램에 대한 피드백 제공
> ● 업무스트레스 관리 및 직무만족 증진을 위한 지지, 격려
> ● 수퍼바이지 특성과 성향, 역량 등에 대한 정보 수집 및 이해 노력

4) 수퍼비전 내용

수퍼비전 내용은 사회복지 윤리와 관련 규정, 수퍼바이지의 담당 직무와 욕구, 수퍼바이저의 세부 직무, 사회복지관 사회복지사의 표준직무, 일반주의 실천가로서의 핵심 지식과 기술 영역으로 구성되어 있다. 세부적인 내용을 살펴보면 다음과 같다.

(1) 사회복지관 수퍼비전은 기본적으로 사회복지전문직 체계 내에서 요구되는 사회복지 윤리와 관련 규정을 기반으로 한다.

사회복지사 윤리강령과 사회복지관의 운영과 관련된 규정 그리고 사회복지 관련법의 적법성 내에서 기능한다.

(2) 사회복지관 수퍼비전은 또한 수퍼바이지의 담당 직무와 욕구에 1차적으로 초점을 두어 실행된다. 현재 수퍼바이지가 담당하는 사례와 프로그램에 대한 지원과 협력 그리고 수퍼바이지의 전문성 향상을 위한 교

---

26) 본 연구에서는 수퍼비전 각 요소에서 상대적으로 우선적이며 중요하게 논의되고 다루어야 할 내용에 대해 '핵심'의 용어를 사용하여 별도로 제시하였다.

육과 훈련 차원에서 실행된다. 또한 궁극적으로 사회복지관의 서비스의 질 향상과 클라이언트 문제해결을 위한 방향에서 실행되어야 한다.

(3) 또한 수퍼바이저는 수퍼바이저로서 책임을 감당하기 위해 요구되는 세부 직무27)(수퍼바이지 이해, 행정, 교육, 지지적 수퍼비전, 수퍼비전 준비 · 실행 · 평가)에 따라 수퍼비전을 제공한다.

(4) 수퍼비전은 위에서 제시한 수퍼바이지 담당 직무와 욕구 그리고 수퍼바이저의 세부 직무과업들 중심으로 우선적으로 진행된다. 그러나 수퍼비전은 사회복지관 사회복지사들이 기본적으로 필요하다고 생각하는 수퍼비전 욕구에 따라 실행되어야 한다. 사회복지관 수퍼바이지 직무 수행의 실천기반으로는 일반주의 실천가로서 기본적인 핵심 지식과 기술을 적용할 수 있도록 수퍼비전을 제공하며 사회복지관 사회복지사에게 표준 직무로서 요구되는 영역에 대하여 수퍼비전을 제공한다. 사회복지관 직원 수퍼비전에서 집중적으로 다루어야 하는 수퍼비전 내용28)은 다음과 같다.

---

27) 수퍼바이저의 직무는 수퍼바이저가 수행해야 하는 직무이면서 또한 직무의 세부 과업들은 수퍼비전의 주요 내용이 된다. 3) 수퍼바이저의 직무 영역에 세부 내용은 제시되어 있다.

28) 본 수퍼비전 내용은 수퍼비전에서 다루었으면 하는 내용에 대한 욕구를 인터뷰 내용 정리, 표준직무, 일반주의 실천 핵심 지식과 기술을 기반으로 하여 실무자조사를 통해 도출, 분석한 결과(상위 3순위 도출)이다.

▶ 수퍼비전의 내용

• 〈기본 토대〉: 수퍼바이지의 담당 직무

• 〈사회복지 제반 및 표준직무 일부 영역〉

전문가로서의 태도 및 시간·건강관리 등 자기관리
재정관리, 인력관리, 문서관리 등 기관행정
사회복지 동향과 변화추세
지역사회문제 해결을 위한 실천 제반 지식과 기술
직무 관련 신규 이론과 지식

• 〈일반주의 실천기반 핵심 지식과 기술〉

·클라이언트 체계 개입을 위한 내용: 프로그램 계획, 실행, 평가, 면접, 사정, 평가 및 종결, 집단 개입, 의뢰 및 사례관리 등

·전문적 발달을 위한 내용: 자신의 실천 활동에 대한 평가, 전문적 성장에 대한 책임감, 자기인식, 사회복지전문직 가치와 윤리의 내면화 등

·기본적 대인관계 기술 내용: 의사소통 기술, 대인관계 기술 등

·행정적 측면의 기술 내용: 조직 내에서 기능하는 능력, 기록 유지와 기록 활동, 기관의 특성, 미션과 비전, 가치에 대한 이해 등

·지역사회·정책적 측면의 기술 내용: 지역사회 이해, 관련 정책 및 서비스 전달 체계(연계망 등) 이해, 자원 개발 및 관리 등

그러나 사회복지관 직원에 대한 수퍼비전은 수퍼바이지의 경력과 역량 수준, 욕구에 따라 보다 질적인 향상과 내용 개발을 위한 노력이 수반되어야 한다. 또한 공통적인 내용 외에 각 특정 직무별 수퍼비전 내용기반(특정 직무별 역량, 직무별 성과 표준)을 구축하고 그에 따라 수퍼비전을 제공하고자 하는 노력 또한 수반되어야 한다.

수퍼비전의 내용은 사회복지사 참여조사 시에만 진행되었고 수퍼비전 핵심[29] 내용은 수퍼바이저와 수퍼바이지 1~3순위 의견을 반영하여 다음

과 같이 정리되었다.

▶ 수퍼비전 핵심 내용

- 수퍼바이지 담당 직무와 욕구
- 일반주의 실천기반 지식과 기술
- 지역사회 실천기반 지식과 기술
- 기관 사명과 비전, 철학 및 기관행정
- 전문가로서의 태도와 책임감, 사회복지전문직 윤리와 가치
- 사회복지 동향과 변화추세

---

29) 본 연구에서는 수퍼비전 각 요소에서 상대적으로 우선적이며 중요하게 논의
되고 다루어야 할 내용에 대해 '핵심'의 용어를 사용하여 별도로 제시하였다.

제5장

결 론

본 장에서는 연구결과를 간단히 요약하고 개발된 수퍼비전 표준 체계의 의미를 살펴보겠다. 또한 연구결과를 통해 논의할 수 있는 연구의 함의를 이론적, 실천적, 정책적 측면으로 정리하고 마지막으로 연구의 한계 및 후속연구를 위한 제언을 담고자 한다.

제1절 연구결과 요약

본 연구는 사회복지관에서 사회복지사를 대상으로 활용할 수 있는 사회복지 수퍼비전 표준 체계를 개발하는 것이 목적이다.

본 연구의 참여자는 포커스그룹 인터뷰 참여자, 델파이 설문 참여 패널, 사회복지관 사회복지사들이며 포커스그룹에는 서울지역 사회복지관에 근무하는 수퍼바이저 3명과 수퍼바이지 4명 총 7명이 참여하였다. 델파이 패널은 총 20명으로 사회복지관 근무경력이나 운영위원 경력이 있는 학계 전문가와 사회복지관 근무연한 10년 이상이면서 수퍼바이저로서 5년 이상 경력이 있는 부장급 이상의 수퍼바이저들이었다. 마지막으로 사회복지관 사회복지사는 서울지역 25개 사회복지관에서 1년 이상 근무한 사회복지사 213명이 참여하였다. 자료 수집은 포커스그룹 인터뷰, 델파이 설문 2라운드, 사회복지사 우편 설문조사방법으로 2006년 8월 17일부터 10월 24일까지 이루어졌다.

본 연구에서는 포커스그룹, 델파이 설문, 사회복지관 사회복지사 설문조사방법으로 수퍼비전 이해당사자들인 수퍼바이저, 수퍼바이지, 학계와 현장전문가들의 의견을 다각적으로 조사하여 사회복지관에서 필요한 사회복지 수퍼비전의 요소와 세부 내용을 규명하였다. 또한 델파이 설문조사와 사회복지관 사회복지사 조사결과에서의 각 영역별 필요성 측정과 우선순위 비교를 통해 사회복지관 수퍼비전 표준의 세부 내용을 도출하였고 이러한 결과들을 종합하여 사회복지관 수퍼비전 표준 체계를 제시하였다.

본 연구에서 개발된 사회복지관 직원 수퍼비전 표준 체계는 수퍼바이저, 수퍼바이지, 수퍼비전 관계, 조직특성, 수퍼비전 실행구조 그리고 이러한 수퍼비전을 통해 성취하고자 하는 수퍼비전 목적의 6개 요소와 하위 140개 세부 항목으로 구성되어 있다. 이러한 6개 요소는 수퍼비전을 위해 요구되는 필요 요소로서 전체적으로 조직과 환경 차원에서 적절히 준비되고 균형 있게 실행되어야만 수퍼비전은 효과적일 수 있다. 각 6가지 요소에 대해 델파이 전문가 패널과 사회복지관 수퍼바이저, 수퍼바이지의 의견을 고려하여 최종적으로 도출된 핵심 내용을 살펴보자면 다음과 같다.

먼저, 수퍼비전 목적의 상위 3순위로는 수퍼바이지의 전문적 성장, 서비스 질의 향상, 클라이언트 문제해결, 수퍼바이지에 대한 동기 부여인 것으로 나타났다.

수퍼바이저의 자격요건에서는 실무경력 5년 이상, 학부 졸업 이상의 학력, 과장 이상의 직위요건에 대한 의견이 다수를 차지했다. 세부적으로 선임 사회복지사들에 대한 수퍼바이저 실무경력 연장, 전문적 수퍼비전 경험의 필요성, 내·외부 수퍼비전 교육 이수에 대한 필요도가 높게 나타났다.

수퍼바이저 역량은 지식, 기술, 가치 및 태도의 3가지 영역으로 분류되어 조사되었다. 먼저, 지식 영역에 있어서 수퍼바이저 자신에 대한 이해, 프로그램 계획과 효과성 평가 관련 지식, 수퍼바이지 직무와 수퍼비전에 대한 지식, 클라이언트 체계 개입방법에 대한 이해, 사회복지 윤리와 가치에 대한 이해가 상위 3순위로 높게 나타났다. 기술 영역에 있어서는 의사소통 기술, 전문적 사회복지 실천기술, 긍정적 지지 및 격려 기술, 관계 형성 기술, 갈등 중재 기술이 상위 3순위로 나타났고 수퍼바이저 태도 영역에 있어서는 일관성, 윤리적 태도, 개방적 태도, 직무책임감, 공정한 처우가 상위 3순위로 나타났다.

수퍼바이지 역량에 있어서는 직무에 대한 책임감과 적극성, 업무보고능력, 수퍼비전에 대한 적용자세와 실행능력이 우선순위 상위 3순위로 조사되었다.

수퍼비전 관계에 있어서는 상호 신뢰 형성과 상호 존중과 이해, 그리고 긍정적 의사소통이 중요한 요소로서 평가되었다.

수퍼비전을 위한 조직특성에 있어서 조직미션과 비전의 정립, 기관장의 수퍼비전에 대한 이해와 관심, 조직의 공정하고 명문화된 규정과 절차, 인사관리 체계의 구축과 실행, 조직 전반의 협력적 분위기가 상위 3순위로 조사되었다.

수퍼비전 실행구조에 있어 수퍼비전 방법은 월 1회 이상 개별 수퍼비전 제공, 사회복지사의 숙련도에 따른 차별화된 수퍼비전 내용 제공, 수퍼비전 계획과 수립, 평가 과정 관련 도구 활용의 필요성이 상위 3순위로 지적되었다. 수퍼비전 정책에 있어서는 수퍼비전 평가체계 수립, 수퍼비전 규정 수립, 수퍼비전 기록과 유지, 수퍼바이저 교육체계 수립이 상위 3순위로 조사되었고 수퍼바이저의 핵심 직무는 수퍼바이저 자신의 자기계발 노력, 직무검토 및 평가·방향성 제공, 수퍼바이지 지지와 격려, 프로그램 및 사례분석과 피드백, 수퍼바이지의 특성과 성향 이해 노력인 것으로 나타났다.

수퍼비전 내용은 사회복지 제반, 표준직무, 일반주의 실천에 기반을 둔 지식과 기술 영역과 관련하여 조사하였는데, 욕구가 높게 조사된 영역은 기관 행정 이해, 전문가로서의 시간과 건강관리 등 자기관리, 지역사회 이해 및 지역사회 실천, 사회복지 동향과 변화추세, 클라이언트 체계 개입에 관한 전반적인 기술, 자신의 실천 활동에 대한 평가, 전문적 성장에 대한 책임감, 조직 내부에서 기능하는 능력, 대인관계 및 의사소통 기술인 것으로 나타났다.

이러한 세부 수퍼비전의 구성요소별 필요성의 조사결과에 따라 사회복지관 직원 수퍼비전 표준 체계가 개발[30]되었다. 개발된 표준 체계의 핵심[31] 내용을 간단히 표로 제시해 보면 다음의 〈표 4-35〉와 같다.

〈표 4-35〉 사회복지관 직원 수퍼비전 표준 체계 핵심 내용 요약

수퍼비전 구성요소		핵심 내용
수퍼비전 목적		● 서비스의 질 향상 ● 클라이언트의 문제해결 ● 수퍼바이지의 전문적 성장 ● 수퍼바이지의 동기 부여
수퍼 바이 저 자격 및 역량	자격	● 5년 이상의 경력, 학부 졸업 이상, 과장 이상의 직급 ● 선임급 이상의 수퍼바이지에 대한 담당 수퍼바이저의 숙련성 고려 ● 전문적 수퍼비전의 경험을 통한 훈련과 준비 ● 현 해당 기관에서의 일정 근무경험 확보
	지식	● 프로그램 계획, 실행, 효과성 평가 제반 지식 ● 수퍼바이저 자신의 강·약점, 편견 등에 대한 자기인식과 이를 위한 과학적 지식 ● 수퍼바이지 직무 전반에 대한 이해 ● 클라이언트 체계에 대한 개입방법 ● 수퍼비전 및 리더십 관련 지식
	기술	● 의사소통 기술(경청, 의사표현, 의사전달 등) ● 전문적 사회복지 실천 기술 ● 긍정적 지지 및 격려 기술 ● 조직상하 및 동료와의 관계 형성 기술 ● 갈등 중재 기술
	태도	● 일관성 ● 사회복지 윤리 내재화 및 기관규정 준수 등 윤리적 태도 ● 다양한 의견개진 수용과 관점 공유 등 개방적 태도 ● 직무에 대한 책임감 ● 공정한 처우
수퍼바이지 역량		● 직무에 대한 책임감 ● 직무 수행에 대한 적극적 태도 ● 수퍼비전 내용에 대한 자발적 적용자세와 실행력 ● 시기적절하고 명확한 업무보고

---

30) 〈부록 11〉에 연구결과로 개발된 표준 체계의 내용 전문이 제시되어 있다.
31) 각 구성요소의 세부 내용 중 우선순위가 높게 도출된 상위 3순위의 내용을 핵심 내용으로 정리하였다. 그러나 수퍼비전 표준 체계는 핵심 내용만이 아니라 전문가 패널과 사회복지관 사회복지사들이 4점 이상으로 높게 필요성을 인식하고 있는 모든 영역으로 구성되었다.

수퍼비전 구성요소		핵심 내용
수퍼비전 관계		• 신뢰 형성 • 상호 존중 • 긍정적 의사소통 • 상호 이해
조직특성		• 기관장의 수퍼비전에 대한 이해와 관심 표명 • 조직의 공정하고 명문화된 규정과 절차 마련 • 조직 인사관리 체계 구축과 실행 • 조직 전반의 협력적인 분위기 구축 노력
수퍼 비전 실행 구조	방법	• 개별 수퍼비전 월 1회 이상 30~60분으로 주기적 실시 • 다양한 유형의 수퍼비전 활용 • 다양한 수퍼비전 기법 및 도구 활용 • 교육적 진단, 계획 수립과 계약, 실행, 평가의 과정과 단계로 실시 • 수퍼비전 계약과 서식 개발 • 수퍼바이저 1인당 3, 4명의 수퍼바이지 담당 • 준비된 수퍼비전 공간 마련
	직무	• 수퍼바이저 자신의 자기계발 및 지식습득 • 직무검토 및 평가, 방향성 논의 • 사례 및 프로그램에 대한 피드백 제공 • 업무스트레스 관리 및 직무만족 증진을 위한 지지, 격려 • 수퍼바이지 특성과 성향, 역량 등에 대한 정보 수집 및 이해 노력
	정책	• 수퍼비전 평가체계 실행 • 수퍼비전 규정 마련 • 수퍼비전 기록의 효율적 활용
	내용	• 수퍼바이저 담당 직무와 욕구 • 일반주의 실천기반 지식과 기술 • 지역사회 실천기반 지식과 기술 • 기관 사명과 비전, 철학 및 기관행정 • 전문가로서의 태도와 책임감, 사회복지전문직 윤리와 가치 • 사회복지 동향과 변화추세

다음에서는 개발된 사회복지관 직원 수퍼비전 표준 체계와 관련하여 이러한 연구결과를 어떻게 해석할 수 있는지 몇 가지 논의에 대해 토론해 보고자 한다.

제2절 토 론

본 수퍼비전 표준 체계는 수퍼바이저, 수퍼바이지, 수퍼비전 관계, 조직 특성, 수퍼비전 실행구조라는 사회복지관 수퍼비전의 내적 요소를 중심으로 체계 개발이 이루어졌다. 그러나 사회복지관의 특성과 일반주의 실천기반 그리고 사회복지관 사회복지사의 표준직무를 수퍼비전 내용기반으로 하여 외적 환경의 영향을 포괄하기 위해 노력하였다. 표준 체계 개발은 사회복지관을 중심으로 이루어졌지만 사회복지관이 지역복지서비스 전달 체계상 가장 양적으로 확대되어 있는 조직이고 종합적인 서비스를 제공하고 있는 시설이기 때문에 개발된 수퍼비전 표준 체계는 사회복지현장 전반에 적용 가능한 기본적인 토대로서 활용될 수 있다고 생각된다. 그러나 보다 구체적으로 사회복지관 현장특성을 고려한 수퍼비전 표준 체계와 사회복지관을 둘러싼 환경의 요인을 다각적으로 검토하여 반영하는 모델이 더욱 발전되어야 하리라 생각된다. 사회복지관에서 공통적으로 수행하는 주요 사업과 과업 관련한 세부적인 수퍼비전 내용 개발이 필요하다고 본다.

또한 본 연구에서 수퍼비전의 내용 개발은 선행연구고찰 및 포커스그룹, 전문가 패널, 현장 사회복지사들의 의견을 반영하여 이루어졌으나 각 세부 내용의 필요도를 통한 표준 내용의 선택은 결국 현재 연구에 참여한 참여자들의 인식과 필요 수준을 전적으로 수렴한 것이다. 물론 선행연구에서 중요하게 거론되고 있는 요소들에 대해서는 연구자가 세부 내용을 보완하는 관점을 취하였으나 본 연구는 기본적으로 현재 사회복지관 수퍼비전 이해당사자들의 의견을 전적으로 반영하고 있다. 즉 사회복지관의 미래 지향점에 대한 논의에 있어서는 다소 취약할 수 있는 약점이 있는 것이다. 본 연구결과에서 나타난 대표적인 예를 살펴보자면, 수퍼비전 방법상에서 계약 활용의 필요도가 상대적으로 다소 낮게 나타났다. 내용적인 측면에서는 사회복지전문직 윤리와 가치에 따른 실천, 클라이언트

옹호 기술, 인간의 다양성에 관련한 지식 적용 등이 다소 낮게 나타났다. 위와 같은 내용들은 수퍼비전 방법과 수퍼비전 내용 영역 중에서 상대적으로 필요도가 낮았다. 또한 수퍼바이저의 직무에 있어서는 교육적인 기능 수행보다는 수퍼바이저들의 수퍼비전 제공을 위한 자기계발 노력과 사례와 프로그램 관련한 행정적 기능 수행의 직무가 높게 나타났다. 그러나 이렇게 상대적으로 낮게 나타난 내용들은 현재 사회복지 동향과 수퍼비전 측면에서 사회복지사들에게 차후 중요하게 강화해야 할 기술과 방법 영역으로서 논의되고 있는 것들이다. 다만 본 연구에서는 전체적으로 중요도는 인식하고 있지만 우선적인 순위에서는 낮게 나타났다. 이러한 맥락을 볼 때, 표준 체계는 이해당사자들의 현실적인 의견을 최대한 반영하고 합의된 수준을 제시하고 있지만 사회복지관 환경의 요구와 사회복지사들의 인식변화에 따라 미래 지향적으로 계속 변화되어야 함을 시사하고 있다. 현재 중요하게 요구되고 있는 필요 과업들을 수행하고 문제를 해결해 나가면서 표준 체계는 고정된 것이 아니라 변화될 수 있어야 한다. 계속적으로 수퍼비전 표준 체계는 사회복지관 수퍼비전과 관련한 이해당사자들의 사회복지관의 방향성 수립 합의에 따라 적극적으로 개선되고 보완되어야 할 것이다.

본 연구에서 개발된 수퍼비전 표준 체계는 전체적인 내용 개발 측면에 있어 사회복지관 수퍼비전 이해당사자들의 의견을 다각적으로 고려하고 수퍼비전에 대한 종합적인 구성요소를 최대한 포함하여 개발되었다. 이는 선행연구인 Scott and Farrow(1993), Dye and Border(1990), Rafferty 외(2003), AASW(1988), NASW(1994) 연구에 비해서 종합적인 요소를 고려한 수퍼비전 표준을 개발하였다고 볼 수 있다. 세부적으로 수퍼비전을 위한 수퍼바이지의 역량과 수퍼비전 관계요소를 세부적으로 규명하였고, 수퍼비전을 위한 조직특성과 수퍼비전 정책의 요소를 다각적으로 검토하였다. 이러한 다각적 요소 규명은 수퍼비전 실행과 기관제도로서 수퍼비전을 활용하고 운영하는 데 보다 폭넓은 시각을 제공해 주며 참여자들로

하여금 수퍼비전 결과 도출을 위한 다양한 요소들을 고려할 수 있도록 하는 데에 효과적이리라 판단된다. 무엇보다 각 요소별 세부 기준들은 수퍼비전을 실행하려는 수퍼바이저와 기관들에게 현재의 상황을 진단하고 부족한 영역의 개선을 위해 노력할 수 있는 평가근거로서 활용될 수 있으리라 본다. 또한 본 연구에서 논의된 수퍼비전의 구성요소들은 이제까지 수퍼비전 결과를 논의해 왔던 연구들에서 부분적이고 제한적이었던 수퍼비전 선행변인을 종합적으로 규명하고 제시해 주었다는 점에서 의의가 있다. 차후 수퍼비전의 결과와 영향변인을 논하고자 하는 연구에서도 본 연구의 수퍼비전 구성요소들은 종합적인 선행변인의 세부 내용을 제시해 줄 수 있다.

그러나 구체적인 수퍼비전 구성요소의 내용을 제시해 주었다는 점에서는 의의가 있지만 부분적으로 본 표준 내용에서 다루지 못한 영역들이 있다. Dye and Border(1990), NASW(1994) 연구에 비해 수퍼비전의 진행과정과 과정상에 나타날 수 있는 문제와 갈등에 대한 세부적인 내용에 대한 지침을 제공하지는 못하였다. 또한 위의 연구들이 자격 취득을 위한 훈련 차원에서 개발된 지침이어서 다각적인 수퍼비전 방법과 도구 사용에 대한 내용이 충분히 고려된 반면에 본 표준에서는 이러한 영역들이 세부적으로 논의되지 못했다. 수퍼비전 진행의 과정이나 수퍼바이저와 수퍼바이지 계약 상황에서 나타날 수 있는 문제점, 수퍼바이지의 발달 과정에 따른 차별화된 수퍼비전 내용의 제공 등에 대한 논의도 부족해 추후, 한국적 상황을 고려한 세부적인 내용 개발이 필요하리라 판단된다. 또한 교육적 수퍼비전을 위해 필요한 개별 개입과 사례관리의 단계별 실천수행 내용에 대해서도 세부적으로 표준제시가 필요하리라 본다. 즉 클라이언트 사정, 평가, 케이스기록, 사례관리 평가, 연구 조사 등 사회복지사들이 수퍼비전을 통해 임상적인 훈련과 전문적 실천수행능력이 향상될 수 있도록 구체적으로 세부 내용과 수퍼바이저의 역할을 규명하는 것이 필요하겠다.

본 연구에서 개발된 표준 체계가 수퍼바이저와 수퍼바이지의 역량, 수퍼비전 관계, 조직의 특성 영역에 있어서는 구체적으로 논의가 된 반면에 수퍼바이저의 자격과 수퍼비전 실행구조의 세부 기법과 도구 사용, 과정과 단계별 과업 영역, 수퍼바이저 교육 내용과 방법, 표준 체계를 운영하는 전문직협회의 역할에 있어서는 다소 논의가 미약하였다. 이러한 세부 내용은 다른 표준들과의 비교를 통해 새로 개발된 수퍼비전 표준 체계의 타당성을 확보하고 차후 구체적인 방향성을 모색할 수 있을 것이다. 먼저 호주사회복지사협회의 경우에는 수퍼바이저가 되기 위해 전일제 사회복지사로서 최소 3년의 근무경력과 30시간 이상의 인증된 수퍼바이저 교육을 이수하도록 되어 있다. 수퍼비전 횟수의 경우, 3년 미만의 사회복지사에게는 주 1회 1시간의 개별 수퍼비전을 실시하도록 하고 있다. 미국사회복지사협회의 경우에는 처음 전문적 실천경험 2년 동안에는 15시간의 클라이언트 개입마다 1시간의 수퍼비전을 제공하고 그 이후에는 30시간의 개입마다 1시간의 수퍼비전을 받도록 규정되어 있다. 수퍼바이저의 자격에 있어서는 석사 이상의 자격소지자로서 최소 3년 이상의 실천경험을 수행한 자로 되어 있다. 이러한 측면을 볼 때에 현재 개발된 사회복지관 수퍼비전 표준 체계는 수퍼바이저 자격 측면에서 경력이 5년 이상으로 오히려 호주나 미국의 경우보다 실무경력이 길다고 할 수 있다. 그러나 수퍼바이저의 학력조건을 학부 졸업 기준으로 볼 때에는 5년 이상이 적절하다고 판단된다. 수퍼비전 횟수에 있어서는 다른 표준들에 비해 월 1회 개별 수퍼비전으로서 개별 수퍼비전이 적다고 판단되나 집단 및 동료 수퍼비전, 외부자문의 유형을 적극 활용한다면 수퍼비전 시간 측면으로도 큰 차이는 없을 것으로 판단된다. 다만 집단 및 동료 수퍼비전, 외부자문의 방법을 수퍼비전의 유형으로서 적극 도입하고 활용할 수 있는가에 대한 사회복지관의 역량문제와 수퍼비전의 내용 구성과 수행의 질을 얼마나 높일 수 있느냐 하는 것이 현재 수퍼비전 표준 체계 실행과 관련한 차후과제로 볼 수 있다.

수퍼바이저 세부 직무와 관련하여서는 전문직 지지, 학습, 책무성의 3

대 세부적인 기능에 따라 논의한 Rafferty 외(2003)의 수퍼비전 표준 연구에 비해 본 연구는 수퍼바이저의 직무분석방법을 활용하여 수퍼바이저가 중요하게 수행해야 하는 세부 과업 분석을 시행하였다는 점이 특화된 점이라 할 수 있다. 그러나 보다 세부적으로 수퍼비전 기능에 기반을 둔 내용 개발이 필요하겠다.

본 수퍼비전 표준 체계는 전문직협회의 사전논의나 협의를 통해 수행된 것이 아니다. 그에 따라 사회복지전문직협회나 사회복지관협회 차원에서 의무적으로 실행되고 보급되며 모니터링되는 데에는 분명한 한계가 있을 수 있다. 그러한 측면에서 어찌 보면 당연하게 요구되고 있는 전문직협회의 관리 및 조정자 역할에 대한 내용은 다루어지지 못한 한계가 있다. 그러나 본 수퍼비전 표준 체계는 사회복지관 수퍼비전의 이해당사자들의 다양한 의견을 반영하여 개발된 체계이기 때문에 이를 적극 도입, 실행, 평가할 수 있도록 하고 전문직 체계의 표준 체계로서 더욱 정교화하고 보완할 수 있도록 건의할 필요가 있다.

이상과 같이 본 절에서는 사회복지관 현장의 특성 및 지향점과 관련한 표준 체계의 한계, 다른 수퍼비전 표준 체계와의 내용 비교, 개발된 표준의 차별화된 특성 등에 대한 논의를 중심으로 살펴보았다. 다음으로는 본 연구가 가지는 함의를 이론적, 실천적, 정책적 측면으로 살펴보고자 한다.

제3절 연구의 함의

1. 이론적 함의

본 연구가 가지는 이론적 함의는 사회복지관 수퍼비전 표준 체계의 개발과 모델로의 발전을 위한 토대 마련, 수퍼비전 이해당사자의 의견을 다양하게 반영한 연구 설계, 수퍼바이저 직무에 대한 직무분석과 표준직무 제시, 수퍼비전 선행변인에 대한 종합적 제시의 4가지 차원으로 나누어 볼 수 있다. 4가지 차원을 구체적으로 살펴보면 다음과 같다.

첫째, 본 연구는 직원 수퍼비전에 대한 지침 및 모델 개발이 미흡한 현 상황에서 한국적 상황을 고려한 사회복지관에서의 공통 수퍼비전 표준 체계를 개발하여 제시하였다. 제시된 표준 체계를 토대로 보다 발달된 수퍼비전의 세부적인 모델 개발에 대한 논의들[32]이 이루어질 수 있을 것이다.

둘째, 본 연구는 수퍼비전 연구들에 있어서 수퍼바이지·수퍼바이저의 상호 작용과 실천현장의 특성을 반영하는 등 수퍼비전의 맥락을 고려한 연구가 부재한 상황에서 포커스그룹, 델파이 설문, 사회복지관 사회복지사 설문조사방법을 활용하여 사회복지관 직원 수퍼비전 표준 체계를 규명하였다. 또한 수퍼비전에 관여하고 있는 다양한 체계들, 즉 사회복지관 수퍼바이저, 수퍼바이지, 학계와 현장전문가들의 현실적 의견을 다각적으로 반영하는 연구가 이루어졌다.

셋째, 본 연구는 수퍼바이저가 수행해야 하는 수퍼비전 직무에 대해 직무분석의 방법으로 세부 표준직무 내용을 규명하였다. 사회복지계 전반적으로 직무분석에 대한 필요성이 확장되어 가는 시점에서 전문가 패널의

---

32) 본 연구에서 수퍼비전 모델사용에 관한 표준화는 제시되지 않았지만 전문가 패널들에게 의견을 물은 결과에서 수퍼비전 실행 시에 도입해야 한 모델과 관점으로는 강점관점, 임파워먼트 모델, 수퍼비전 관계 모델, 과제 중심 모델, 리더십 모델, 사회적 기업가 관점이 논의된 바 있다. 또한 수퍼비전 관계의 수평적이고 상호 교환적인 방향으로의 전환, 수퍼비전 형식의 다양화, 직급과 숙련성을 고려한 수퍼비전 모델 개발에 대해서도 지적되었다. 세부적으로 가장 먼저 도입해야 할 관점으로 지적된 것은 강점관점과 임파워먼트 모델로서 이 두 가지 관점은 클라이언트와의 관계뿐만 아니라 수퍼바이저와 수퍼바이지의 관계에서 중요하며 직원들의 역량 강화, 전문적 성장을 위해 수퍼바이저가 학습해야 하는 것으로 중요하게 제시되었다. 차후연구에 있어서는 본 연구에서 논한 수퍼비전에 대한 표준화 관점만이 아니라 위에서 논의된 강점 관점, 임파워먼트 모델, 과제 중심 모델 등 특정한 모델을 도입한 사회복지관 직원 수퍼비전 모델이 개발될 필요가 있겠다.

의견을 수합하고 실제 직무 관련자인 수퍼바이저와 수퍼바이지들에게 확인검증을 통해 수퍼바이저의 표준직무에 대해 논의하였다는 점에서 의의가 높다고 하겠다.

넷째, 본 연구에서 논의된 수퍼비전의 구성요소들은 이제까지 수퍼비전 결과를 논의해 왔던 연구들에서 부분적이고 제한적이었던 수퍼비전 선행변인을 종합적으로 규명하고 제시해 주었다는 점에서 의의가 있다. 차후 수퍼비전의 결과와 영향변인을 논하고자 하는 연구에서도 본 연구의 수퍼비전 구성요소들은 종합적인 선행변인들로 연구될 수 있겠다.

2. 실천적 함의

본 연구가 사회복지관 직원 수퍼비전이 이루어지는 실천현장에 갖는 실천적 함의는 사회복지관 직원 수퍼비전 실행을 위한 하위 구성요소와 이상적인 기준 제시, 수퍼비전의 협력적이며 수평적인 관계로의 전환 규명, 수퍼비전을 위한 조직적 준비의 필요성, 수퍼비전에서 다루어야 하는 기반 내용 규명의 4가지 차원으로 나누어 볼 수 있다. 4가지 차원의 내용을 구체적으로 살펴보면 다음과 같다.

첫째, 본 연구 결과는 사회복지관 수퍼비전의 하위 구성요소와 이상적인 기준을 제시해 주었다. 또한, 수퍼바이저가 갖추어야 하는 기본 역량 내용들과 수퍼비전 평가 및 모니터링을 위한 세부 내용들을 규명하였고 이를 통해 수퍼바이저가 수퍼비전을 위해 준비하고 자신의 수퍼비전 실행을 점검하는 기준들을 제공해 주었다.

제시된 표준은 각 사회복지관이 직원 수퍼비전 문제를 사정할 수 있는 도구이자 수퍼비전 체계를 더욱 강화할 수 있는 기준이 될 수 있을 것이다.

둘째, 수퍼비전 관계의 요소에 대한 세부 분석을 통해 수퍼비전 관계는 수퍼바이저의 일방적인 노력이나 실행이 아닌 수퍼바이저와 수퍼바이지의 상호 작용을 통해 수행되는 공동협력의 과정임을 규명하였다. 수퍼비전은 차후 보다 협력적이며 수평적인 관계를 강조하는 방향에서 논의되어야 할 것으로 판단된다.

이러한 수평적인 관계와 상호 성장, 협력을 강조하는 수퍼비전을 위해 수퍼바이지에게 요구되는 기본 역량 내용들을 세부적으로 규명함으로써 수퍼비전을 위해 수퍼바이지들이 노력해야 하는 기준들을 제시하였다. 수퍼비전이 성공적이기 위해서는 수퍼바이지들 또한 수퍼비전에 대해 이해하고 중요성을 인식하고 있어야 하며 수퍼비전을 위해 준비하는 노력이 필요한 것이다.

셋째, 수퍼비전을 위한 조직특성 및 수퍼비전 정책의 내용 규명을 통해 효과적으로 수퍼비전이 수행되도록 하기 위한 기관의 준비요소들과 기관 수퍼비전 정책에 포함되어야 하는 내용들을 분석하였다. 본 연구결과에서 제시된 다양한 수퍼비전 내용, 방법, 구조 등에 대한 욕구는 사회복지관 인력의 전문성 증진과 더불어 기관 차원의 직원개발정책에 대한 지표로서 활용될 수 있다. 특히, 수퍼바이저 및 수퍼바이지의 역량 내용은 사회복지관 직원들에 대한 직원개발 및 직무평가 등 인사관리 영역에 있어 기준들로서 활용될 수 있을 것이다.

세부 역량 영역에서 사회복지관 사회복지사들에게 공통적으로 중요하게 요구되는 역량은 프로그램 계획과 실행, 효과성 평가 그리고 지역사회 자원 개발과 활용에 관련 지역사회 실천 역량으로 나타났다. 이러한 역량은 사회복지관이 처한 최근의 책임성 요구와 사회변화를 해결하기 위한 방향과도 일치하는 것으로서 사회복지관 직원 수퍼비전은 사회복지사들의 이러한 핵심 역량을 강화하는 데에 보다 집중적으로 실행되어야 할 것으로 판단된다.

또한 본 연구에서 참여자들이 지적한 바와 같이 기관의 수퍼비전 정책은 구축에 급급하기보다 이해관계자들의 필요성에 대한 인식화와 제도 실행 및 모니터링이 보다 중요한 요인으로 지적된 만큼 기관 차원에서는 수퍼비전 제도의 실질적인 효과를 위한 조직분위기 조성 및 사회복지조직관리자들의 인식화 작업을 함께 고려하여 정책을 시행하여야 할 것이다.

그리고 수퍼비전을 위해 무엇보다 먼저 준비되어야 할 수퍼바이저에 대한 기관 내부 차원의 수퍼바이저 양성과 훈련 과정에도 보다 집중하여야 할 것이다. 또한 수퍼비전은 기관 차원에서의 정책인 만큼 수퍼비전의 제공과 참여는 부가적인 업무가 아닌 의무적으로 시행해야 하는 하나의 직무로서 정의 내려져야 한다. 수퍼비전은 궁극적으로 클라이언트에 대한 질적인 서비스를 제공하기 위한 도구이며 기관의 직무자들이 중요하게 감당해야 하는 직무로서 인정되고 인식되어야 한다.

이러한 수퍼비전을 위한 조직특성과 수퍼비전 정책의 중요성은 수퍼비전의 실행과 이를 통한 사회복지조직의 궁극적 목적인 서비스 질의 향상은 사회복지관 전반의 전략기획, 조직설계, 인사관리, 자원 개발, 리더십 등 사회복지행정 체계가 적절히 수립되어야 효과적으로 진행될 수 있다는 것을 시사하는 결과라 하겠다.

결론적으로 수퍼비전 제도가 성공적이기 위해서는 사회복지관의 사회복지행정 체계 전반의 점검과 개선 그리고 생태체계적인 맥락에서 수퍼비전의 각 이해관계자들과 관련 체계들에 대해 전체적으로 접근하려는 노력이 필요한 것이다.

넷째, 본 연구에서는 사회복지관 직원 수퍼비전에서 다루어야 하는 수퍼비전의 세부 내용을 욕구조사를 통해 제시하였다. 대부분의 선행연구에서는 수퍼비전의 구조와 기능, 관계변인들에 대한 조사가 대부분이었고 실질적으로 실천현장에서 초점을 두어야 하는 세부 내용에 대한 연구는 부족하였다. 본 연구는 실질적으로 수퍼비전의 기반이 되어야 하는 세부 내용을 현 사회복지관 상황을 고려하여 탐색해 보았다. 현 수퍼비전의 현황에 있어서 수퍼바이저의 교육적 직무가 다소 취약하게 나타난 만큼 본 연구의 수퍼비전 실천기반 내용은 교육적 수퍼비전의 강화를 위한 기본 자료를 제시해 줄 수 있을 것이다.

또한 수퍼비전의 내용을 합의하고 결정하는 과정에 있어서 수퍼바이저와 수퍼바이지는 상호간의 욕구의 차이를 조율해야 할 필요가 있다는 것이 본 조사결과에서 나타났다. 수퍼바이저는 행정적 관점의 수퍼비전 제공의 중요성에, 수퍼바이지는 지지적 관점의 수퍼비전 내용에 대한 욕구가 있는 것으로 나타나 수퍼바이저와 수퍼바이지 상호간의 조정과 기관 차원에서는 수퍼비전 방향에 대한 합의와 조정작업이 있어야 할 것으로 보인다.

수퍼비전 내용의 합의 과정에 있어서는 수퍼바이지의 학력과 역량, 욕구를 반영하는 것이 필요하다. 즉 수퍼비전의 내용 개발 및 체계 수립에 있어서 개인 역량에 따른 접근과 개별화에 초점을 둔 수퍼비전 계획 수립, 수퍼비전 내용의 질적인 개선, 차별화된 접근전략이 필요하겠다. 이러한 사회복지사의 숙련성과 역량 수준과 직무특성별로 차별화된 수퍼비전 내용모델을 개발하기 위해서는 사회복지 인사관리 차원에서 논의되고 있는 면밀한 직무분석과 역량모델에 관한 논의가 더욱 활발해져야 한다. 직무분석은 과학적 분석을 통해 특정 직무에 요구되는 역량과 직무의 성과, 직무 수행자의 요건을 결정하는 과정이며 현재 책임성을 요구하는 사회복지관 변화 상황에서 인사관리 차원의 주요한 대안으로 논의되고 있다(정무성, 2004, 안정선, 2005). 사회복지사의 숙련도별, 직무별 수퍼비전 내용 개발을 위해서는 이러한 사회복지행정 차원의 체계 구축과 실천력 향상이 우선적으로 요구된다.

3. 정책적 함의

본 연구의 정책적 함의는 수퍼비전 관련 교과목 개선 및 강화, 수퍼비전에 대한 훈련 과정과 보수 과정 마련, 전문적 수퍼비전을 제공할 수 있는 수퍼바이저 양성과 인증검토, 수퍼비전 표준의 도입과 활용 필요성의 4가지 차원으로 나누어 볼 수 있다. 구체적으로 4가지 차원을 살펴보면 다음과 같다.

첫째, 본 연구의 결과에서 사회복지사의 수퍼비전 관련 교과목의 이수 수준은 미흡한 것으로 나타났다. 수퍼비전이 상호적인 관계를 통해 이루어지고 상호 인식화가 중요한 기제인 만큼, 수퍼비전이 효과적으로 이루어지기 위해서는 기본적으로 대학 교과목에 과목이 개설되어 일차적인 인식화 작업이 이루어져야 한다. 수퍼비전에 대한 별도의 교과목이 대학원에 개설되고 학부생들의 경우에는 실습지도과목 진행 시에도 수퍼비전에 대한 기본적인 이해가 있도록 세부 커리큘럼이 보완되어야 할 것이다. 또한 사회복지 전반의 교과목의 세부 내용 구성에 있어서도 본 연구에서 취약하게 나타난 기술 역량을 전반적으로 향상시킬 수 있도록 커리큘럼 내용이 개선되고 강화되어야 할 필요가 있다.

둘째, 수퍼비전에 대한 사회복지사협회, 사회복지관협회 차원의 수퍼바이저 양성 및 훈련 과정, 보수 과정의 개설이 필요하다. 본 연구에서 수퍼비전 관련 외부 교육을 이수한 경우도 미흡한 것으로 나타났다. 전문직협회는 지속적으로 수퍼바이저들에 대한 양성 및 보수 과정의 개설을 통해 수퍼바이저들을 훈련하는 과정을 개설하여야 한다.

셋째, 사회복지관 실무자들은 수퍼바이저가 되는 일반적 자격요건에 있어서 전문적 수퍼비전을 받은 경험을 강조하고 있다. 이는 사회복지관 기관 내부에서 수퍼비전 체계 구축을 통해서 노력해야 할 부분이지만 전문직협회 차원의 수퍼바이저 인증제를 검토할 필요가 있다고 판단된다. 사회복지관의 현 수퍼비전 현장에서 전문적 수퍼비전을 제공할 수 있는 수퍼바이저를 양성하는 것의 중요성에 대한 합의와 더불어 세부 자격에 대한 논의와 확인이 더욱 필요하리라 본다.

넷째, 개발된 사회복지관 수퍼비전 표준 체계의 도입과 활용이 필요하다. 현재 사회복지관 평가 시에 사회복지관 수퍼비전 실행의 주기와 기록 여부는 중요한 평가요소로서 모니터링이 이루어지고 있다. 그러나 단순한 횟수와 기록 여부에 대한 평가만으로 수퍼비전 실행과 내용의 질을 보장할 수는 없다. 수퍼비전 실행이 클라이언트를 위한 서비스의 질 향상과 기관 책무성 이행이 궁극적 목적이라 할 때 사회복지관협회 차원의 수퍼비전 표준 체계 개발과 도입 노력이 적극 요구된다. 현재 수퍼비전은 체계화되어 있지 않고 비공식적으로 이루어지고 있어 효과성 평가에 어려움이 있는 것이 사실이다. 전반적인 표준 체계를 제시하고 효과성을 평가하려는 노력이 이루어져야 할 것이다.

제3절 연구한계 및 후속연구를 위한 제언

1. 연구한계

본 연구의 한계는 종합적인 수퍼비전 요소의 고려 미흡, 수퍼바이저와 수퍼바이지 대응 연구 미실행, 수퍼바이저와 수퍼바이지별 세부적인 차이와 요소 규명 미흡, 서울지역에 국한된 조사 실시의 4가지 차원으로 나누어 볼 수 있다. 구체적으로 4가지 차원을 살펴보면 다음과 같다.

첫째, 본 연구에서는 수퍼비전의 모든 요소들을 종합적으로 포함하지는 못하였다. 한국적 상황에서의 수퍼비전 개념에 대한 세부적인 논의와 수퍼비전 관점과 모델 선택, 그에 따른 내용 개발, 다각적이며 세부적인 사회복지관 실천 내용, 세부 수퍼비전 방법·도구 활용 수준, 수퍼비전 단계와 과정 수준, 전문직협회의 역할 수준에 대한 합의는 본 연구 조사에서는 제외되었다.

둘째, 본 연구가 다각적인 조사방법을 활용하였고 사회복지관의 실무자를 대상으로 실태조사를 실시하였으나 연구방법상에 있어서 명확하게 수퍼바이저와 수퍼바이지를 대응시켜서 조사하지는 못하였다. 차후에는 수퍼비전이 수퍼바이저와 수퍼바이지의 상호 작용 속에서 이루어지는 기제인 만큼 수퍼바이저와 수퍼바이지를 대응하여(Paired) 명확하게 상호 관계와 역동을 고려하는 연구가 진행될 필요가 있다.

셋째, 본 연구에서 수퍼바이저 및 수퍼바이지를 표집하여 비교하였으나 수퍼바이저와 수퍼바이지별로 보다 세부 수퍼비전 요인에 대한 집중적인 연구가 더욱 필요하겠다.

넷째, 서울지역에 소재한 사회복지관만을 조사하였으므로 조사결과를 사회복지관 전체에 일반화하는 데에는 한계가 있을 수 있다.

2. 후속연구를 위한 제언

후속연구를 위한 제언은 개발된 표준 체계의 실행과 피드백, 효과성 검증을 통한 수정, 수퍼비전 사정 및 평가도구 개발, 수퍼비전 과정과 내용에 대한 탐색 강화, 현장과 지역사회 특성을 반영한 표준 개발, 보다 종합적인 수퍼비전 모델 개발, 수퍼바이지의 발달에 따른 차별화된 수퍼비전 내용 개발, 수퍼비전 훈련 과정 개발의 3가지 필요성의 차원으로 나누어 볼 수 있다. 구체적으로 내용을 살펴보면 다음과 같다.

첫째, 개발된 표준의 실행과 피드백 그리고 효과성 검증을 통한 수정·개발 연구가 필요하다. 본 표준은 다각적인 정보 수집을 통해 1차 개발된 표준이며 표준의 실행 후 피드백과 효과성 검증을 통해 표준이 수정·개발될 필요가 있겠다.

둘째, 개발된 수퍼바이저 및 수퍼바이지 역량모델과 세부 구성요소들에 대한 재검증을 통해 사정 및 평가도구를 개발하는 것이 필요하며 또한 각 역량의 하위 수준별 세부 내용 규명에 관한 연구가 필요하다. 개발된 역량모델이 수퍼바이저와 수퍼바이지의 역량을 사정하는 도구로서 활용되기 위해서는 실무자들에 대한 활용과 자검증을 통해 표준화된 도구로서 활용될 수 있도록 하는 후속연구가 필요하다. 수퍼바이저와 수퍼바이지의 역량 수준에 대한 표준 점수(일반적인 평균 수준) 선정이 필요하며 본 도구가 직무자의 평가도구로서 보다 활용되기 위해서는 각 세부 역량

요소별 각 1~5점 척도의 세부 수준 내용에 대한 개발이 필요하다.

셋째, 보다 다양한 포커스그룹을 통해 수퍼비전의 과정과 세부 내용을 면밀하게 탐색해 보는 것이 필요하다. 수퍼비전의 구성요소와 과정, 세부 내용에 대한 탐색이 이루어져야 하고 수퍼비전의 역동성에 대한 논의가 필요하다.

넷째, 사회복지관이 아닌 다른 영역, 분야에 대한 연구와 사회복지관의 지역적 특성을 반영한 세부적인 내용 개발이 필요하다. 현장의 특성에 따른, 기관과 지역사회 특성에 따른 보다 심도 깊고 세분화된 수퍼비전 표준 체계 개발이 필요하다.

다섯째, 보다 종합적인 수퍼비전 모델 개발이 필요하다. 본 연구는 모델 및 관점 적용, 세부적인 수퍼비전 과정과 기법 등 일부 영역에 대한 제한점을 가지고 연구를 시행하였고 어떠한 관점을 적용하여 세부적인 모델을 개발하는 것이 아닌 수퍼비전의 공통적인 요소와 내용을 탐색하고 합의하는 표준의 관점에서 접근하였다. 수퍼비전의 보다 포괄적인 요소들을 종합하는 수퍼비전 모델 개발이 필요하겠다.

여섯째, 수퍼바이지의 숙련성(발달)에 따른 차별화된 수퍼비전 내용을 연구하여 제시할 필요가 있다. 본 연구에서는 사회복지사의 발달 수준에 따라 어떠한 차별화된 수퍼비전 내용을 제시해야 하는가에 대해서는 규명이 이루어지지 못했다. 사회복지사의 발달 수준에 따라 세부적으로 어떠한 수퍼비전이 이루어질 필요가 있는지 공통적인 요소들을 넘어 차후의 단계별 수퍼비전 내용이 규명될 필요가 있다.

일곱째, 수퍼비전을 위한 훈련 과정 개발에 관한 연구가 필요하다. 본 연구에서는 수퍼비전의 구성요소들과 수퍼바이저가 보유해야 하는 세부 역량들을 전반적으로 규명하였다. 이러한 기본을 토대로 수퍼비전을 위해 습득해야 하는 지식, 기술, 태도에 기반을 둔 실질적인 훈련 과정과 커리큘럼이 개발될 필요가 있다.

참고 문헌

강철희·최소연. 2005. "사회복지수퍼비젼의 방향 및 변인고찰: 연구와 실천 방향 을 위한 논의", 『한국사회복지행정학』 13호: 29－66.

강흥구·윤현숙. 2005. "사회복지사의 직무분석과 표준직무 개발에 관한 연구", 『한국사회복지행정학』 14호: 33－62.

고유나·성희자. 2002. "정신보건 직장체험 연수생 수퍼비젼 욕구", 『복지행정 논총』, 한국복지행정학회, 93－117.

권현진. 2004. "사회복지전공 학부생의 실습성과에 관한 연구", 서울여자대학교 박사학위논문.

김경실. 1999. "효과적인 수퍼비젼", 『인간이해』 20: 1－15.

김경희. 2002. 『사회복지관 사회복지사의 책무성에 영향을 미치는 변인』, 서울: 신앙과 지성사, 11－193.

김경혜. 2001. "서울시 사회복지관 운영현황과 개선과제", 서울시 사회복지관 운영개선을 위한 토론회자료집, 서울시의회 보건사회위원회.

김경혜. 2003. "사회복지시설 기능정립 및 표준운영모델설정 연구", 시정개발연구원.

김계현. 1992. "상담교육방법으로서의 개인수퍼비젼 모델에 관한 복수사례 연구", 『상담과 심리치료』 4(1), 19－53.

김선진. 2002. "재가복지봉사센터 사회복지사의 수퍼비전 활성화 방안에 관한 연구", 서울여자대학교 석사학위논문.

김선화. 2001. "수퍼비젼의 개선방안에 관한 연구", 서울여대 석사학위논문.

김성국, 홍지숙. 2002. "직무분석에 대한 새로운 접근법 연구", 『기업경영연구』 16집, 226－227.

김수영. 2004. "사회복지법제 적용과 사회복지서비스의 이해", 한국사회복지

협의회 교육자료집.

김영희. 2003. "온라인 유아학습 웹사이트 평가도구 개발과 타당화 연구", 숙명여자대학교 박사학위논문.

김욱. 2002. "사회복지실습 수퍼비젼에 있어서 수퍼바이져와 수퍼바이지의 관계에 관한 연구", 『경기대학교 사회과학논총』 5: 1-12.

김윤경. 2000. "전화상담의 전문성 향상을 위한 사회사업 수퍼비전 활성화 방안", 숭실대학교 석사학위논문.

김윤정. 2000. "지역사회복지관의 직원 수퍼비전에 관한 연구", 서울여자대학교 석사학위논문.

김융일. 1988. "교육적 수퍼비젼 모형의 기본구조에 관한 연구", 서울대학교 박사학위논문.

김원중. 1989. "표준화의 문제점과 대책", 『한국품질경영학회』 창간호: 22-36.

김융일 · 양옥경. 2004. 『사회복지수퍼비전론』, 서울: 양서원, 24-25, 204-222.

김지은 · 김광웅. 2003. "놀이치료자가 평가한 가장 만족스러웠던 수퍼비전 경험과 가장 만족스럽지 못했던 수퍼비전 경험 비교", 『놀이치료연구』 6(2): 14-25.

김진. 2003. "수퍼비젼이 사회복지사의 전문성 향상에 미치는 영향", 전북대학교 석사학위논문.

김혜원. 1998. "수퍼바이저 전문 양성 프로그램 개발에 관한 연구", 서강대학교 석사학위논문.

김혜진. 2005. "수퍼비전이 자기효능감 지각에 미치는 영향 연구", 연세대학교 석사학위논문.

류명화. 2004. "장애인복지 정보시스템 실행의 중요성공요인 연구", 가톨릭대학교 박사학위논문.

문수정 · 김계현. 2000. "상담수퍼비젼 교육 내용 요구분석", 『상담 및 심리치료』 12: 1-18.

문지은. 2004. "사회복지관의 수퍼비전이 사회복지사의 전문직업성에 미치는 영향에 관한 연구", 연세대학교 석사학위논문.

박경애. 1998. "지역사회복지관의 효과적인 행정적 수퍼비전 연구", 가톨릭대학교 석사학위논문.

방기연. 2002. "상담 수퍼바이저 교육에 대한 고찰", 『연세교육연구』 15.

보건복지부. 2005. "사회복지관 및 재가복지봉사센터 운영관련 업무처리 요령 안내", 보건복지부.

서울복지재단. 2005. "사회복지관 사업 매뉴얼 개발 총론", 서울복지재단 연구보고서.

서울시사회복지관협회. 2005. "지역사회복지관 사회복지현장실습", 실습지도 자를 위한 지침, 서울시사회복지관협회, 9-144.

성희자. 2001. "정신보건사회복지사의 자기효능감 향상을 위한 수퍼비젼 모형 탐색", 경북대학교 박사논문.

신경림, 장연집, 김영경, 이금재, 최명민, 김혜영, 김옥현, 김영혜 역. 2004. 『포 커스 그룹』 D. L. Morgan and R. A. Krueger. 1998. 『Focus Group Kit』 Sage Publication. 서울: 현문사.

안정선. 2005. "사회복지관 사회복지사의 직무분석에 관한 연구" 28(3), 243-274.

양옥경. 2004. "산학협동체계로서의 실습교육의 현황과 과제", 연세대학교 사 회복지현장실습 기관 수퍼바이저 워크샵 자료집.

양옥경. 2005. "사회복지현장실습지침서 개발", 한국사회복지관협회.

양현숙·이선미. 2004. "아동상담사가 지각하는 수퍼비젼 내용과 수퍼바이저 역할에 대한 인과분석" 11(4), 『미래유아교육학회지』, 135-158.

염태산. 2005. "사회복지기관 수퍼비젼이 사회복지사의 자발적 조직행동에 미 치는 영향", 서울대 석사학위논문, 10-15.

유조안. 1999. "사회복지 실습 교육의 문제점과 개선 방안", 한국사회복지교 육협의회 학술세미나 자료집.

윤철수·진혜경·안정선. 2004. "학교사회복지 실습실태 및 모형개발에 관한 연구", 『학교사회사업』 7.

윤현숙·강흥구. 2004. 『사회복지사의 표준직무 매뉴얼』, 한국사회복지사협회.

윤혜정. 1997. "지지적 수퍼비젼이 사회복지사들의 사기에 미치는 영향에 관 한 연구", 이화여자대학교 석사학위논문.

이광숙 역. 2001. 『포커스 그룹 리서치』, Greenbaum, Thomas L. 1998. 『The Handboor for Focus Group study』 Sage Publication. 서울: 커뮤니케 이션북스.

이상준. 2000. "사회복지관 사회복지사의 전문성 강화에 관한 연구", 대구대학교 사회개발대학원 석사학위논문.

이시연. 2001. "사회복지 전공 학부생 실습지도 모델 개발에 관한 연구", 서울여자대학교 대학원 박사학위논문.

이시연·최윤정·권현진. 2006. "청소년 음주예방을 위한 포커스그룹 연구", 『한국사회복지학』 58호: 323.

이시연·안정선·김은영·김영일. 2003. 『사회복지실습지도』, 서울: 양서원.

이수진. 2002. "정신지체인 그룹홈 사회재활교사의 수퍼비젼 실태에 관한 연구", 강남대학교 석사학위논문.

이은진. 2002. "정신보건시설의 수퍼비젼 실태에 관한 연구", 이화여자대학교 석사학위논문.

이지연. 2002. "의료사회복지사의 수퍼비젼 만족요인 연구", 한림대 석사학위논문.

이재용. 2001. "지지적 수퍼비젼과 사회복지사 소진과의 관계연구", 가톨릭대학교 석사학위논문.

이홍직. 2004. "한국 사회복지조직 내 수퍼비전에 관한 연구동향", 고찰 한국사회복지행정학회 춘계학술대회 자료집, 111-122.

이효선. 2005. 『질적연구-해석과 이해』, 현학사.

인규진. 2002. "조직 내 이 러닝 모니터링 도구 개발에 관한 연구", 이화여자대학교 석사학위논문. 52-80.

임일환. 1997. "지역사회복지관의 직원 수퍼비전 실태에 관한 연구", 숭실대학교 대학원 석사학위논문.

정수경. 2004. "사회복지전공학생의 실천수행능력에 영향을 미치는 실습지도요인에 관한 연구", 『한국사회복지학』 56(3): 327-355.

정재삼·장정훈 1999. "수행컨설턴트의 역량모형 개발을 위한 델파이 연구", 『교육공학연구』 15: 99-127.

조성우. 2006. "사회복지학 커리큘럼 타당도 개선을 위한 사회복지사의 실천과업 및 능력분석", 『2006 한국사회복지학회 춘계학술대회 자료집』.

조휘일. 1999. "사회사업실습교육에 있어서 학습계약개념 적용에 관한 연구", 『정진영교수정년퇴임기념논총』, 서울자대학교 사회사업학과: 19.

조휘일. 역. 2001. 『사회복지실천과 수퍼비전』, Kadushin, Alfred. 1992. *Supervision in Social Work*, NY: Columbia University Press, 서울: 학지사.

조휘일. 2004. "사회복지 수퍼비전의 방향", 한국사회복지행정학회 춘계학술대회 자료집, 3-24.

조휘일. 2005. "수퍼비젼 모델개발의 지침에 관한 연구", 서울여대 사회과학연구.

정무성. 2004. "사회복지 실천현장의 변화와 중간관리자의 리더십", 한국사회복지관협회 중간관리자 워크샾 자료집: 7-38.

차은경. 2001. "장애인복지관 사회복지사의 소진과 지지적 수퍼비전과의 관계", 동덕여자대학교 여성개발대학원 석사학위논문.

최미경. 1998. "사회복지관에서의 수퍼바이저와 사회복지사간의 수퍼비전 인식에 관한 연구", 이화여자대학교 석사학위논문.

최명민 · 문순영 · 김승용. 2005. "대학 사회복지실습교육 모델개발에 관한 연구", 『사회복지정책』 22호.

최해림. 1999. "상담자교육과 수퍼비전의 현자", 『대학생활연구』 17.

태화기독교사회복지관. 2006. 『수퍼비전 실천 강화 및 지침개발을 위한 연구』, 태화사회복지연구소.

한국사회복지관협회. 1999. 『사회복지관 백서』, 한국사회복지관협회.

한국사회복지사협회. 2004. 『사회복지사의 표준직무 매뉴얼』, 한국사회복지사협회.

한영란 · 하은희 · 박혜숙 · 이보은. 2005. "포커스 그룹 인터뷰를 이용한 청소년의 금연동기 탐색", 『보건교육 · 건강증진학회지』 22권(1), 55-71.

황성철. 2002. "사회복지관의 정체성과 법제정의 당위성, 사회복지관 설치육성에 관한 법률제정을 위한 공청회 자료집", 국회사회보건복지연구회, 한국사회복지관협회.

황성철. 2004. "사회복지관 수퍼비전의 실태와 효과성", 한국사회복지관협회 중간관리자 워크샾 자료집: 59-82.

황성철 · 강혜규. 1994. 『사회복지관 운영평가 및 모형개발』, 한국보건사회연구원 연구보고서, 209-210.

AASW Standing Commitee on Professional Supervision. 1988. *Recommended Standards for Social Work Supervision.* Australian Association of Social Workers(Victorian branch), Melbourne.

Anderson, C. E. 2002. *Comparing Supervisory Needs of Substance Abuse Counselors across Developmental levels.* Ph.D. dissertation Iowa University.

Austin, M. J. 1981. *Supervisory Management for Human Services.* Englewood Cliffs, NJ, Prentice Hall, Inc.

Austin, M. J. and Karen M. Hopkins. 2004. *Supervision as Collaboration in the Human Services.* CA: Sage Publication, 21-34, 71-84.

Barker, R. L. 1995. *Social Work Dictionary(3rd ed..)* Washington, DC: NASW Press.

Barron. K. R. 2004. *The Development and Validation of an Observation and evaluation instrument for the supervision.* Dissertation Ph.D. George Washington University.

Bowers, Babara, S. Esmond and M.Canales. 1999. "Approaches to Case Management Supervision" *Administration in Social Work* 23(1): 29-49.

Brashears, Freda. 1995. "Supervision as Social Work Practice, A Reconceptualization" *Social Work* 40, 692-699.

Burke, R. 2001. "Supervision and Service Quality" *Measuring Business Excellence* 4(4): 28-31.

Caspi, J. 1997. *The Task-Centered Motel For Field Instruction.* Dissertation, Ph.D. Albany State University.

Caspi, J. and William J. Reid. 2002. *Educational Supervision in Social Work.* NY: Columbia University Press: 126-133.

Crisp, Beth R. and Lesley Cooper. 1998. "The Content of Supervision Scale: An Instrument to Screen the Suitability of Prospective Supervisors of Social Work Student Practicums" *Journal of teaching in social work* 17(2). 201-211.

Dunn, R. L. 2004. *The Knowledge and Competencies of Effective School Counselor Supervision.* Ph.D. dissertation Ohio State University.

Dye, H. Allan and L. D. Borders. 1990. "Counseling Supervisors, Standards for Preparation and Practice" *Journal of counselling & Development.* 69: 27 – 29.

Cruz, Janet Owens. 2000. *The Efficacy of The Social Work Model Of Supervision For Education.* Ph.D. Dissertation University of Illinois at Urbana – Champaign.

Ellis, M. V., N. Ladany, M. Krengel, D. Schult. 1996. "Clinical Supervision study From 1981 to 1993: A Methodological Critique" *Journal of Counseling Psychology* 43(1): 35 – 50.

Engelbrecht, Lambert. 2004. "Cultural Friendliness as a Foundation for the Support Function in the Supervision of Social Work Students in South Africa" *International social work,* 29(2): 256 – 266.

Falvey, J. E. and T. E. Bray. 2002. *Managing Clinical Supervision.* CA: Brooks/Cole.

Fierro, Mary Augusta. 2000. *Does Training make a difference? Coaching social work students in how to utilize field supervision effectively.* dissertation, Ph.D. Temple University: 1 – 4.

Fortune. A. E. 1994. "Field Education" *The foundations of Social Work Knowledge.* New York, Columbia University Press.

Fortune, A. E., M. McCarty, J. S. Abramson. 2000. "Student Learning Process in Field Education: Relationship of Learning Activities to Quality of Field Instruction, Satisfaction, and Performance among MSW Students" *Journal of Social Work and Education,* Wntr.

Froggett, L. 2000. "Staff Supervision and Dependency Culture: a case study" *Journal of Social Work Practice* 14(1).

Harkness, D and Hensley, H. 1991. "Changing the Focus of Social Work Supervision: Effects on Client Satisfaction and Generalized Contentment" *Social Work,* 37: 506 – 512.

Hart, G.M. 1982. *The Process of Clinical Supervision.* Baltimore, MD: University Park Press.

Jeffreys. J. W. 2001. *The Impact of Supervision on Social Worker Percep-tion of Self-Efficacy*. Ph.D. Dissertation State University of New York at Albany. 1-95.

Kaiser, T. L. 1997. *Supervisory Relationships: Exploring the Human Elements*. Pacific Grove, CA: Brooks/Cole.

Kadushin, A. 1974. "Supervisor-Supervisee Survey" *Social Work* (19): 288-298.

Kadushin, A. 1992. S*upervision in Social Work*. NY: Columbia University Press.

Kadushin, A. and Daniel Harkness. 2002. *Supervision in Social Work*. NY: Columbia University.

Kilminster, S. M. and B. C. Folly. 2000. "Effective Supervision in Clinical Practice Setting" *Medical education* 34: 827-840.

Lazer, Ammon and P. I. Erera. 1996. "Social Worker Supervision with Novice and Experienced Workers" *Journal of social Service study* 21(3): 57-71.

Lewis, J. A. and Michael D. Lewis, Thomas Packard, Federico Souglee, Jr. 2001. M*anagement of Human Service Program*. CA: Wadsworth: 170-182.

Melichercik, J. 1984. Social Work Supervision in Transition: An exploration of Current Supervisory Practice. *The Social Worker* 52(3): 108-112.

Middleman, R. R. and Rhodes, G. B. 1985. *Competent supervision*. Making Imaginative Judgements. Englewood cliffs, NJ: Prentice-Hall.

Miller, Roger R. and J. Robin Robb. 1997. "New Professionals' Preparedness For Clinical Social Work" *Clinical social work journal* 25(3): 351-363.

Munson, C. E. 1979. Evaluation of Male and Female Supervisors. *Social Work*, 24: 104-110.

Munson, C. E. 1981. "Style and Structure in Supervision" *Journal of education for Social Work* 17(1) 65-72.

Munson, C. E. 2002. *Handbook of Social Work Supervision*. NY: Haword Press.

NASW. 1994. *Guidelines for Clinical Social Work Supervision*. NASW

National Council on the Practice of Clinical Social Work, 1−17.

Payne. M. 1994. "Personal Supervision in Social Work" *Performance Review and Social Care*, London, Jessica Kingsley Pub.

Pesut D. J. and C. A. Williams. 1990. "The Nature of Clinical Supervision in Psychiatric Nursing: Survey of Clinical Specialists" *Archives of Psychiatric Nursing* 4(3), 188−194.

Pettes, D. 1979. *Staff and Student Supervision*. London, Allen & Unwin.

Poerter, J. and Rapp, C. A. 1983. What is Social Work Supervision? *The Clinical Supervisor* 1(2): 53−67.

Poulin, J. E. 1995. "Job Stisfaction of Social Work Supervisors and Administrators" *Administration in Social Work*, 19(4): 35−49.

Rafferty, Mic, E. Jenkins and S. Parke. 2003 "Developing a Provisional Standard for Clinical Supervision in Nursing and Health Visiting" *Qualitative Health study* 13: 1432−1452.

Rennie, S. 2002. "Supervising for Success, The Support and Supervision of Residential Care Staff" *ACWA Conference, Sydney*.

Robinson, V. 1949. *The dynamics of supervision under functional controls*. Philadelpha: University of Pennsylvania Press.

Scott, Dorothy and Janet Farrow. 1993. "Evaluating Standards of Social Work Supervision in Child Welfare and Hospital Social Work" *Australian social work*, 46.(2): 33−41.

Scott, K. J., K. M. Ingram, S. A. Vitaza and N. G. Smith. 2000. "Training in Supervision, A Survey of Current Practices" *The Counseling Psychology*, 28(3): 403−422.

Scott, W. R. 1965. Reactions to Supervision in a Heteronomous Professional Organization. *Administrative Science Quarterly* 10: 65−81

Siebert, D. C. 2004. "Depression in North Carolina Social Workers, Implications for Practice and Working under Threat of Political Violence" *Social Work* 48(4).

Skidmore, R. A. 1990. *Social Work Administration, Dynamic Management* and *Human Relationships* 2nd ed, Englewood Cliffs, NJ: Prentice Hall, Inc.

Shulman, L. 1993. Interactional Supervision(2rd ed.), The NASW Press.

Smith, R. C. 2002. *The Social Construction of The Problematic Supervisee,* Dissertation Ph.D. New York University.

Smith, Martin. 2000. "Supervision of Fear in Social Work - A Reevaluation of Reassurance", *Journal of social work practice* 14(1) 17 - 25.

Stevens C. D., J. P. Guthrie, C. J. Coate. 2002. "Does Personality Predict Preferred Managerial Style? Evidence from New Zealand and United States", Asia Pacific Journal of Human Resources. Vol.40: 322 - 344.

Troester, James D. 1998. "The Value of a Social Work Practicum in activity group therapy", *Journal of child and adolescent group therapy,* 8(4).

Tsui, M. 1997. "Empirical study on Social Work Supervision" *Journal of Social work Service study,* 23(2): 39 - 51.

Tsui, M. and Ho, W. S. 1997. In Search of a Comprehensive Model of Social Work Supervision, *The Clinical Supervisor,* 16(2), 181 - 205.

Tsui, M. 2002. "Functions of Social Work Supervision in Hong Kong" *International social work* 48(4), 485 - 493.

Tsui, M. 2004. *Social Work Supervision* Sage Publications, 20, 33 - 61, 137 - 146.

Worthington E. L. and Roehlke H. J. 1979. "Effective Supervision as Perceived by Beginning Counsellors in Training" *Journal of Counselling Psychology,* 26: 64 - 73.

Worthen, V. and B. C. McNeil. 1996. "A Phenomenological Investigation of Good Supervision Events" *Journal of Counseling Psychology* 43(1): 25 - 34.

Zorga, S., B.Dekleva and A.Kobolt. 2001. "The Process of Internal Evaluation as a Tool for Improving Peer Supervision" *International Journal for advancement of Counselling* 23: 151 - 162.

한국사회복지사협회 홈페이지 www.welfare.net

부 록

<부록 1> 포커스그룹 운영지침

1) 본 집단은 사회복지관 직원 수퍼비전의 표준체 개발을 위해 세부 내용과 기준을 논의하기 위한 토론의 장이다.

2) 포커스그룹 진행 시, 질문에 대해 이론적인 내용과 현장의 경험을 솔직하게 표현한다.

3) 포커스그룹 참여자들의 다양한 의견을 수렴한다.

4) 특정 의견에 대해 합의가 이루어지지 않고 의견 충돌이 있는 경우에는 충분한 토의의 시간을 갖도록 한다. 토의에도 불구하고 합의가 이루어지지 않고 시간적인 어려움이 있는 경우에는 집단투표방법을 선택한다. 합의된 사항은 집단 전체에 확인한다.

5) 본 토의에서 논한 개인적이며 참여자가 속한 조직 내부 역동에 관한 사항은 상호 비밀을 보장하도록 한다.

6) 내용이 부족한 영역에 대해서는 추후 연구자가 각 참여자들에게 개별적으로 피드백을 받는다.

7) 포커스그룹에서 논의된 내용을 정리한 후에 참여자의 피드백을 받는다.

<부록 2> 포커스그룹 질문목록

1) 수퍼비전의 목적은 무엇인가?

2) 효과적인 수퍼비전이란 어떠한 것이며 세부 구성요소에는 무엇이 있는가?

3) 효과적인 수퍼비전을 위한 구성요소별 세부 내용에 대한 질문
   (1) 수퍼바이저는 어떠해야 하는가?
   (2) 수퍼바이저는 어떠해야 하는가?
   (3) 수퍼바이저와 수퍼바이지의 관계는 어떠해야 하는가?
   (4) 수퍼비전을 위해 조직은 어떠해야 하는가?
   (5) 수퍼비전 세부 구성 체계별 내용은 어떠해야 하는가?
       - 수퍼비전 유형, 방법, 구조, 정책, 내용

4) 기 타

<부록 3> 델파이 1라운드 설문지

사회복지 수퍼비전 표준(Standards) 체계 개발을 위한
기초 조사 설문지
- 사회복지관 직원 수퍼비전을 중심으로 -

안녕하십니까?

바쁘신 가운데도 델파이 설문조사에 응답해 주심에 진심으로 감사드립니다.

본 조사는 사회복지관 수퍼비전 표준 체계를 개발하기 위해서 효과적인 수퍼비전 구성요소와 그 내용에 대한 전문가들의 의견을 취합하기 위함입니다.

본 1차 델파이 설문지는 실무자 인터뷰와 포커스그룹의 토론 내용을 중심으로 하였습니다.

전문가 델파이 설문 1, 2차 결과와 선행연구들의 결과들을 종합하여 서울지역 사회복지관 사회복지사들을 대상으로 하는 전수조사용 설문지가 개발될 예정입니다.

개발된 표준 내용은 사회복지관 수퍼비전 실천을 위한 지침과 모델로서 사회복지서비스의 효과적 관리와 사회복지사의 업무능력 개발을 위해 실용적으로 활용될 것으로 기대하고 있습니다.

여러 업무 중에 바쁘시겠지만 본 설문에 응답해 주신다면 연구수행에 많은 도움이 되겠습니다. 1차 델파이 설문은 9월 4일(일)까지 전송해 주시면 감사하겠습니다.

서울여자대학교 대학원 사회사업학과

안 정 선

1. 다음은 수퍼비전 표준을 구성하는 하위 요소들에 대한 목록들입니다.
   아래의 내용을 보시고 각 문항이 적절한지, 적절하지 않은지에 대해
   체크해 주시기 바랍니다. 각 하위 영역별로 삭제, 보완, 문장수정이 필
   요한 내용에 대해 의견을 적어 주시기 바랍니다.

   1) 수퍼바이저

   (1) 자격요건
   수퍼비전을 위한 수퍼바이저의 경력, 학문배경, 훈련경험, 직급 등에 있
   어서 어느 정도의 수준이 적절하다고 생각하시는지 의견을 적어 주시기
   바랍니다.

경 력	
학문배경	
훈련경험	
직 급	

(2) 역량

수퍼비전을 위해 수퍼바이저가 갖추어야 할 역량에는 어떤 요소가 중요하게 고려되어야 하는지 의견을 주시기 바랍니다.

세부 내용 규명	내용 적절성	
〈지식〉		
수퍼바이지 직무 관련 분야 이해도	예	아니요
사회복지 전반과 클라이언트 이해도	예	아니요
수퍼비전 관련 전반 지식	예	아니요
프로그램 기획과 관련 절차 이해(프로그램 기획과 실행)	예	아니요
프로그램 효과성 평가	예	아니요
조직운영, 관리	예	아니요
인사관리	예	아니요
리더십	예	아니요
〈지식〉 위에서 제시한 영역 외에 추가, 보완, 수정되어야 할 영역과 내용에 대한 의견을 적어 주세요.		
〈기술, 기능〉		
수퍼바이지 개인성향에 대한 이해	예	아니요
수퍼바이지 학습성향, 학습속도 이해, 학습계획 수립	예	아니요
수퍼바이지에 맞는 업무분장과 조정	예	아니요
인간관계 기술	예	아니요
관계 및 갈등 중재 기술	예	아니요
의사소통 기술(상하, 동료)	예	아니요
지속적 학습능력, 노력	예	아니요
경청기술	예	아니요
긍정적 지지와 표현 기술	예	아니요
즉각적이고 적절한 피드백	예	아니요
정보 수집 기술	예	아니요
직무 모니터링, 직원평가 기술	예	아니요
집단 및 팀 운영	예	아니요
〈기술, 기능〉 위에서 제시한 영역 외에 추가, 보완, 수정되어야 할 영역과 내용에 대한 의견을 적어 주세요.		

세부 내용 규명	내용 적절성	
〈태도〉		
전문성	예	아니요
먼저 배우고 준비하는 준비성	예	아니요
인내력	예	아니요
개방성	예	아니요
다양성에 대한 수용	예	아니요
기억력(지시와 지도에 대한 기억)	예	아니요
솔직함	예	아니요
친절함	예	아니요
정서적 공감	예	아니요
일관성	예	아니요
형평성(형평한 처우)	예	아니요
윤리성	예	아니요
다양한 경험의 소유(조직, 업무, 인간관계)	예	아니요
책임지는 것, 책임감	예	아니요
원칙과 자기확신, 소신 있음	예	아니요
근무지에서의 정직, 근무태도(시간준수 등)	예	아니요
행동력	예	아니요
수퍼바이지에 대한 기대감 소유, 후배양성 신념	예	아니요

〈태도, 성향〉 위 영역 외에 추가, 보완, 수정되어야 할 영역과 내용에 대한 의견을 적어 주세요.

2) 수퍼바이지의 역량

수퍼비전을 위해 수퍼바이지가 갖추어야 할 역량에는 어떤 요소가 중요하게 고려되어야 하는지 의견을 주시기 바랍니다.

세부 내용 규명	내용 적절성	
공동책임 인식(수퍼비전)	예	아니요
본인의 자기계발에 대한 명확한 계획	예	아니요
수퍼비전 욕구의 표현, 요구	예	아니요
자발성	예	아니요
수용적, 비방어적	예	아니요
적극성	예	아니요
수퍼비전에 대한 기대감	예	아니요
기관과 조직에 대해 긍정적 인식태도	예	아니요
수퍼비전 내용의 적용능력, 적용자세	예	아니요
배우고자 하는 의욕	예	아니요
자기업무에 대한 직관	예	아니요
업무보고(수시, 명확)	예	아니요

〈수퍼바이지 역량〉 위 영역 외에 추가, 보완, 수정되어야 할 영역과 내용에 대한 의견을 적어 주세요.

3) 수퍼바이저와 수퍼바이지의 관계

수퍼비전을 위해 수퍼바이저와 수퍼바이지가 맺어야 할 바람직한 관계에서는 어떤 요소가 중요하게 고려되어야 하는지 의견을 주시기 바랍니다.

세부 내용 규명	내용 적절성	
상호 이해	예	아니요
상호 성장, 능력 부여	예	아니요
협력	예	아니요
상호 작용, 의사소통	예	아니요
전문적 상호 처우, 예의	예	아니요
전문적 돕는 관계	예	아니요
신뢰	예	아니요
공식적 관계와 사적인 관계 수립의 적절성(조율)	예	아니요
〈수퍼비전 관계〉 위 영역 외에 추가, 보완, 수정되어야 할 영역과 내용에 대한 의견을 적어 주세요.		

4) 조직특성

수퍼비전을 위한 환경 조성에 필요한 조직특성 요소는 무엇인지에 대한 의견을 주시기 바랍니다.

세부 내용 규명	내용 적절성	
조직미션과 비전의 정립	예	아니요
조직 방향성의 합의와 공유	예	아니요
조직의 공정하고 분명한 규율, 절차	예	아니요
적절한 규모의 조직구조	예	아니요
조직의 인사관리 체계 수립, 가동	예	아니요
조직의 협력적 분위기, 문화 조성	예	아니요
수퍼비전을 위한 조직환경의 준비	예	아니요
지역사회 및 전문직협회와의 교류 관계	예	아니요
조직의 학습조직화(지속적 학습, 공유, 체계 구축)	예	아니요
〈조직특성〉 위 영역 외에 추가, 보완, 수정되어야 할 영역과 내용에 대한 의견을 적어 주세요.		

5) 수퍼비전의 목적

세부 내용 규명	내용 적절성	
〈수퍼비전 목적〉		
서비스 질의 향상	예	아니요
조직성과 달성(향상)	예	아니요
클라이언트의 문제해결	예	아니요
직무 완성, 직무 수행(책무성)	예	아니요
직원의 전문적 성장	예	아니요
직무만족 강화	예	아니요
의사소통 강화	예	아니요
관계 개선	예	아니요
직원 동기 부여, 사기 증진	예	아니요
〈목적〉 위 영역 외에 추가, 보완, 수정되어야 할 영역과 내용에 대한 의견을 적어 주세요.		

6) 수퍼비전 실행구조

수퍼비전 실행구조에 필요하다고 생각하는 요소에 대하여 의견을 주시기 바랍니다.

〈방법〉		
횟수: 개별 수퍼비전 월 1회 이상 제공	예	아니요
전체적으로 주 1회 이상 제공	예	아니요
초보, 중간, 숙련 사회복지사별 차별화 구조	예	아니요
최일선 수퍼바이저, 이선 수퍼바이저, 관장 수퍼비전의 병행 구조 수립	예	아니요
수퍼비전 계약	예	아니요
〈방법〉 위 영역 외에 추가, 보완, 수정되어야 할 영역과 내용에 대한 의견을 적어 주세요.		

세부 내용 규명	내용 적절성	
〈수퍼비전 내용: 욕구, 실천기반〉		
사회복지사의 표준직무 내용	예	아니요
사회복지관 표준사업 분류와 내용	예	아니요
일반주의 실천(미시, 중시, 거시 실천)	예	아니요
사회복지 윤리, 실천 강령	예	아니요
*사회복지관 수퍼비전에서 필수적으로 다루어야 한다고 생각하는 교육 및 기반 내용에 대한 본인의 의견을 적어 주세요(세부적인 내용을 적어 주셔도 됩니다).		
〈수퍼비전 정책〉 수퍼비전 규정 마련(제도화) 수퍼비전 지침 및 매뉴얼 마련 수퍼바이저의 수퍼비전 직무기술(직무임무)과 시간 안배 (우선순위) 수퍼바이저 평가체계 수퍼바이저 양성 과정(교육) 마련 수퍼비전 기록 및 모니터링, 제출	예 예 예 예 예 예	아니요 아니요 아니요 아니요 아니요 아니요
〈수퍼비전 정책〉 위 영역 외에 추가, 보완, 수정되어야 할 영역과 내용에 대한 의견을 적어 주세요.		
〈모델과 관점〉 사회복지관에서의 수퍼비전 실천을 위해 도입, 적용, 강화되어야 할 관점 내지 모델에 대한 자유로운 의견을 적어 주세요.		

〈수퍼바이저의 세부 직무〉

수퍼바이저가 수퍼비전을 위해 수행해야 한다고 생각하는 대표적인 직무과업의 내용을 적어 주시기 바랍니다.

내　용	우선순위
1.	
2.	
3.	
4.	
5.	
6.	
7.	
8.	
9.	
10.	

2. 본 조사에서 간과되었으나 사회복지관 직원 수퍼비전 표준 체계의 구
   성요소와 내용에 필수적으로 포함되어야 할 영역이 있다면 의견을 적
   어 주세요.

－ 답변해 주셔서 감사합니다 －

－곧, 2라운드 설문에서 뵙도록 하겠습니다. 2라운드 설문은 1라운드
내용 분석을 통해 구성한 질문으로 진행됩니다. 따라서 개방형 문항은
사용되지 않을 것입니다. 감사합니다.－

<부록 4> 델파이 2라운드 설문

사회복지 수퍼비전 표준(Standards) 체계 개발을 위한
기초 조사 설문지
– 사회복지관 직원 수퍼비전을 중심으로 –

안녕하십니까?

바쁘신 가운데도 델파이 설문조사에 응답해 주심에 진심으로 감사드립니다.

본 조사는 사회복지관 직원 수퍼비전 표준 체계를 개발하기 위해서 수퍼비전 구성요소와 그 내용에 대한 전문가들의 의견을 취합하기 위함입니다.

본 2차 델파이 설문지는 1차 델파이 설문지의 분석결과와 선행연구자들의 연구결과를 토대로 작성되었습니다.

지난 1차 델파이 설문에 신속하게 응답해 주시고 성의 있고 심도 깊은 피드백들을 주셔서 연구에 많은 도움이 되었습니다. 가능한 한 패널들의 의견을 반영하고자 하였으나 연구자 및 다른 패널들의 관점에 따라 일부 반영되지 않은 의견들이 있으니 이 점 양해해 주시기 바랍니다.

2차 설문은 1차 설문 분석결과에서 긍정응답률이 저조하거나 내용의 불명확성, 중복성 등이 거론된 문항에 대해 삭제하거나 수정하여 문항을 제시하였습니다. 각 문항들은 양적 조사 형식으로 간단히 체크하도록 구성되었으나 1차 설문과 마찬가지로 문항에 대하여 보완, 추가, 문장수정할 수 있는 여백이 마련되어 있으니 패널들의 솔직하고 적극적인 피드백을 부탁드립니다.

본 델파이 설문조사 문항에 속하지 않았지만 수퍼비전의 유형과 방법, 수퍼비전의 세부 내용, 수퍼바이지 양성교육의 내용은 선행연구와 표준화된 도구를 활용하여 복지관 실무자조사 시에 보완, 진행될 예정입니다.

여러 업무 중에 바쁘시겠지만 본 설문에 응답해 주신다면 연구수행에 많은 도움이 되겠습니다. 2차 델파이 설문은 금요일(9월 15일)까지 전송해 주시면 감사하겠습니다.

서울여자대학교 대학원 사회사업학과
안 정 선

[수퍼바이저 자격요건과 역량]

1. 자격요건

* 다음은 사회복지관 수퍼바이저의 일반 자격요건에 해당하는 내용을 분석한 결과와 사례 수를 제시한 것입니다. 수퍼바이저의 자격요건에 적절하다고 생각되는 응답에 √ 해 주시기 바랍니다.

〈근무경력〉

1-1. 수퍼바이저의 사회복지관 근무경력으로 적절하다고 생각되는 번호의 체크 칸에 √ 해 주세요.

사회복지관 근무경력 (학부 졸업 기준)	사례 수	문항체크(1개 칸에 체크)
1) 7년 이상	3	
2) 5년 이상	13	
3) 3년 이상	4	

1-2. 위 1-1문항의 사회복지관 수퍼바이저의 근무경력 관련 세부사항에
　　대하여 그 적절성에 따라 해당되는 칸에 √표 해 주시기 바랍니다.

근무경력 관련 세부사항	전혀 그렇지 않다	별로 그렇지 않다	그저 그렇다	대체로 그렇다	매우 그렇다
1) 타 기관 근무경력은 50%로 인정하여 근무경력을 산출함					
2) 경력자의 경우, 현 해당 기관에서의 근무경력이 1년 이상 되어야 함					
3) 선임 및 팀장에 대한 수퍼바이저는 일반 사회복지사의 수퍼바이저에 비해 실무경력이 더 상한 조정되어야 함					
4) 대학원 졸업자인 경우, 실무경력자격을 2년 정도 줄여줌					
5) 전문대학 졸업자인 경우, 실무경력을 2년 정도 연장함					
6) 사회복지경력이면 분야에 관계없이 근무경력을 인정하여 사회복지관 수퍼바이저 자격을 인정해도 무방함					

* 근무경력 영역에 대해 보완, 추가, 문장수정할 영역에 대한 의견이 있
　으시면 적어 주세요.

〈학문배경〉

2-1. 사회복지관 수퍼바이저의 학문배경으로 적절하다고 생각되는 번호
　　의 체크 칸에 √ 해 주세요.

학문배경	사례 수	문항체크(1개 칸에 체크)
1) 사회복지전공 석사학위 이상	6	
2) 사회복지전공 학사학위	10	

2-2. 학문배경 관련 세부사항에 대하여 그 적절성에 따라 해당되는 칸에
　　√표 해 주시기 바랍니다.

학문배경 관련 세부사항	전혀 그렇지 않다	별로 그렇지 않다	그저 그렇다	대체로 그렇다	매우 그렇다
1) 학위는 경력조건으로 보완될 수 있음					
2) 사회복지전공자가 아니어도 일정 기간의 사회복지 관련 실무경력이나 훈련경험이 있으면 가능함					

〈훈련경험〉

3. 사회복지관 수퍼바이저의 훈련경험 관련 세부사항에 대하여 그 적절성
　에 따라 해당되는 칸에 √표 해 주시기 바랍니다.

훈련경험 관련 세부사항	전혀 그렇지 않다	별로 그렇지 않다	그저 그렇다	대체로 그렇다	매우 그렇다
1) 실습지도자 경험 3년 이상					
2) 수퍼바이저에게 전문적 수퍼비전을 받은 경험이 필요함					
3) 수퍼바이저 양성교육(수퍼비전 관련 교육)이수가 필요함(기관 또는 외부)					

* 학문배경, 훈련경험 영역에 추가, 보완, 문장수정할 내용이 있으시면 적
　어 주세요.

〈직급〉

4-1. 사회복지관 수퍼바이저의 직급으로 적절하다고 생각되는 번호의 체크 칸에 √ 해 주세요.

직 급	사례 수	문항체크(1개 칸에 체크)
1) 과장 이상	12	
2) 선임 및 대리 이상	3	

4-2. 위 4-1문항의 사회복지관 수퍼바이저의 직급 관련 세부사항에 대하여 그 적절성에 따라 해당되는 칸에 √표 해 주시기 바랍니다.

직급 관련 세부사항	전혀 그렇지 않다	별로 그렇지 않다	그저 그렇다	대체로 그렇다	매우 그렇다
1) 직급은 절대적인 기준이 되지 않음 (기관 상황 고려 / 경력 내용으로 가능함)					
2) 사안에 따라 직급이 다른 수퍼바이저가 담당하는 것이 필요(사업 관련은 과장급, 조직 및 비전 관련은 부장급)					

* 수퍼바이저 자격의 직급에 관련하여 추가, 보완, 문장수정할 내용이 있으시다면 의견을 적어 주세요.

2. 수퍼바이저의 역량

* 다음은 사회복지관 수퍼바이저의 역량에 해당하는 내용을 분석한 결과
  와 긍정응답 사례 수를 제시한 것입니다. 수퍼바이저의 역량에 적절하
  다고 생각되는 응답에 √ 해 주시기 바랍니다.

〈지식 영역〉

지식 영역	'예' 응답수 (1차)	전혀 그렇지 않다	별로 그렇지 않다	그저 그렇다	대체로 그렇다	매우 그렇다
1) 기관에 대한 이해(사명, 철학, 구조, 재정 등)	new					
2) 조직관리(조직운영 및 분석기법 등)	수정 18					
3) 인사관리(직원경력 개발, 인적자원시스템 구축 등)	수정 18					
4) 수퍼바이저 자신의 자아인식 (강·약점, 편견, 자신에 대한 과학적 지식 등)	new					
5) 리더십	18					
6) 관련 국가, 지방단위 복지정책에 대한 이해	new					
7) 지역사회 및 서비스 전달 체계에 대한 이해	new					
8) 사회복지 전반의 동향과 변화추세 이해	수정 19					
9) 프로그램 계획, 실행 및 효과성 평가 제반 지식	수정 16					
10) 인간행동의 다양성과 클라이언트 특성에 대한 이해	수정 19					
11) 클라이언트 체계에 대한 개입방법 이해	new					
12) 사회복지 윤리, 가치에 대한 이해	new					
13) 수퍼바이지 직무 전반 이해	19					
14) 수퍼비전에 대한 이해	19					

* 비고: '프로그램 기획과 관련 절차 이해' 항목 내용중복으로 기각

* 지식 영역에 관련하여 추가, 보완, 문장수정되어야 할 내용이 있으시다
  면 의견을 적어 주세요.

〈기술 영역〉

기술 영역	'예' 응답수 (1차)	전혀 그렇지 않다	별로 그렇지 않다	그저 그렇다	대체로 그렇다	매우 그렇다
1) 수퍼바이지 개인성향, 특성 이해	19					
2) 수퍼바이지 교육적 진단(학습사정), 학습계획 수립	수정 16					
3) 학습 촉진 기술	new					
4) 정보 수집 기술	18					
6) 업무분석, 분장과 조정	수정 18					
7) 각종 기록 유지와 기록 능력	new					
8) 직무 모니터링	수정 19					
9) 직원평가 기술(평가정보 수집, 객관적 평가, 직무 수행 피드백 제공 등)	수정 19					
10) 집단지도 및 팀워크 기술	수정 17					
11) 의사소통 (경청, 의사표현, 의사전달 등)	수정 19					
12) 긍정적 지지, 격려	수정 18					
13) 상하, 동료와의 관계 형성 기술	수정 17					
14) 갈등 중재 기술	수정 18					
15) 사회복지 전문적 실천기술 (개인, 집단, 조직 및 지역사회)	new					
16) 지역사회자원 분석 및 활용 기술	new					

* 비고: 경청 및 피드백 기술은 내용 포함으로 기각 / 전문적 학습능력
  은 태도 영역으로 이동

* 기술 영역에 관련하여 추가, 보완, 문장수정되어야 할 내용이 있으시다
  면 의견을 적어 주세요.

〈태도 영역〉

태도 영역	'예' 응답수 (1차)	전혀 그렇지 않다	별로 그렇지 않다	그저 그렇다	대체로 그렇다	매우 그렇다
1) 전문가로서의 지속적 성장 및 전문적 자아의 확립	수정 16					
2) 지속적, 적극적인 학습태도 (먼저 배우고 준비하는 노력)	18					
3) 공정한 처우 (형평성의 용어를 대체함)	수정 16					
4) 직무에 대한 책임감	수정 16					
5) 윤리적 태도(사회복지 윤리 내재화, 기관규정 준수 등)	수정 16					
6) 수퍼바이지 양성에 대한 신념, 헌신	수정 16					
7) 솔선수범	new					
8) 협력 및 협동	new					
9) 다양성에 대한 수용	18					
10) 개방적 태도(관계, 의견개진, 관점 공유 등)	수정 18					
11) 정서적 공감	16					
12) 진실함 (솔직함의 용어를 대체함)	수정 16					
13) 일관성	16					
14) 인내력(수퍼바이지와 직무 어려움에 대한 수용, 기대 유지 등)	16					

* 비고: 친절함, 행동력, 기억력, 다양한 경험의 소유, 원칙과 자기확신, 소신 있음은 내용의 불명확성과 중복성, 긍정응답 저조 등으로 기각

* 태도 영역에 관련하여 추가, 보완, 문장수정되어야 할 내용이 있으시다면 의견을 적어 주세요.

[수퍼바이지의 역량]

* 다음은 사회복지관 수퍼바이지의 역량에 해당하는 내용을 분석한 결과
와 긍정응답 수를 제시한 것입니다. 수퍼바이지의 역량에 적절하다고
생각되는 응답에 √ 해 주시기 바랍니다.

수퍼바이지 역량 영역	'예' 응답수 (1차)	전혀 그렇지 않다	별로 그렇지 않다	그저 그렇다	대체로 그렇다	매우 그렇다
1) 수퍼비전에 대한 공동책임 인식	17					
2) 본인의 자기계발에 대한 명확한 계획 수립	15					
3) 수퍼비전 욕구의 표현, 수퍼비전 요청	수정 18					
4) 수퍼비전에 대한 수용적이며 비방어적인 태도	19					
5) 수퍼비전 내용의 실행능력(수퍼비전 내용 적용자세와 적용능력)	수정 20					
6) 적절하고 명확한 업무보고	19					
7) 수퍼비전에 대한 준비(사전자료 작성, 제출 등)	new					
8) 수퍼바이지의 자기인식	new					
9) 적극성(직무 수행에 대한 적극적 태도)	18					
10) 직무에 대한 책임감	new					
11) 자발성(직무 및 수퍼비전 내용에 대한 자발적 수행태도)	수정 19					

* 비고: 수퍼비전에 대한 기대감, 배우고자 하는 의욕, 기관과 조직에 대
한 긍정적 인식태도는 내용의 부적합성, 중복성 등으로 기각
* 수퍼바이지의 역량 요소에 관련하여 추가, 보완, 문장수정되어야 할 내
용이 있으시다면 의견을 적어 주세요.

[수퍼비전 관계]]

* 다음은 수퍼바이저와 수퍼바이지의 관계의 성격에 해당하는 내용을 분
  석한 결과와 긍정응답 수를 제시한 것입니다. 아래의 문항을 보시고 적
  절하다고 생각되는 응답에 √ 해 주시기 바랍니다.

수퍼바이저와 수퍼바이지 관계 영역	'예' 응답수 (1차)	전혀 그렇지 않다	별로 그렇지 않다	그저 그렇다	대체로 그렇다	매우 그렇다
1) 상호 이해	18					
2) 상호 성장	18					
3) 협 력	17					
4) 활발한 상호 작용	수정 19					
5) 긍정적 의사소통	수정 19					
6) 라포 형성(친밀감, 전문적 관계 형성)	new					
7) 신뢰 형성	19					
8) 상호 존중 (전문적 상호 처우, 예의 포함 용어 변경)	수정 15					
9) 공적 관계와 사적 관계의 균형	수정 16					
10) 책임 공유 (클라이언트에 대한 공동책임)	new					
11) 배 려	new					
12) 개방성 (감정 공유, 자유로운 사고표현, 관점 허용 등)	new					
13) 서로에 대한 관심	new					

* 관계 영역에 관련하여 추가, 보완, 문장수정되어야 할 내용이 있으시다
  면 의견을 적어 주세요.

[조직특성]

* 다음은 일반적인 조직특성에 해당하는 내용을 분석한 결과와 응답 수를 제시한 것입니다. 아래의 문항을 보시고 적절하다고 생각되는 응답에 √ 해 주시기 바랍니다.

조직특성 영역	'계'응답수(1차)	전혀그렇지않다	별로그렇지않다	그저그렇다	대체로그렇다	매우그렇다
1) 조직미션·비전의 정립	27					
2) 조직 방향성의 합의와 공유	29					
3) 조직의 공정하고 분명한 규정 및 절차	29					
4) 조직의 인사관리 체계 구축과 실행	28					
5) 조직의 협력적인 분위기	28					
6) 기관장의 수퍼비전에 대한 이해와 관심	new					
7) 수퍼비전을 위한 물리적, 구조적 환경 준비	수정 28					
8) 수퍼비전에 대한 긍정적 조직문화	new					
9) 지역사회 및 전문직 체계와의 연계, 교류	수정 21					
10) 조직의 학습조직화(지속적 학습, 공유, 체계 구축)	28					
11) 기관 내 부서 구조, 자원, 부서 내 관계	new					

* 비고: '적절한 규모의 조직의 구조'는 긍정응답 수 저조로 기각 / 지역사회 및 전문직 체계 교류는 긍정응답 수는 저조하나 생태체계적 관점에서 조직특성 내용으로 1차 유지
* 조직특성 영역에 관련하여 추가, 보완, 문장수정되어야 할 내용이 있다면 의견을 적어 주세요.

[수퍼비전의 목적]

* 다음은 수퍼비전의 목적에 해당하는 내용을 분석한 결과와 응답 수를
  제시한 것입니다. 아래의 문항을 보시고 적절하다고 생각되는 응답에
  √ 해 주시기 바랍니다.

수퍼비전 목적 영역		'예' 응답수 (1차)	전혀 그렇지 않다	별로 그렇지 않다	그저 그렇다	대체로 그렇다	매우 그렇다
목 적	1) 서비스 질의 향상	18					
	2) 조직성과 달성	17					
	3) 클라이언트 문제해결	16					
	4) 책무성 이행	수정 18					
	5) 수퍼바이지의 전문적 성장	18					
	6) 수퍼바이지 직무만족 강화	18					
	7) 수퍼바이지의 동기 부여	17					
	8) 수퍼바이지 스트레스 및 소진 예방	new					
	9) 행정적 효율성 증진	new					

[수퍼비전 실행구조]

* 다음은 수퍼비전 실행구조에 해당하는 내용을 분석한 결과와 응답 수를 제시한 것입니다. 아래의 문항을 보시고 적절하다고 생각되는 응답에 √ 해 주시기 바랍니다.

	수퍼비전 방법과 정책 영역	'예' 응답수 (1차)	전혀 그렇지 않다	별로 그렇지 않다	그저 그렇다	대체로 그렇다	매우 그렇다
방법	1) 개별 수퍼비전 월 1회 이상 제공	16					
	2) 개별, 집단, 동료 수퍼비전 등의 형식으로 주 1회 이상 수퍼비전 유지	수정					
	3) 초보, 중간, 숙련 사회복지사별 차별화된 수퍼비전 내용과 구조 제공	16					
	4) 일선 수퍼바이저의 개별 수퍼비전 책임하에 연간 집단 수퍼비전 형식의 이선 수퍼바이저의 수퍼비전, 관장 수퍼비전 실시(분기별, 반기별 1회 등)	수정					
	5) 지역사회나 사회복지학계 등 기관 외부자문을 활용하는 시스템 구축 및 활용	new					
	6) 수퍼비전 계획 수립과 실행, 평가 형식 및 도구 활용(상호 합의, 평가)	new					
	7) 수퍼비전 계약	13					
정책	1) 수퍼비전 규정의 수립(자격, 책임, 구조, 내용 등)	16					
	2) 수퍼비전 지침(매뉴얼) 개발 및 활용	19					
	3) 수퍼바이저 직무기술서 작성 및 활용	16					
	4) 수퍼비전 평가체계(수퍼바이저 평가, 수퍼비전 피드백 등)	18					
	5) 수퍼바이저 양성 과정 및 보수 과정 (교육체계)	수정 18					
	6) 수퍼비전 기록 및 기록 유지	수정 16					

* 비고: 목적에서 의사소통 강화, 관계 개선 문항 중복성, 내용의 위계성 문제로 기각
* 방법 및 정책 영역에 관련하여 <u>추가, 보완, 문장수정</u>되어야 할 내용이 있다면 의견을 적어 주세요.

* 다음은 사회복지관 수퍼바이저의 세부 직무를 내용 분석한 결과와 <u>**사례 수를 제시**</u>한 것입니다. 제시된 각 항목의 **중요도**에 따라 해당하는 난에 √ 해 주시기 바랍니다(여기에서 <u>사례 수(n)란</u> 델파이 패널 20명이 구성요소로 기록해 내용 지적 수를 의미합니다).

수퍼바이저 세부 직무		사례 수(n)	전혀 그렇지 않다	별로 그렇지 않다	그저 그렇다	대체로 그렇다	매우 그렇다
수퍼 바이지 지지적	1) 수퍼바이지에 대한 이해	5					
	2) 수퍼바이지 지지, 정서적 유대 강화	8					
행정적 (조직 전반)	3) 조직가치 내재화 유도, 근무환경 제공	6					
행정적 (직무 검토 및 평가)	4) 수퍼바이지 직무 파악	4					
	5) 직무분석 및 분장, 조정	8					
	6) 직무평가(모니터링, 평가, 방향성 수립)	14					
	7) 수퍼바이지 프로그램 및 사례에 대한 분석, 피드백	6					
	8) 적절한 업무 위임	2					
수퍼 비전 준비 실행	9) 수퍼비전 기록 유지	5					
	10) 수퍼비전 모니터링 및 평가	3					
	11) 수퍼비전 진행 준비(계획, 장소, 시간 등)	5					
	12) 집단회의, 개별면담 등 의사소통의 장 진행, 운영	5					

수퍼바이저 세부 직무		사례 수(n)	전혀 그렇지 않다	별로 그렇지 않다	그저 그렇다	대체로 그렇다	매우 그렇다
수퍼 바이저	13) 수퍼바이저 자신의 자기계발, 지식습득 노력	15					
	14) 수퍼바이저의 직접적 서비스 업무 수행 실시	2					
교육적	15) 수퍼바이지 교육, 전수	10					

* 전체 수퍼바이저 세부 직무 내용 중에서 가장 중요하다고 생각하는 세
  부요소를 5가지만 골라 그 번호를 써 주세요.

  1.(   )   2.(   )   3.(   )   4.(   )   5.(   )

수퍼비전 내용 영역		'예' 응답수 (1차)	전혀 그렇지 않다	별로 그렇지 않다	그저 그렇다	대체로 그렇다	매우 그렇다
내 용	1) 일반주의 실천가로서 통합적인 실 천을 수행하기 위한 제반 지식과 기술을 다룸	17					
	2) 사회복지 윤리와 가치에 따른 실 천을 할 수 있는 제반 지식과 기 술을 다룸	18					
	3) 지역사회문제 해결을 위한 지역사회 실천의 제반 지식과 지술을 다룸	new					
	4) 직무와 관련된 신규 이론 및 지식	new					
	5) 사회복지 동향과 변화추세	new					
	6) 다학문적 접근 필요성과 사회복지 정체성 확립	new					
	7) 수퍼바이저와의 관계 및 수퍼비전 활용						
	8) 전문가가 갖추어야 할 속성과 태도						

* 비고: '수퍼비전 내용'의 영역은 추후 복지관 실무자조사에서 표준화된

세부 설문 내용의 틀을 가지고 설문조사할 예정(델파이에서는 전체적인 큰 틀과 방향성만을 정리하였음)

* 내용 영역에 관련하여 <u>추가, 보완, 문장수정</u>되어야 할 내용이 있으시다면 의견을 적어 주세요.

[일반적 사항]

1. 귀하의 성별은?

1) 남성_____   2) 여성_____

2. 연령은?   _____세

3. 귀하의 최종 학력은?

1) 대학졸업_____   2) 석사학위_____

3) 박사과정_____   4) 박사학위_____

4. 귀하의 사회복지 분야 총 근무경력은?_____년_____개월

5. 귀하의 사회복지관 근무경력은?_____년_____개월

   (해당자만 기록)

   (근무했던 경험이 있으셨던 분은 모두 써 주세요.)

6. 귀하의 수퍼바이저로서 수퍼비전을 제공한 경력은?

   _____년_____개월(해당자만 기록)

7. 귀하의 기관에서의 직급은? _____(해당자만 기록)

8. 귀하의 사회복지관 관련 활동경력은?

   (예: 운영위원, 자문위원, 후원회장 등)

   _____

   (직원으로서의 경험을 의미하는 것이 아님. 해당자만 기록)

        - 끝까지 응답해 주시느라 수고하셨습니다. -

<부록 5> 델파이 1, 2라운드 설문 내용의 삭제, 첨가, 통합 내용

영역	하위영역	1라운드 세부 내용		2라운드 세부 내용	문항구분
수퍼바이저 역량	지식	조직운영, 관리	→	기관에 대한 이해(사명, 철학, 구조 , 재정 등)	신규
		인사관리	→	조직관리(조직운영 및 분석기법 등)	수정
		리더십		인사관리(직원경력 개발, 인적자원시스템 구축 등)	수정
		사회복지 전반과 클라이언트 이해→내용 분리		수퍼바이저 자신의 자아인식(강·약점, 편견, 자신에 대한 과학적 지식 등)	신규
		프로그램 기획과 관련 절차 이해(프로그램 기획과 실행)→내용중복으로 삭제		리더십	동일
		프로그램 효과성 평가		관련 국가, 지방단위 복지정책에 대한 이해	신규
		수퍼바이지 직무 관련 분야 이해		지역사회 및 서비스 전달 체계에 대한 이해	신규
		수퍼비전 관련 전반 지식		사회복지 전반의 동향과 변화추세 이해	수정
				프로그램 계획, 실행 및 효과성 평가 제반 지식	수정
				인간행동의 다양성과 클라이언트 특성에 대한 이해	수정
				클라이언트 체계에 대한 개입방법 이해	신규
				사회복지 윤리, 가치에 대한 이해	신규
				수퍼바이지 직무 전반 이해	동일
				수퍼비전에 대한 이해	동일
	기술	수퍼바이지 개인성향에 대한 이해		수퍼바이지 개인성향, 특성 이해	동일
		수퍼바이지 학습성향, 학습속도 이해, 학습계획 수립		수퍼바이지 교육적 진단(학습사정), 학습계획 수립	수정
		정보 수집 기술	→	학습 촉진 기술	신규
		수퍼바이지에 맞는 업무분장과 조정	→	정보 수집 기술	동일
		인간관계 기술		업무분석, 분장과 조정	수정
		관계 및 갈등 중재 기술		각종 기록 유지와 기록 능력	신규
		의사소통 기술(상하, 동료)		직무 모니터링	수정
		지속적 학습능력, 노력→가치, 태도 영역으로 이동		직원평가 기술(평가정보 수집, 객관적 평가, 직무수행 피드백 제공 등)	수정
		경청기술→의사소통에 포함		집단지도 및 팀워크 기술	수정
		긍정적 지지와 표현 기술		의사소통(경청, 의사표현, 의사전달 등)	수정
		즉각적이고 적절한 피드백→의사소통에 포함		긍정적 지지, 격려	수정
				상하, 동료와의 관계 형성 기술	수정
		직무 모니터링, 직원평가 기술→내용 분리		갈등 중재 기술	수정
		집단 및 팀 운영		전문적 사회복지 실천기술(개인, 집단, 조직, 지역사회)	신규
				지역사회자원 분석 및 활용 기술	신규

영역	하위영역	1라운드 세부 내용		2라운드 세부 내용	문항구분
수퍼바이저역량	태도	전문성		전문가로서의 지속적 성장 및 전문적 자아의 확립	수정
		먼저 배우고 준비하는 준비성		지속적·적극적인 학습태도(먼저 배우고 준비하는 노력)	동일
		형평성(형평한 처우)→공정한 처우로 수정		공정한 처우	수정
		윤리성		직무에 대한 책임감	수정
		책임지는 것, 책임감		윤리적 태도(사회복지 윤리 내재화, 기관규정 준수 등)	수정
		근무지에서의 정직, 근무태도(시간준수 등)→ 윤리적 태도로 통합			
		수퍼바이지에 대한 기대감 소유 및 후배		수퍼바이지 양성에 대한 신념과 헌신	수정
		양성 신념		솔선수범	신규
		다양성에 대한 수용		협력 및 협동	신규
		개방성		다양성에 대한 수용	동일
		정서적 공감		개방적 태도(관계, 의견개진, 관점 공유 등)	수정
		솔직함→진실함으로 수정		정서적 공감	동일
		일관성		진실함	수정
		인내력		일관성	동일
		친절함·행동력·기억력(지시와 지도에 대한 기억)·다양한 경험의 소유(조직, 업무, 인간관계)·원칙과 자기확신·소신 있음→내용의 불명확성, 중복성, 긍정응답 빈도 저조로 삭제		인내력(수퍼바이지와 직무 어려움에 대한 수용, 기대 유지 등)	동일

영역	1라운드 세부 내용		2라운드 세부 내용	문항구분
수퍼바이지	공동책임 인식(수퍼비전)		수퍼비전에 대한 공동책임 인식	동일
	본인의 자기계발에 대한 명확한 계획		본인의 자기계발에 대한 명확한 계획 수립	동일
	수퍼비전 욕구의 표현, 요구		수퍼비전 욕구의 표현, 수퍼비전 요청	수정
	자발성	→	수퍼비전에 대한 수용적이며 비방어적인 태도	동일
	수용적, 비방어적	→	수퍼비전 내용의 실행능력(수퍼비전 내용 적용 자세와 능력)	수정
	적극성		적절하고 명확한 업무보고	동일
	수퍼비전 내용의 적용능력, 적용자세		수퍼비전에 대한 준비(사전자료 작성, 제출 등)	신규
	자기업무에 대한 직관		수퍼바이지의 자기인식	신규
	업무보고(수시, 명확)		적극성(직무 수행에 대한 적극적 태도)	동일
	기관과 조직에 대해 긍정적 인식태도, 수퍼비전에 대한 기대감, 배우고자 하는 의욕→내용 중복성, 부적합성으로 삭제		직무에 대한 책임감	신규
			자발성(직무 및 수퍼비전 내용에 대한 자발적 수행태도)	수정
관계			상호 이해	동일
			상호 성장	동일
	상호 이해		협력	동일
	상호 성장, 능력 부여		활발한 상호 작용	수정
	협력		긍정적 의사소통	수정
	상호 작용, 의사소통		라포 형성(친밀감, 전문적 관계 형성)	신규
	전문적 상호 처우, 예의		신뢰 형성	동일
	전문적 돕는 관계	→	상호 존중(전문적 상호 처우, 예의 포함 용어 변경)	수정
	신뢰		공적 관계와 사적 관계의 균형	수정
	공식적 관계와 사적인 관계 수립의 적절성(조율)		책임 공유(클라이언트에 대한 공동책임)	신규
			배려	신규
			개방성(감정 공유, 자유로운 사고표현, 관점 허용 등)	신규
			서로에 대한 관심	신규

영역	1라운드 세부 내용		2라운드 세부 내용	문항 구분
조직 특성	조직미션과 비전의 정립		조직미션·비전의 정립	동일
	조직 방향성의 합의와 공유		조직 방향성의 합의와 공유	동일
	조직의 공정하고 분명한 규율, 절차		조직의 공정하고 분명한 규정 및 절차	동일
	조직의 인사관리 체계 수립, 가동		조직의 인사관리 체계 구축과 실행	동일
	조직의 협력적 분위기, 문화 조성		조직의 협력적인 분위기	동일
	수퍼비전을 위한 조직환경의 준비		기관장의 수퍼비전에 대한 이해와 관심	신규
	지역사회 및 전문직협회와의 교류 관계 →		수퍼비전을 위한 물리적, 구조적 환경 준비	수정
	조직의 학습조직화(지속적 학습, 공유. 체계 구축) →		수퍼비전에 대한 긍정적 조직문화	신규
	적절한 규모의 조직구조→긍정응답 빈도수 저조로 삭제		지역사회 및 전문직 체계와의 연계, 교류	수정
			조직의 학습조직화(지속적 학습, 공유, 체계 구축)	동일
			기관 내 부서 구조, 자원, 부서 내 관계	신규
운영 체계 · · 목적	서비스 질의 향상		서비스 질의 향상	동일
	조직성과 달성(향상)		조직성과 달성	동일
	클라이언트의 문제해결		클라이언트 문제해결	동일
	직무 완성, 직무 수행(책무성)		책무성 이행	동일
	직원의 전문직 성장		수퍼바이지의 전문적 성장(역량 강화, 전문적 정체성 확립 등)	수정
	직무만족 강화			동일
	직원 동기 부여, 사기 증진 →		수퍼바이지 직무만족 강화	동일
	의사소통 강화, 관계 개선→내용중복, 위계성 문제로 삭제		수퍼바이지의 동기 부여	동일
			수퍼바이지 스트레스 및 소진 예방	신규
			행정적 효율성 증진	

영역	하위 영역	1라운드 세부 내용		2라운드 세부 내용	문항 구분
수퍼비전 운영체계	구조	횟수: 개별 수퍼비전 월 1회 이상 제공		개별 수퍼비전 월 1회 이상 제공	동일
		전체적으로 주 1회 이상 제공		개별, 집단, 동료 수퍼비전 등의 형식으로 주 1회 이상 수퍼비전 유지	수정
		초보·중간·숙련 사회복지사별 차별화 구조 →		초보, 중간, 숙련 사회복지사별 차별화된 수퍼비전 내용과 구조 제공	동일
		최일선 수퍼바이저·이선 수퍼바이저· 관장 수퍼비전의 병행구조 수립		일선 수퍼바이저의 개별 수퍼비전 책임하에 연간 집단 수퍼비전 형식의 이선 수퍼바이저의 수퍼비전, 관장 수퍼비전 실시(분기별, 반기별 1회 등)	수정
		수퍼비전 계약		수퍼비전 계약	동일
				지역사회나 사회복지학계 등 기관 외부자문을 활용하는 시스템 구축 및 활용	신규
				수퍼비전 계획 수립과 실행, 평가형식 및 도구 활용(상호 합의, 평가)	신규

영역	하위 영역	1라운드 세부 내용	2라운드 세부 내용	문항 구분
	내용 기반	사회복지사의 표준직무 내용 사회복지관 표준사업 분류와 내용 일반주의 실천(미시, 중시, 거시 실천) 사회복지 윤리, 실천 강령	사회복지사의 표준직무의 하위 세부 직무와 과업 내용의 제반 지식과 기술을 다룸	동일
			사회복지관 표준사업 분류와 세부 내용의 제반 지식과 기술을 다룸	동일
			일반주의 실천가로서 통합적인 실천을 수행하기 위한 제반 지식과 기술을 다룸	동일
			사회복지 윤리와 가치에 따른 실천을 할 수 있는 제반 지식과 기술을 다룸	동일
			지역사회문제 해결을 위한 지역사회 실천의 제반 지식과 기술을 다룸	신규
			직무와 관련된 신규 이론 및 지식	신규
			사회복지 동향과 변화추세	신규
			다학문적 접근 필요성과 사회복지 정체성 확립	신규
			수퍼바이저와의 관계 및 수퍼비전 활용	신규
			전문가가 갖추어야 할 속성과 태도	신규
	정책	수퍼비전 규정 마련(제도화) 수퍼비전 지침 및 매뉴얼 마련 수퍼바이저의 수퍼비전 직무기술(직무임무)과 시간 안배(우선순위) 수퍼바이저 평가체계 수퍼바이저 양성 과정(교육) 마련 수퍼비전 기록 및 모니터링, 제출	수퍼비전 규정의 수립(자격, 책임, 구조, 내용 등)	동일
			수퍼비전 지침(매뉴얼) 개발 및 활용	동일
			수퍼바이저 직무기술서 작성 및 활용	수정
			수퍼비전 평가체계(수퍼바이저 평가, 수퍼비전 피드백 등)	동일
			수퍼바이저 양성 과정 및 보수 과정(교육체계)	수정
			수퍼비전 기록 및 기록 유지	수정

<부록 6> 사회복지관 사회복지사용 설문지

※ 본 설문지는 직원 수퍼비전 체계를 구축하고자 하는 기관들에게 기관 실태와 수퍼비전 욕구를 파악할 수 있는 도구로 활용될 수 있다.

사회복지 수퍼비전 표준(Standards) 체계 개발을 위한
조사 설문지
— 사회복지관 직원 수퍼비전을 중심으로 —

안녕하십니까?

이 땅의 클라이언트의 행복과 사회복지의 발전을 위해서 수고하시는 사회복지사 선생님들의 노고에 깊은 경의를 표합니다.

본 설문지는 사회복지관 '**직원**'**을 대상으로 하는 수퍼비전 표준 개발**과 관련 변인 탐색을 위해 수퍼비전 구성요소와 그 내용에 대한 실무자들의 의견을 취합하기 위함입니다. 본 설문지는 사회복지관 현장 실무자 **6명 인터뷰 · 7명 포커스그룹 토론 · 20명 전문가 델파이 설문 2라운드 진행**을 통해 도출된 분석결과와 선행연구자들의 연구결과를 토대로 작성되었습니다.

선생님께서 설문조사에 참여해 주시는 것이 사회복지관 수퍼비전 표준 개발 성공을 위해서 중요합니다. 본 설문지는 합의된 수퍼비전 표준을 개발하기 위한 것이며 이를 위해서는 사회복지관 실무자의 많은 참여가 필요합니다. 앞으로 개발될 수퍼비전 표준은 사회복지관 수퍼비전 실천을 위한 지침과 모델로서 사회복지서비스의 효과적 관리와 사회복지사의 업무능력 개발을 위해 실제적으로 활용될 것으로 기대하고 있습니다.

본 설문에는 **사회복지관에서 '1년 이상' 근무한 사회복지사 선생님들만** 응답해 주시기를 바랍니다.

본 조사를 통해서 얻어진 자료는 비밀이 보장되고 통계적인 목적 외에는 사용되지 않으니 솔직하게 응답해 주시면 감사드리겠습니다. 수퍼비전의 다각적인 요소를 도출하기 위해 문항이 많아 어려움이 있으시겠지만 바쁘신 중에 본 설문에 응답해 주신다면 연구수행에 많은 도움이 되겠습니다.

본 설문조사는 10월 24일까지 도착할 수 있도록 첨부된 반송용 봉투를 이용하여 보내주시면 감사하겠습니다.

다시 한 번 감사드리며 본 연구결과가 필요하시면 추후에 보내드리도록 하겠습니다.

서울여자대학교 사회사업학과
안정선

Ⅰ. 수퍼바이저 일반 배경 조건

* 다음은 사회복지관 직원 수퍼바이저 자격의 일반 배경 조건에 해당하는 내용을 제시한 것입니다. 수퍼바이저의 일반 배경에 적절하다고 생각되는 응답에 √ 해 주시기 바랍니다.

1. 수퍼바이저의 사회복지관 근무경력으로 적절하다고 생각되는 번호에 체크해 주세요.
   _____1) 3년 이상   _____2) 5년 이상   _____3) 7년 이상

2. 수퍼바이저의 학문배경으로 적절하다고 생각되는 번호에 체크해 주세요.
   _____1) 사회복지전공 2년제 학위
   _____2) 사회복지전공 학사학위
   _____3) 사회복지전공 석사학위

3. 수퍼바이저의 직급으로 적절하다고 생각되는 번호에 체크해 주세요.
   _____1) 선임 및 대리 이상   _____2) 과장 이상
   _____3) 부장 이상

4. 수퍼바이저의 일반 배경조건 세부사항에 대하여 그 적절성에 따라 해당되는 칸에 체크해 주시기 바랍니다.

수퍼바이저 자격 일반 배경조건 관련 세부사항	전혀 그렇지 않다	별로 그렇지 않다	그저 그렇다	대체로 그렇다	매우 그렇다
1) 대학원 졸업자인 경우, 실무경력(근무경력조건)을 2년으로 인정함					
2) 대학원 졸업자인 경우, 실무경력(근무경력조건)을 1년으로 인정함					
3) 2년제 대학 졸업자인 경우, 실무경력(근무경력조건) 2년을 더 요구함					
4) 선임과 팀장의 수퍼바이저는 일반 사회복지사의 수퍼바이저에 비해 실무경력을 더 요구함.					
5) 현 해당 기관에서의 근무경력이 최소 1년 이상 되어야 함					
6) 사회복지 근무경력이면 분야에 관계없이 근무경력을 100% 인정함					
7) 사회복지관이 아닌 다른 사회복지 분야 근무경력은 50%로 인정함					
8) 실습지도경험 2년 이상이 필요함					
9) 일정 자격을 갖춘 수퍼바이저에게 전문적 수퍼비전을 받은 경험이 필요함					
10) 내부 또는 외부 수퍼비전 관련 교육의 이수가 필요함					
11) 직급은 절대적인 기준이 되지 않으며 실무경력이나 훈련경험으로 대체 가능함					

Ⅱ. 수퍼비전 목적 영역

* 다음은 사회복지관 직원 수퍼비전의 목적에 해당하는 내용을 제시한
  것입니다. 수퍼비전 목적에 적절하다고 생각되는 응답에 체크해 주시기
  바랍니다.

수퍼비전 목적 영역	전혀 그렇지 않다	별로 그렇지 않다	그저 그렇다	대체로 그렇다	매우 그렇다
1) 서비스 질의 향상					
2) 수퍼바이지의 전문적 성장					
3) 조직의 목표 달성					
4) 수퍼바이지의 동기 부여					
5) 클라이언트 문제해결					
6) 책무성 이행					
7) 수퍼바이지 직무만족 강화					
8) 행정적 효율성 증진					
9) 수퍼바이지 스트레스 및 소진 예방					

Ⅲ. 수퍼바이저 역량 영역

* 다음은 사회복지관 수퍼바이저의 역량에 해당하는 내용을 지식, 기술,
가치 및 태도 영역으로 구분하여 제시한 것입니다. 수퍼비전을 위한 수
퍼바이저의 역량에 적절하다고 생각되는 필요도에 따라 체크해 주시기
바랍니다.

수퍼바이저 세부 역량 내용	수퍼바이저 역량 필요도				
〈지식 영역〉	전혀 필요하 지않음	별로 필요하 지않음	보통	대체로 필요함	매우 필요함
1) 기관의 사명·철학·구조·재정 등 대한 이해	①	②	③	④	⑤
2) 조직운영 및 분석기법 등 조직관리 지식	①	②	③	④	⑤
3) 직원경력 개발 및 인적자원시스템 구축 등 인사관리 지식	①	②	③	④	⑤
4) 수퍼바이저 자신의 강·약점, 편견 등에 대한 자기인식과 과학적 지식	①	②	③	④	⑤
5) 리더십 관련 지식	①	②	③	④	⑤
6) 관련 국가, 지방단위 복지정책에 대한 이해	①	②	③	④	⑤
7) 지역사회 및 서비스 전달 체계에 대한 이해	①	②	③	④	⑤
8) 사회복지 전반의 동향과 변화추세 이해	①	②	③	④	⑤
9) 프로그램 계획, 실행 및 효과성 평가 제반 지식	①	②	③	④	⑤
10) 인간행동의 다양성과 클라이언트 특성에 대한 이해	①	②	③	④	⑤
11) 클라이언트 체계에 대한 개입방법 이해	①	②	③	④	⑤
12) 사회복지 윤리, 가치에 대한 이해	①	②	③	④	⑤
13) 수퍼바이지 직무 전반에 대한 이해	①	②	③	④	⑤
14) 수퍼비전에 대한 지식	①	②	③	④	⑤

수퍼바이저 세부 역량 내용	수퍼바이저 역량 **필요도**				
〈기술 영역〉	전혀 필요하 지않음	별로 필요하 지않음	보통	대체로 필요함	매우 필요함
1) 수퍼바이지 개인성향·특성 이해	①	②	③	④	⑤
2) 수퍼바이지 교육적 진단 및 학습계획 수립	①	②	③	④	⑤
3) 학습 촉진 기술	①	②	③	④	⑤
4) 정보 수집 기술	①	②	③	④	⑤
5) 직무분석·업무분장과 조정	①	②	③	④	⑤
6) 각종 기록 유지와 기록 능력	①	②	③	④	⑤
7) 직무 모니터링 기술	①	②	③	④	⑤
8) 평가정보 수집, 직무 수행 피드백 제공, 객관적 평가 시행 등 직원평가 기술	①	②	③	④	⑤
9) 팀워크 및 집단을 이끄는 기술	①	②	③	④	⑤
10) 경청, 의사표현, 의사전달 등 의사소통 기술	①	②	③	④	⑤
11) 긍정적 지지 및 격려 기술	①	②	③	④	⑤
12) 조직상하 및 동료와의 관계 형성 기술	①	②	③	④	⑤
13) 갈등 중재 기술	①	②	③	④	⑤
14) 개인, 집단, 조직 및 지역사회 실천 등 사회복지 전문적 실천기술	①	②	③	④	⑤
15) 지역사회자원 분석 및 활용 기술	①	②	③	④	⑤
〈태도 영역〉 1) 공정한 처우	①	②	③	④	⑤
2) 지속적·적극적인 학습태도	①	②	③	④	⑤
3) 전문가로서의 지속적 성장 및 전문적 자아의 확립	①	②	③	④	⑤
4) 직무에 대한 책임감	①	②	③	④	⑤
5) 사회복지 윤리 내재화 및 기관규정 준수 등 윤리적 태도	①	②	③	④	⑤
6) 수퍼바이지 전문적 성장에 대한 신념과 헌신	①	②	③	④	⑤
7) 먼저 행동하고 노력하는 솔선수범	①	②	③	④	⑤
8) 협력 및 협동	①	②	③	④	⑤

수퍼바이저 세부 역량 내용	수퍼바이저 역량 필요도				
〈태도 영역〉	전혀 필요하 지않음	별로 필요하 지않음	보통	대체로 필요함	매우 필요함
9) 다양한 의견개진 수용과 관점 공유 등 개 방적 태도	①	②	③	④	⑤
10) 공감적 이해	①	②	③	④	⑤
11) 진실함	①	②	③	④	⑤
12) 일관성	①	②	③	④	⑤
13) 수퍼바이지 및 직무 어려움에 대한 수용, 기대 유지 등 인내력	①	②	③	④	⑤
14) 수퍼바이지의 자율성에 대한 적극적 인정	①	②	③	④	⑤

Ⅳ. 수퍼바이지 역량 영역

* 다음은 사회복지관 수퍼바이지의 역량에 해당하는 내용을 제시한 것입니다. 수퍼비전을 위한 수퍼바이지의 역량에 적절하다고 생각되는 필요도에 따라 응답해 주시기 바랍니다.

수퍼바이지 세부 역량 내용	수퍼바이지 역량 필요도				
	전혀 필요하 지않음	별로 필요하 지않음	보 통	대체로 필요함	매우 필요함
1) 수퍼비전에 대한 공동책임 인식	①	②	③	④	⑤
2) 본인 자기계발에 대한 명확한 계획 수립	①	②	③	④	⑤
3) 수퍼비전 욕구의 표현 및 수퍼비전 요청	①	②	③	④	⑤
4) 수퍼비전에 대한 수용적이며 비방어적인 태도	①	②	③	④	⑤
5) 수퍼비전 내용에 대한 자발적 적용자세와 실행능력	①	②	③	④	⑤
6) 시기적절하고 명확한 업무보고	①	②	③	④	⑤
7) 사전자료 작성 및 제출 등 수퍼비전에 대 한 준비	①	②	③	④	⑤
8) 수퍼바이지의 자기인식	①	②	③	④	⑤
9) 직무 수행에 대한 적극적 태도	①	②	③	④	⑤
10) 직무에 대한 책임감	①	②	③	④	⑤

Ⅴ. 수퍼바이저와 수퍼바이지의 관계

* 다음은 수퍼바이저와 수퍼바이지의 관계에 해당하는 내용을 제시한 것 입니다. 현재 수퍼비전을 위한 관계요소에 적절하다고 판단되는 필요도 에 따라 체크해 주시기 바랍니다.

수퍼바이저와 수퍼바이지 관계 영역	수퍼비전 관계요소 필요도				
	전혀 필요하 지않음	별로 필요하 지않음	보통	대체로 필요함	매우 필요함
1) 상호 이해	①	②	③	④	⑤
2) 상호 성장	①	②	③	④	⑤
3) 협력적 파트너십	①	②	③	④	⑤
4) 활발한 상호 작용	①	②	③	④	⑤
5) 긍정적 의사소통	①	②	③	④	⑤
6) 전문적 관계와 친밀감 등 라포 형성	①	②	③	④	⑤
7) 신뢰 형성	①	②	③	④	⑤
8) 상호 존중	①	②	③	④	⑤
9) 공적 관계와 사적 관계의 균형	①	②	③	④	⑤
10) 수퍼비전 실시와 관계에 대한 책임 공유	①	②	③	④	⑤
11) 상호 배려	①	②	③	④	⑤
12) 감정 공유와 자유로운 사고표현, 관점 허용 등 상호 개방	①	②	③	④	⑤
13) 서로에 대한 관심	①	②	③	④	⑤

Ⅵ. 조직특성 영역

* 다음은 수퍼비전을 위한 일반적인 조직특성에 해당하는 내용을 제시한
것입니다. <u>수퍼비전을 위한 조직특성에 적절하다고 판단되는 필요도에
따라 체크해 주시기 바랍니다.</u>

조직특성 영역	수퍼비전을 위한 조직특성 **필요도**				
	전혀 필요하 지않음	별로 필요하 지않음	보통	대체로 필요함	매우 필요함
1) 조직미션·비전의 정립	①	②	③	④	⑤
2) 조직운영 방향성의 합의와 공유	①	②	③	④	⑤
3) 조직의 공정하고 명문화된 규정과 절차	①	②	③	④	⑤
4) 조직의 인사관리 체계 구축과 실행	①	②	③	④	⑤
5) 조직 전반의 협력적인 분위기	①	②	③	④	⑤
6) 기관장의 수퍼비전에 대한 이해와 관심	①	②	③	④	⑤
7) 수퍼비전을 위한 물리적·구조적 환경 준비	①	②	③	④	⑤
8) 수퍼비전에 대한 긍정적 조직문화	①	②	③	④	⑤
9) 지역사회 및 전문직 체계와의 연계·교류	①	②	③	④	⑤
10) 지속적 학습과 공유, 지원 체계 구축 등 조 직의 학습조직화	①	②	③	④	⑤
11) 원활한 부서 내 관계	①	②	③	④	⑤

Ⅶ. 수퍼비전 실행구조

* 다음은 수퍼비전 운영구조에 해당하는 내용을 제시한 것입니다. <u>수퍼비전을 위한 실행구조에 적절하다고 판단되는 필요도</u>에 따라 체크해 주시기 바랍니다.

수퍼비전 실행구조	수퍼비전을 위한 운영구조 필요도				
	전혀 필요하 지 않음	별로 필요하 지않음	보통	대체로 필요함	매우 필요함
1) 개별 수퍼비전 월 1회 이상 제공	①	②	③	④	⑤
2) 개별, 집단, 동료 수퍼비전 등의 형식으로 주 1회 이상 수퍼비전 유지	①	②	③	④	⑤
3) 초보, 중간, 숙련 사회복지사별 차별화된 수퍼비전 내용과 구조 제공	①	②	③	④	⑤
4) 지역사회나 사회복지학계 등 외부자문을 활용하는 시스템 구축 및 활용	①	②	③	④	⑤
5) 수퍼비전 계획 수립과 실행, 평가 과정 실 시 및 관련 도구 활용	①	②	③	④	⑤
6) 수퍼비전 내용에 대한 합의, 문서화 등 수퍼비전 계약 실시	①	②	③	④	⑤
7) 기록검토 외 다양한 수퍼비전 방법의 활용	①	②	③	④	⑤

Ⅶ-1. 사회복지관에서 수퍼비전(개별·집단·동료 수퍼비전 모두 고려)을 위해 수퍼바이저 1인이 담당하는 수퍼바이지의 수는 몇 명이 적절하다고 생각하십니까?

(_____)명

Ⅶ-2. 적절한 직원 수퍼비전을 위해 수퍼비전 시간은 어느 정도여야 한다고 보십니까? (_____)분

Ⅷ. 수퍼바이저 세부 직무 영역

* 다음은 사회복지관 수퍼바이저의 세부 직무를 제시한 것입니다. 제시된
  세부 직무의 <u>2가지</u> 기준에 따라 해당되는 응답의 번호를 체크하여 주
  시기 바랍니다.

> ☞ **수퍼바이저①**는 자신의 세부 직무를 생각하면서 작성해 주시고 **수퍼바이지②**
> 는 담당 수퍼바이저의 직무 수행도를 생각하면서 작성해 주시기 바랍니다.

빈도	1 - 거의 실시하지 않는다(1년에 1회 정도) 2 - 별로 실시하지 않는다(수개월에 1회 정도) 3 - 종종 실시한다(1개월에 1-2회 정도) 4 - 자주 실시한다(1-2주에 1-2회 정도)
중요도	1 - 전혀 중요하지 않다(최소 유지, 줄여야 하는 업무) 2 - 중요하지 않다(보조적 업무) 3 - 중요하다(직무성격 기본 업무) 4 - 매우 중요하다(향후 중점 또는 강화발전 업무)

수퍼바이저 세부 직무 ①(수퍼바이저인 나의 세부 직무는……) ②(나의 수퍼바이저의 세부 직무는……)		빈 도	중요도
행정적	1) 수퍼바이지 직무 파악을 위한 정보와 자료 수집, 이해 노력		
	2) 직무분석 및 분장, 조정, 위임		
	3) 직무검토 및 평가, 방향성 논의		
	4) 세부 프로그램 및 사례(기록)에 대한 분석, 피드백 제공		
	5) 조직 핵심 가치와 방침의 이해와 내재화 도모		
교육적	6) 수퍼바이지 교육훈련, 기술 전수		
	7) 수퍼바이지 직무 및 사회복지 관련 정보 제공		
지지적	8) 수퍼바이지와의 정서적 유대 강화		
	9) 업무스트레스 관리 및 직무만족 증진을 위한 지지, 격려		
수퍼바이지	10) 수퍼바이지의 특성, 성향, 역량 등 다한 정보 수집 및 이해 노력		
수퍼바이저	11) 수퍼바이저 자신의 자기계발, 교육 참여, 지식습득 노력		
수퍼비전 준비, 실행	12) 수퍼비전 기록 유지		
	13) 수퍼비전 모니터링 및 평가		
	14) 수퍼비전 진행 준비(계획, 장소, 시간 등)		
	15) 집단회의, 개별면담 등 의사소통의 장 진행, 운영		

IX. 수퍼비전 정책

* 다음은 수퍼비전 정책에 해당하는 내용을 제시한 것입니다. <u>수퍼비전을</u>
<u>위한 정책에 적절하다고 판단되는 필요도</u>에 체크해 주시기 바랍니다.

수퍼비전 정책	수퍼비전 정책 필요도				
	전혀 필요하 지않음	별로 필요하 지않음	보통	대체로 필요함	매우 필요함
1) 수퍼비전 자격·책임·구조·내용·교육 이수 등에 대한 규정 수립	①	②	③	④	⑤
2) 수퍼비전 지침 개발 및 활용	①	②	③	④	⑤
3) 수퍼바이저 직무기술서 작성 및 활용	①	②	③	④	⑤
4) 수퍼바이저 평가 및 수퍼비전 진행 평가, 피드백 등 수퍼비전 평가체계 수립 및 실시	①	②	③	④	⑤
5) 수퍼바이저 교육체계 준비 및 실행	①	②	③	④	⑤
6) 수퍼비전 기록 및 기록 유지	①	②	③	④	⑤

X. 수퍼비전 내용 영역

* 다음은 사회복지관 직원 수퍼비전의 내용에 해당하는 내용을 제시한
  것입니다. 본인이 <u>수퍼비전 시에 다루어질 내용으로 필요하다고 생각되</u>
  <u>는 '욕구' 정도</u>에 따라 체크해 주시기 바랍니다.

수퍼비전 내용 영역(사회복지 전반과 표준직무)	전혀 필요하 지않음	별로 필요하 지않음	보통	대체로 필요함	매우 필요함
1) 일반주의 실천가로서 통합적인 실천을 수행하기 위한 제반 지식과 기술					
2) 사회복지 윤리와 가치에 따른 실천을 할 수 있는 제반 지식과 기술					
3) 지역사회문제 해결을 위한 지역사회 실천의 제반 지식과 기술					
4) 직무와 관련된 신규 이론 및 지식					
5) 사회복지 동향과 변화추세					
6) 다학문적 접근 필요성과 사회복지 정체성 확립					
7) 수퍼바이저와의 관계 이해 및 활용					
8) 전문가가 갖추어야 할 속성과 태도					
9) 시간 및 건강관리 등 자기관리					
10) 직원교육, 실습지도, 업무평가 등 인력관리					
11) 각종 기록, 보고서, 회의록 등 문서관리					
12) 직무분석, 예산 수립 및 편성, 사업계획 등 기획 및 재정관리					

수퍼비전 내용 영역(일반주의 실천기반 핵심 지식과 기술)		수퍼비전 필요도				
		전혀 필요하지않음	별로 필요하지않음	보 통	대체로 필요함	매우 필요함
전문적 발달을 위한 내용	1) 사회사업가치 및 윤리에 대한 사명감: 전문직 가치, 윤리의 내면화 및 증진					
	2) 인간의 다양성 존중: 특성, 문화, 계층 이해 및 수용					
	3) 사회·경제정의 증진의 사명감: 사회적 약자에 대한 인식, 개선을 위한 노력					
	4) 자기인식: 자신의 강·약점 파악, 전문가로서의 자신에 대한 이해					
	5) 전문적 성장에 대한 책임감					
	6) 자신의 실천 활동에 대한 효과성 평가					
행정적 측면의 지식 및 기술	7) 기관사명, 비전 이해: 기관철학, 사명, 목적					
	8) 기관구조 파악: 구조분석, 역동성 분석					
	9) 조직 내에서 기능하는 능력: 업무책임, 역할 숙지, 업무계획					
	10) 기록 유지와 기록 활동: 기록 방법과 기록 피드백					
지역사회· 정책적 측면의 교육 내용	11) 관련 사회복지정책: 기관 및 직무 관련 정책					
	12) 지역사회에 대한 이해: 지역 및 자원조사					
	13) 서비스 전달 체계 이해: 서비스 연계망 활용, 지역사회 내 관련 조직과의 관계 등					
	14) 인적, 물적 자원 개발 및 관리: 모금, 홍보, 매체 활용, 자원봉사자 개발 및 관리					

수퍼비전 내용 영역(일반주의 실천기반 핵심 지식과 기술)		수퍼비전 필요도				
		전혀 필요하지않음	별로 필요하지않음	보 통	대체로 필요함	매우 필요함
기본적 대인관계 기술 내용	15) 대인관계 의사소통 기술					
	16) 동료와의 관계기술					
클라이언트 체계 개입을 위한 기술 내용	17) 인간행동, 다양성에 관한 지식 적용					
	18) 클라이언트 면접 기술					
	19) 클라이언트 사정 기술					
	20) 평가 및 종결 기술					
	21) 집단에의 개입 기술					
	22) 의뢰 및 사례관리 기술					
	23) 옹호 활동 기술					
	24) 프로그램 계획, 실행, 평가 기술					

〈일반적 사항〉

1. 귀하는 기관에서 직원들의 수퍼바이저 역할을 담당하고 있습니까?

_____1) 그렇다(아래 문항으로)　　　　　_____2) 아니다

--〉1-1)의 경우 수퍼바이저의 역할을 담당한 총 경력은? (_____)년

1. 성별 _____1) 남 _____2) 여	2. 연령 (　　　　)세
3. 결혼 상태 _____1)미혼 _____2)기혼 _____3)기타(　　　)	4. 종교 _____1)기독교(개신교) _____2) 불교 _____3) 천주교 _____4) 없음 _____5) 기타(　　　　　)

5. 최종 학력	6. 귀하의 수퍼비전 관련 훈련경험은?
_____1) 사회복지학부 졸업	(복수응답 가능)
_____2) 사회복지학부와 석사(과정 중 또는 졸업)	_____1) 학부, 대학원에서 수퍼비전 관련 교과목 이수(사회복지지도 감독, 수퍼비전 방법론 등)
_____3) 타 전공과 사회복지석사(과정 중 또는 졸업)	_____2) 수퍼비전 관련 외부 연수 이수
_____4) 사회복지 박사(과정 중 또는 졸업)	_____3) 내부 수퍼바이저 교육 이수
_____5) 기타( )	_____4) 기 타( )
7. 직급	8. 사회복지 분야 총 실무경력
_____1) 사회복지사	_____1) 1년 이상 ~ 3년 미만
_____2) 선임, 대리	_____2) 3년 이상 ~ 5년 미만
_____3) 과장	_____3) 5년 이상 ~ 7년 미만
_____4) 부장	_____4) 7년 이상 ~ 10년 미만
_____5) 기타( )	_____5) 10년 이상
9. 사회복지관 운영기간	10. 사회복지관의 지역특성
_____1) 5년 미만	_____1) 영구임대 지역
_____2) 5~10년 미만	_____2) 일반 저소득 지역
_____3) 10~20년 미만	_____3) 혼합 지역
_____4) 20년 이상	_____4) 중산층 지역
11. 사회복지관 유형	12. 운영 주체
_____1) 가형	_____1) 사회복지법인
_____2) 나형	_____2) 학교법인
_____3) 다형	_____3) 비영리법인, 단체
	_____4) 지방자치단체
13. 사회복지관의 종교적 배경	14. 사회복지사의 수(주20시간이상 근무자 포함)
_____1) 기독교(개신교)	_____1) 10명 이하
_____2) 불교	_____2) 11-14명
_____3) 천주교	_____3) 15-19명
_____4) 없음	_____4) 20명 이상
_____5) 기타( )	

- 긴 설문지를 끝까지 응답해 주시느라 정말 수고하셨습니다. -

- 다시 한 번 체크하지 않으신 문항이 있는지 확인해 주시고
발송해 주시기 바랍니다. -

<부록 7> 사회복지관 직원 수퍼비전 표준 체계

─사회복지 수퍼비전 운영을 위한 기본 가이드라인─

1. 수퍼비전의 목적 표준 내용

사회복지관 수퍼비전의 목적은 사회복지사들의 동기 부여와 전문적 성장을 통해 궁극적으로 클라이언트의 문제해결은 물론 보다 질 높은 서비스를 제공하기 위함이다. 즉 수퍼비전을 통해 사회복지사들이 업무를 효율적·효과적으로 수행할 수 있도록 도움으로써 클라이언트에게 최대한 양질의 서비스를 제공하고 직원 및 기관이 책무성을 이행할 수 있도록 보장하는 것이다.

수퍼비전의 핵심 목적[33]은 사회복지관 수퍼비전 이해당사자들의 1~3순위 의견을 반영하여 다음과 같이 정리되었다.

> ▶ 수퍼비전의 핵심 목적
> ● 서비스의 질 향상 · 클라이언트의 문제해결
> ● 수퍼바이지의 전문적 성장 · 수퍼바이지의 동기 부여

---

33) 핵심 목적은 수퍼비전의 목적 표준에서 가장 중요하게 인식되고 있는 목적을 의미한다. 본 연구에서는 수퍼비전 각 요소에서 가장 우선적이며 중요하게 논의되고 다루어져야 할 내용에 대해 '핵심'의 용어를 사용하여 별도로 내용을 제시하였다.

2. 수퍼바이저의 자격 및 역량 표준

1) 수퍼바이저의 자격요건[34]

사회복지관의 수퍼바이저는 사회복지전공 학사 이상의 사회복지사로 5년 이상의 사회복지 관련 실무경험과 과장 이상의 직위를 가진 자로 한다.

현 해당 기관에서의 근무경력이 최소 1년 이상 된 자로서 기관과 기관 환경에 대한 이해를 가진 자로 한다.

선임과 과장 등 숙련 사회복지사들에 대한 수퍼바이저는 7년 이상의 사회복지 관련 실무경력이 필요하다.

또한 사회복지관 수퍼바이저는 수퍼비전 관련 교육을 이수하고 자격을 갖춘 수퍼바이저에게 전문적 수퍼비전을 받은 경험이 있어야 한다. 이를 위해 각 사회복지관은 수퍼바이저 자격을 위해 기관 내·외부에서 전문적 수퍼비전 경험을 위한 체계를 갖추고 수퍼바이저를 훈련시켜야 한다.

수퍼바이저의 핵심[35] 자격요건은 수퍼비전 이해당사자들의 1~3순위 의견을 반영하여 다음과 같이 정리되었다.

---

34) 단, 수퍼바이저의 일반 자격요건들은 기관의 상황에 따라 별도의 훈련, 자문, 오리엔테이션, 제2선 수퍼비전을 통해 조정안을 마련할 수 있다. 본 표준은 델파이 패널과 사회복지관 실무자들이 공통적으로 중요하다고 생각하는 기준들을 정리한 것이며 개별 기관들의 특성과 상황을 모두 고려한 표준을 제시하지는 못했다.

35) 본 연구에서는 수퍼비전 각 요소에서 가장 우선적이며 중요하게 논의되고 다루어야 할 내용에 대해 '핵심'의 용어를 사용하여 별도로 제시하였다.

▶ 수퍼바이저의 핵심 자격요건
- 5년 이상의 경력, 학부 졸업 이상, 과장 이상의 직급
- 선임급 이상의 수퍼바이지에 대한 담당 수퍼바이저의 숙련성 고려
- 전문적 수퍼비전의 경험을 통한 훈련과 준비
- 현 해당 기관에서의 일정 근무경험 확보

2) 수퍼바이저의 역량

(1) 수퍼바이저들은 수퍼비전을 위해 사회복지 관련 '지식'(Knowledge)을 습득하기 위해 지속적으로 노력해야 하며 기본적으로 다음과 같은 영역에서의 지식 보유가 필수적이다.

K-1. 수퍼바이저는 자신의 강·약점, 편견 등에 대한 자기인식과 지속적인 자기분석, 성찰을 위해 과학적 지식을 갖추어야 한다.

K-2. 수퍼바이저는 프로그램 계획, 실행 및 효과성 평가 관련 제반 지식에 대한 이해도가 높아야 한다.

K-3. 수퍼바이저는 사회복지 윤리 및 가치에 대한 이해도가 높아야 한다.

K-4. 수퍼바이저는 다양한 클라이언트의 특성을 이해하고 개입방법에 대한 지식을 갖추고 있어야 한다.

K-5. 수퍼바이저는 담당 수퍼바이지의 직무 전반에 대한 이해가 높아야 한다.

K-6. 수퍼바이저는 기본적으로 수퍼비전을 실행하기 위해 수퍼비전 이론, 수퍼비전 모델과 방법, 수퍼바이저 역할 등 수퍼비전 관련 지식을 보유하여야 한다.

K-7. 수퍼바이저는 해당 기관 및 조직관리 지식 그리고 조직리더로서 리더십 관련의 전반적인 지식을 갖추어야 한다.

K-8. 수퍼바이저는 조직이 지역사회에서 갖는 미션을 이해하고 지역사회 욕구에 부응할 수 있도록 지역사회 및 전달 체계에 관한 지식을 갖추어야 한다.

K-9. 그 외 수퍼바이저는 효과적인 수퍼비전을 위해 사회복지 전반의 동향과 변화추세, 관련 복지정책에 대한 이해를 도모하여야 한다.

수퍼바이저의 핵심[36) 지식 역량은 수퍼비전 이해당사자들의 1~3순위 의견을 반영하여 다음과 같이 정리되었다.

▶ 수퍼바이저의 핵심 지식 역량
- 프로그램 계획, 실행, 효과성 평가 제반 지식
- 수퍼바이저 자신의 강·약점, 편견 등에 대한 자기인식과 이를 위한 과학적 지식
- 수퍼바이지 직무 전반에 대한 이해
- 클라이언트 체계에 대한 개입방법
- 수퍼비전 및 리더십 관련 지식

---

(2) 수퍼바이저들은 수퍼비전을 위해 '기술'(Skill)적인 영역에서 다양한 기술을 활용해야 하며 기술의 향상을 위해 지속적으로 노력해야 한다. 기본적으로 다음과 같은 영역에서의 기술 보유가 필수적이다.

S-1. 수퍼바이저는 사회복지 전문적 실천기술, 즉, 개인, 집단, 조직 및 지역사회 실천의 기술을 보유하여야 한다.

S-2. 수퍼바이저는 효과적인 수퍼비전을 위해 경청, 의사표현, 의사전

---

36) 본 연구에서는 수퍼비전 각 요소에서 가장 우선적이며 중요하게 논의되고 다루어야 할 내용에 대해 '핵심'의 용어를 사용하여 별도로 제시하였다.

달 등 의사소통 기술을 보유하여야 한다.

S-3. 수퍼바이저는 수퍼바이지의 직무 수행과 노력에 대해 긍정적 지지를 제공하고 격려할 수 있는 기술을 보유하여야 한다.

S-4. 수퍼바이저는 조직상하 및 동료와의 관계 형성 기술을 보유하여야 한다.

S-5. 수퍼바이저는 조직과 부서 내, 그리고 수퍼바이지 간 갈등을 중재할 수 있는 기술을 보유하여야 한다.

S-6. 수퍼바이저는 조직 내 집단 수퍼티전, 팀 활동의 주도자로서 팀워크 형성 및 집단을 이끄는 기술을 보유하여야 한다.

S-7. 수퍼바이저는 수퍼바이지들의 직무에 대한 과학적 분석 및 업무 분장과 조정의 기술을 보유하여야 한다.

S-8. 수퍼바이저는 담당 수퍼바이지의 개인성향, 특성 그리고 교육적 욕구를 사정하고 수퍼바이지 개인에 따른 학습계획을 수립하고 학습을 촉진할 수 있는 기술을 보유하여야 한다.

S-9. 수퍼바이저는 수퍼바이지의 직무와 개인의 전문적 성장에 관한 모니터링 및 평가 기술을 보유하여야 한다.

S-10. 그 외 수퍼바이저는 지역사회자원을 분석하고 활용할 수 있는 기술을 갖추어야 하며 각종 문서관리와 기록 유지에 대한 지도를 위해 기록 능력에 집중하여야 하고 사회복지 동향 및 다양한 관련 정보를 수집하는 기술을 보유하여야 한다.

수퍼바이저의 핵심[37] 기술 역량은 수퍼비전 이해당사자들의 1~3순위 의견을 반영하여 다음과 같이 정리되었다.

---

37) 본 연구에서는 수퍼비전 각 요소에서 가장 우선적이며 중요하게 논의되고 다루어야 할 내용에 대해 '핵심'의 용어를 사용하여 별도로 제시하였다.

> ▶ 수퍼바이저의 핵심 기술 역량
> - 의사소통 기술(경청, 의사표현, 의사전달 등)
> - 사회복지 실천기술(개별, 집단, 조직 및 지역사회 실천 등)
> - 긍정적 지지 및 격려 기술
> - 조직상하 및 동료와의 관계 형성 기술
> - 갈등 중재 기술

(3) 수퍼바이저들은 수퍼비전이 원활히 이루어질 수 있도록 '태도'(Attitude)의 향상을 위해 지속적으로 노력해야 한다. 기본적으로 다음과 같은 영역에서의 태도의 보유가 필수적이다.

A-1. 수퍼바이저는 직무 수행과 지도감독에 있어 일관적인 태도를 갖추어야 한다.

A-2. 수퍼바이저는 사회복지 윤리의 내재화 및 기관규정 준수 등 윤리적 태도를 갖추어야 한다.

A-3. 수퍼바이저는 다양한 의견개진 수용과 관점 공유 등 개방적 태도를 갖추어야 한다.

A-4. 수퍼바이저는 직무 수행의 모델로서 기능하기 위해 업무 수행에 있어 책임감 있는 태도를 갖추어야 한다.

A-5. 수퍼바이저는 직무평가 및 수퍼바이지에 대한 처우에 있어 공정한 태도를 갖추어야 한다.

A-6. 수퍼바이저는 수퍼바이지에 대한 진실한 태도로 공감적 이해를 할 수 있어야 한다.

A-7. 수퍼바이저는 수퍼바이지를 수용하고 수퍼바이지가 담당하고 있는 직무 어려움을 이해하며 지속적으로 기대를 유지할 수 있는 인내하는 태도를 갖추어야 한다.

A-8. 수퍼바이저는 전문가로서의 지속적인 성장 및 전문적 자아의 확립을 위해 노력하고 적극적으로 학습하여야 하며 수퍼바이지 전문적 성장에 대해 신념을 가지고 헌신적으로 임하는 태도를 갖추어야 한다.

A-9. 그 외 수퍼바이저는 수퍼바이지와 협력하고 협동하는 태도로 직무를 수행하며 수퍼바이지의 자율성에 더해 적극적으로 인정하는 태도를 갖추어야 한다.

수퍼바이저의 핵심[38] 태도 역량은 수퍼비전 이해당사자들의 1~3순위 의견을 반영하여 다음과 같이 정리되었다.

▶ 수퍼바이저의 핵심 태도 역량

- 일관성
- 사회복지 윤리 내재화 및 기관규정 준수 등 윤리적 태도
- 다양한 의견개진 수용과 관점 공유 등 개방적 태도
- 직무에 대한 책임감
- 공정한 처우

---

3. 수퍼바이지의 역량 표준

수퍼바이지들은 수퍼비전이 효과적으로 이루어질 수 있도록 다음과 같은 영역에서의 '역량'(Competence) 보유가 필수적이다.

C-1. 수퍼바이지는 본인 직무에 대해 책임감 있는 태도를 갖추어야 한다.
C-2. 수퍼바이지는 직무 수행에 대해 적극적 태도 갖추어야 한다.

---

38) 본 연구에서는 수퍼비전 각 요소에서 가장 우선적이며 중요하게 논의되고 다루어야 할 내용에 대해 '핵심'의 용어를 사용하여 별도로 제시하였다.

C-3. 수퍼바이지는 수퍼비전 내용에 대한 자발적 적용자세와 실행능력을 갖추어야 한다.

C-4. 수퍼바이지는 본인 직무 수행에 대한 시기적절하고 명확한 업무보고를 실행할 수 있어야 한다.

C-5. 수퍼바이지는 자신에 대한 인식과 이를 위한 과학적 지식을 확보하여야 하고 자기계발에 관한 명확한 계획을 수립할 수 있어야 한다.

C-6. 수퍼바이지는 수퍼비전에 대한 공동책임을 인식하고 수퍼비전에 대해 준비하여야 한다.

C-7. 수퍼바이지는 수퍼비전에 대한 수용적인 태도를 갖추고 수퍼비전의 욕구를 표현할 수 있어야 한다.

수퍼바이지의 핵심[39] 역량은 수퍼비전 이해당사자들의 1~3순위 의견을 반영하여 다음과 같이 정리되었다.

▶ 수퍼바이지의 핵심 역량
- 직무에 대한 책임감
- 직무 수행에 대한 적극적 태도
- 수퍼비전 내용에 대한 자발적 적용자세와 실행력
- 시기적절하고 명확한 업무보고

---

4. 수퍼비전 관계 표준

효과적인 수퍼비전을 위해 수퍼바이저와 수퍼바이지는 다음과 같은 수퍼비전 '관계'(Relations)를 구축하기 위해 노력한다.

---

39) 본 연구에서는 수퍼비전 각 요소에서 가장 우선적이며 중요하게 논의되고 다루어야 할 내용에 대해 '핵심'의 용어를 사용하여 별도로 제시하였다.

R-1. 수퍼바이저와 수퍼바이지는 관계의 신뢰성 확보에 집중한다.

R-2. 수퍼바이저와 수퍼바이지는 상호 존중한다.

R-3. 수퍼바이저와 수퍼바이지는 활발하게 상호 작용하며 긍정적 의사소통에 집중한다.

R-4. 수퍼바이저와 수퍼바이지는 상호를 이해하고 배려하도록 노력한다.

R-5. 수퍼바이저와 수퍼바이지는 상호 성장하는 관계가 되도록 상호 헌신한다.

R-6. 수퍼바이저와 수퍼바이지는 전문적 관계를 형성하고 친밀감 강화와 라포 형성을 위해 노력하여 공적 관계와 사적 관계의 경계와 균형을 조율한다.

R-7. 수퍼바이저와 수퍼바이지는 수퍼비전에 대한 책임을 공유하며 협력적 파트너십을 발휘한다.

R-8. 수퍼바이저와 수퍼바이지는 상호 관심을 가지고 감정을 공유하며 자유로운 사고와 관점을 표현하는 등 서로에게 개방적 태도로 임한다.

수퍼비전 관계의 핵심[40] 내용은 수퍼비전 이해당사자들의 1~3순위 의견을 반영하여 다음과 같이 정리되었다.

▶ 수퍼비전 관계 핵심 내용

● 신뢰 형성

● 상호 존중

● 긍정적 의사소통

● 상호 이해

---

40) 본 연구에서는 수퍼비전 각 요소에서 가장 우선적이며 중요하게 논의되고 다루어야 할 내용에 대해 '핵심'의 용어를 사용하여 별도로 제시하였다.

5. 조직특성 표준

효과적인 수퍼비전을 위해서 조직은 제도 실행의 기반이 되는 다양한 전략을 수립하고 제도의 실행력을 확보하며 아울러 수퍼비전을 위한 조직적 환경을 조성해야 한다. 수퍼비전을 위한 조직특성의 세부 내용은 다음과 같다.

O-1. 수퍼비전을 실행하는 조직은 조직의 미션과 비전을 우선적으로 정립하며 조직운영의 방향성에 대한 합의를 도출하고 지속적으로 공유해야 한다.

O-2. 수퍼비전을 실행하는 조직은 기관대표자가 수퍼비전에 대한 이해와 관심을 가지고 수퍼비전의 적극적인 실행을 표명하여야 한다. 기관대표자와 운영진은 수퍼비전의 실행에 대해 지속적으로 모니터링하며 피드백을 수렴한다.

O-3. 수퍼비전을 실행하는 조직은 공정하고 명문화된 규정과 절차를 확보하여야 한다. 또한 수퍼비전 실행 정책을 수립하여야 한다.[41]

O-4. 수퍼비전을 실행하는 조직은 수퍼비전 체계를 포함하는 기관 전반의 인사관리 체계를 구축하고 실행하여야 한다.

O-5. 수퍼비전을 실행하는 조직은 조직 전반의 협력적인 분위기를 구축하고 수퍼비전에 대해 조직성원들이 전반적으로 긍정적으로 인식할 수 있도록 지속적으로 노력하여야 한다. 수퍼비전에 대한 인식화 작업은 수퍼바이저들만이 아닌 수퍼바이지들에게도 이루어져 수퍼비전에 대한 책임 공유와 수퍼비전 받을 권리에 대해 강조하여 이루어져야 한다.

O-6. 수퍼비전을 실행하는 조직은 수퍼비전을 위한 물리적, 구조적 환경 조성을 위해 노력하여야 한다. 개별 및 집단 수퍼비전 등을 실행할

---

41) 수퍼비전 정책의 세부 내용은 수퍼비전 실행구조 수퍼비전 정책 영역에 제시되어 있다.

수 있는 준비된 공간을 마련해야 한다.

O-7. 그 외 수퍼비전을 실행하는 조직은 지속적 학습과 공유, 다각적인 학습실행, 학습지원 체계 구축 등 조직의 학습조직화를 추구하여야 하며 지역사회 및 전문직 체계와의 연계와 교류를 위해 노력하여야 한다.

효과적인 수퍼비전 실행을 위해 필요한 조직특성 핵심[42] 내용은 수퍼비전 이해당사자들의 1~3순위 의견을 반영하여 다음과 같이 정리되었다.

▶ 조직특성 핵심 내용
- 기관장의 수퍼비전에 대한 이해와 관심 표명
- 조직의 공정하고 명문화된 규정과 절차 마련
- 조직 인사관리 체계 구축과 실행
- 조직 전반의 협력적인 분위기 구축 노력

---

6. 수퍼비전 실행구조 표준

1) 수퍼비전 방법

수퍼비전 방법은 수퍼비전 주기 및 횟수, 유형, 시간, 도구 활용, 기법, 과정과 단계, 계약, 담당 수퍼바이지의 수, 장소로 구성되어 있다. 수퍼비전 실행구조의 세부 내용은 다음과 같다.

(1) 수퍼비전 주기 및 횟수

개별 수퍼비전은 월 1회 이상[43] 제공되어야 하며 개별·집단·동료 수

---

42) 본 연구에서는 수퍼비전 각 요소에서 상대적으로 우선적이며 중요하게 논의되고 다루어야 할 내용에 대해 '핵심'의 용어를 사용하여 별도로 제시하였다.

퍼비전의 형태로 최소한 주 1회 이상 수퍼비전을 유지한다. 수퍼비전은 정기적인 일정 수립을 통해 진행되어야 하며 상황과 사안에 따라 정기적인 일정 외에 부가적으로 수퍼비전을 시행할 수 있다.

(2) 수퍼비전 유형

수퍼비전은 개별 수퍼비전, 집단 수퍼비전, 동료 수퍼비전, 외부자문 등의 유형을 활용할 수 있으며 기관 및 부서의 상황 및 사안에 따라 다양한 유형을 적절히 선택하여 실시한다.

단, 수퍼바이지를 개별화하여 실시하는 개별 수퍼비전은 월 1회 이상 유지되어야 한다.

조직 내·외부 인적자원을 최대한 활용하여 수퍼비전이 효과적으로 실행될 수 있도록 한다.

(3) 수퍼비전 시간

정기적 수퍼비전은 통상적으로 최소 30분~1시간 수준 이상 진행한다. 월 1회 이상 유지되는 개별 수퍼비전의 경우, 충분한 시간을 확보하고 일정한 과정에 의해 진행되어야 한다. 그러나 특정 상황과 사안에 따라 수퍼비전이 필요한 경우에는 시간을 조정하여 효과적으로 진행한다.

(4) 수퍼비전 도구 개발 및 활용

수퍼비전은 수퍼비전 계획, 실행, 평가 등 일련의 과정으로 진행되며 각 단계에서 활용할 수 있는 다양한 도구와 서식을 적극 활용한다. 사회복지관 차원에서 수퍼비전 계획서, 수퍼바이지 학습사정도구, 수퍼비전 기록, 수퍼비전 평가서, 수퍼바이저 평가서 등의 양식을 적극 개발, 적용한다.

---

43) 개별 수퍼비전의 횟수는 사회복지사의 경력이나 직위, 숙련성에 따라 차별화될 수 있는 영역이다. 월 1회는 수퍼비전 횟수의 최소 기준으로 책정되었다.

(5) 수퍼비전 기법

수퍼비전 기법은 수퍼바이지의 훈련목적과 사안에 따라 다양하게 사용하여야 한다.

수퍼비전 기법은 일반적으로 수퍼바이지의 사례나 프로그램 기록검토, 역할극, 토론, 책읽기, 기법전수, 코칭, 녹음과 녹화, 관찰 및 참관 등이 대표적이다. 일정한 기법에 고정되지 않고 다양한 기법을 사용할 수 있도록 상호 노력한다.

(6) 수퍼비전 과정과 단계

수퍼바이지에 대한 교육적 진단, 즉 수퍼바이지의 직무 역량과 학습능력을 사정하고 그에 따라 수퍼비전 계획을 수립하고 계약을 실시하여야 한다. 수퍼바이지 사정을 위해 다각적인 방법을 활용하여 수퍼바이지 개인의 수퍼비전에 대한 욕구와 필요한 훈련의 영역을 파악한다.

수퍼바이지에 대한 교육적 사정 후, 수퍼비전 내용과 과정, 의무에 대하여 수퍼바이저와 수퍼바이지 상호의 협약을 맺는다.

다양한 기법 및 도구 활용을 통해 수퍼비전을 실행하고 수퍼비전 실행에 대한 평가 및 피드백을 수렴한다. 이러한 평가의 내용은 다시 수퍼비전을 계획하고 실행하기 위한 근거로 환류되어야 한다.

교육적 사정 ⇒ 계 약(계획 수립) ⇒ 실 행(도구 활용) ⇒ 평가 및 피드백

(7) 수퍼비전 계약

수퍼비전 계약은 연간 수퍼비전 계획에 대한 조율과 상호 동의의 방법으로 활용한다. 수퍼바이저와 수퍼바이지는 상호간에 수퍼비전에 대한 기대와 욕구를 표명하고 서식을 통해 기록을 남기도록 한다.

(8) 수퍼바이지의 수[44]

수퍼비전 실행을 위해 적절한 수퍼바이지의 수는 수퍼바이저 1인당 3~4명이 적절하다.

(9) 수퍼비전 장소

수퍼비전을 위한 조직환경에서 논의된 바와 같이 기관은 개별 및 집단 수퍼비전 등을 실행할 수 있는 준비된 공간을 마련한다. 수퍼바이저는 수퍼바이지가 수퍼비전을 편안히 느낄 수 있도록 최대한의 환경을 준비한다. 그러나 수퍼비전은 임시적으로 또는 상황에 따라 고정화된 장소에서만 이루어지는 것이 아니라 클라이언트를 만나는 현장과 지역사회에서 또는 인터넷 공간 등에서 즉각적으로 이루어질 수 있다.

수퍼비전의 핵심[45] 실행구조 내용은 수퍼비전 이해당사자들의 1~3순위 의견을 반영하여 다음과 같이 정리되었다.

> ▶ 수퍼비전 핵심 실행구조 내용
> - 개별 수퍼비전 월 1회 이상 30~60분으로 주기적 실시
> - 다양한 유형의 수퍼비전 활용
> - 다양한 수퍼비전 기법 및 도구 활용
> - 교육적 진단, 계획 수립과 계약, 실행, 평가의 과정과 단계로 실시
> - 수퍼비전 계약과 서식 개발
> - 수퍼바이저 1인당 3, 4명의 수퍼바이지 담당
> - 준비된 수퍼비전 공간 마련

---

44) 기관의 사정상, 1인의 수퍼바이저당 3, 4명을 초과하는 수퍼바이지를 담당할 시에는 업무조정 또는 제2선 상급 수퍼바이저의 협력, 직무훈련 등 기관 차원에서 수퍼비전을 원활히 수행할 수 있는 대안을 마련해 줄 필요가 있다.

45) 본 연구에서는 수퍼비전 각 요소에서 상대적으로 우선적이며 중요하게 논의되고 다루어야 할 내용에 대해 '핵심'의 용어를 사용하여 별도로 제시하였다.

2) 수퍼비전 정책

수퍼비전 정책은 수퍼비전 평가, 규정, 기록 및 기록 유지, 수퍼바이저와 수퍼바이지 교육, 지침 활용으로 구성되어 있다. 세부 구성요소를 살펴보면 다음과 같다.

(1) 수퍼비전 평가

효과적인 수퍼비전의 실행과 체계의 수정, 발전을 위해 수퍼바이저 평가, 수퍼비전 운영 평가, 수퍼비전 만족도 평가, 수퍼비전 구조에 대한 피드백 등 다양한 평가체계를 구축·실행하도록 한다.

(2) 수퍼비전 규정

수퍼바이저 자격, 책임, 구조, 내용, 교육 이수 등을 포함하는 명문화된 수퍼비전 규정을 수립한다.

(3) 수퍼비전 기록 및 기록 유지

주기적으로 시행되는 수퍼비전에 대한 기록을 남기며 지속적으로 기록이 유지되고 조직에 의해 모니터링되어야 한다.

(4) 수퍼비전 교육

● 수퍼바이저 교육

기관 내부에서 수퍼바이저 역할을 수행하는 직원들에 대해 수퍼바이저 교육체계를 마련하여 시행하여야 한다. 수퍼바이저로 입문하는 직원들 및 기존 수퍼바이저들에 대한 보수교육도 진행되어야 한다. 수퍼바이저 교육의 주요 내용은 수퍼바이저로서의 역량 및 수퍼바이저 직무과업, 수퍼비전의 내용욕구 그리고 기관의 특성에 관련한 고유의 내용을 기반으로 한다.

우선적으로 강화되어야 할 영역은 특별히 수퍼비전에 관한 기술 영역이며 인간관계 및 의사소통 기술에 대한 집중적인 교육이 필요하다.

또한 수퍼바이저의 교육은 수퍼바이저가 보유한 역량에 따라 강화되고 차별화되어야 하며 기관별 수퍼바이저들의 역량 보유도에 대한 평가 후 세부적인 교육 내용을 개발하여 시행하도록 한다.

수퍼바이저 교육은 내부 교육과 전문직협회 주관의 외부 교육을 수퍼바이저 훈련 기본 내용에 따라 적절히 활용하며 기본 양성교육 후에 주기적으로 보수교육 과정을 마련하여 시행한다.

● 수퍼바이지 교육

수퍼비전 교육은 수퍼비전에 대한 책임 공유와 수퍼비전 받을 권리 그리고 수퍼바이지의 역량에 대한 내용을 주제로 수퍼바이지에게도 실시되어야 한다. 특히, 수퍼비전의 준비와 자신의 자기계발 계획에 대한 내용이 강화되어야 한다. 수퍼바이지 교육 또한 해당 기관의 수퍼바이지가 보유한 수퍼비전 관련 역량에 따라 차별화하여 진행될 필요가 있다.

(5) 수퍼비전 지침 활용

수퍼비전의 원활한 수행을 위해 수퍼비전 표준을 기반으로 하는 기관 수퍼비전 지침을 준비하여 적극 활용한다.

수퍼비전 핵심[46] 정책은 수퍼비전 이해당사자들의 1~3순위 의견을 반영하여 다음과 같이 정리되었다.

---

46) 본 연구에서는 수퍼비전 각 요소에서 상대적으로 우선적이며 중요하게 논의되고 다루어야 할 내용에 대해 '핵심'의 용어를 사용하여 별도로 제시하였다.

▶ 수퍼비전 핵심 정책
- ●수퍼비전 평가체계 실행
- ●수퍼비전 규정 마련
- ●수퍼비전 기록의 효율적 활용

3) 수퍼바이저의 직무

수퍼바이저의 직무는 행정, 교육, 지지적 목적의 세부 직무와 수퍼비전의 준비, 실행, 평가 세부 직무로 구성되어 있다. 세부 내용을 살펴보면 다음과 같다.

(1) 수퍼비전을 위한 기본 준비 세부 직무

가장 우선적으로 수퍼비전을 위해 수퍼바이저 스스로 자기계발 및 지식습득을 위해 노력하며 수퍼바이지의 특성과 역량에 대한 사정을 위해 지속적으로 정보를 수집한다.

(2) 행정적 수퍼비전 영역의 세부 직무

수퍼바이저는 세부 프로그램 및 사례 진행에 대한 분석과 피드백을 제공하고 수퍼바이지의 담당 직무를 과학적으로 분석하며 업무분장 및 조정, 위임의 역할을 수행한다.

수퍼바이지의 직무를 주기적으로 검토하고 평가하여 피드백을 제공하고 직무 수행의 방향성을 논의한다.

또한 수퍼바이지가 조직의 특성을 이해할 수 있도록 도움을 제공하고 조직 핵심 가치와 방침을 내재화할 수 있도록 한다.

(3) 교육적 수퍼비전 영역의 세부 직무

수퍼바이저는 수퍼바이지 직무에 필요한 기술 전수를 위해 수퍼바이지를 교육 · 훈련하며 관련 사회복지 정보를 제공한다.

(4) 지지적 수퍼비전 영역의 세부 직무

수퍼바이저는 수퍼바이지와의 정서적 유대 관계 속에서 수퍼바이지의 업무스트레스 관리와 직무만족의 증진을 위해 지지, 격려하는 역할을 수행한다.

(5) 수퍼비전 실행과 평가 세부 직무

수퍼바이저는 수퍼비전 전반의 계획을 수립하고 수퍼비전 실행을 위한 장소와 일정을 준비하며 개별, 집단 수퍼비전 등 의사소통의 장을 운영한다.

또한 정기적으로 진행되는 수퍼비전의 진행과 결과에 대해 기록을 남기고 수퍼비전에 대해 모니터링하며 수퍼비전 실행 효과에 대해 평가한다.

이 중 현재 수퍼바이저가 전략적으로 강화해야 할 직무는 수퍼바이저 자신의 자기계발, 업무스트레스 관리 및 직무만족 증진을 위한 지지격려, 수퍼바이지와의 정서적 유대 강화 노력, 세부 프로그램 및 사례에 대한 분석과 피드백, 조직 전반의 핵심 가치와 방침의 내재화 도모, 직무검토 및 평가 · 방향성 논의, 수퍼바이지 교육훈련과 전수 등이다. 수퍼바이저들은 이러한 세부 직무의 전략적 강화를 위해 노력하여야 한다.

특히, 수퍼바이저의 효과적인 직무 수행을 위해 우선적으로 강화해야 할 직무는 수퍼바이지 교육훈련 · 기술 전수, 수퍼비전 모니터링 · 평가, 조직 핵심 가치와 방침의 내재화를 돕는 직무이다. 수퍼바이저들은 이러한 세 가지 세부 과업을 수행하는 데 있어서 현실적인 장애와 문제를 해결하기 위해 집중적으로 노력하여야 한다.

수퍼바이저 핵심[47] 직무는 수퍼비전 이해당사자들의 1~3순위 의견을 반영하여 다음과 같이 정리되었다.

▶ 수퍼바이저의 핵심 직무
- 수퍼바이저 자신의 자기계발 및 지식습득
- 직무검토 및 평가, 방향성 논의
- 사례 및 프로그램에 대한 피드백 제공
- 업무스트레스 관리 및 직무만족 증진을 위한 지지, 격려
- 수퍼바이지 특성과 성향, 역량 등에 대한 정보 수집 및 이해 노력

---

4) 수퍼비전 내용

수퍼비전 내용은 사회복지 윤리와 관련 규정, 수퍼바이지의 담당 직무와 욕구, 수퍼바이저의 세부 직무, 사회복지관 사회복지사의 표준직무, 일반주의 실천가로서의 핵심 지식과 기술 영역으로 구성되어 있다. 세부적인 내용을 살펴보면 다음과 같다.

(1) 사회복지관 수퍼비전은 기본적으로 사회복지전문직 체계 내에서 요구되는 사회복지 윤리와 관련 규정을 기반으로 한다.

사회복지사 윤리강령과 사회복지관의 운영과 관련된 규정 그리고 사회복지 관련법의 적법성 내에서 기능한다.

(2) 사회복지관 수퍼비전은 또한 수퍼바이지의 담당 직무와 욕구에 1차적으로 초점을 두어 실행된다. 현재 수퍼바이지가 담당하는 사례와 프

---

47) 본 연구에서는 수퍼비전 각 요소에서 상대적으로 우선적이며 중요하게 논의되고 다루어야 할 내용에 대해 '핵심'의 용어를 사용하여 별도로 제시하였다.

로그램에 대한 지원과 협력 그리고 수퍼바이지의 전문성 향상을 위한 교육과 훈련 차원에서 실행된다. 또한 궁극적으로 사회복지관의 서비스의 질 향상과 클라이언트 문제해결을 위한 방향에서 실행되어야 한다.

(3) 또한 수퍼바이저는 수퍼바이저로서 책임을 감당하기 위해 요구되는 세부 직무48)(수퍼바이지 이해, 행정, 교육, 지지적 수퍼비전, 수퍼비전 준비·실행·평가)에 따라 수퍼비전을 제공한다.

(4) 수퍼비전은 위에서 제시한 수퍼바이지 담당 직무와 욕구 그리고 수퍼바이저의 세부 직무과업들 중심으로 우선적으로 진행된다. 그러나 수퍼비전은 사회복지관 사회복지사들이 기본적으로 필요하다고 생각하는 수퍼비전 욕구에 따라 실행되어야 한다. 사회복지관 수퍼바이지 직무 수행의 실천기반으로는 일반주의 실천가로서 기본적인 핵심 지식과 기술을 적용할 수 있도록 수퍼비전을 제공하며 사회복지관 사회복지사에게 표준직무로서 요구되는 영역에 대하여 수퍼비전을 제공한다. 사회복지관 직원 수퍼비전에서 집중적으로 다루어야 하는 수퍼비전 내용49)은 다음과 같다.

---

48) 수퍼바이저의 직무는 수퍼바이저가 수행해야 하는 직무이면서 또한 직무의 세부 과업들은 수퍼비전의 주요 내용이 된다. 3) 수퍼바이저의 직무 영역에 세부 내용은 제시되어 있다.

49) 본 수퍼비전 내용은 수퍼비전에서 다루었으면 하는 내용에 대한 욕구를 인터뷰 내용 정리, 표준직무, 일반주의 실천 핵심 지식과 기술을 기반으로 하여 실무자조사를 통해 도출, 분석한 결과(상위 3순위 도출)이다.

▶ 수퍼비전의 내용

● 〈기본 토대〉: 수퍼바이지의 담당 직무

● 〈사회복지 제반 및 표준직무 일부 영역〉

전문가로서의 태도 및 시간 · 건강관리 등 자기관리
재정관리, 인력관리, 문서관리 등 기관행정
사회복지 동향과 변화추세
지역사회문제 해결을 위한 실천 제반 지식과 기술
직무 관련 신규 이론과 지식

● 〈일반주의 실천기반 핵심 지식과 기술〉

· 클라이언트 체계 개입을 위한 내용: 프로그램 계획, 실행, 평가, 면접, 사정,
  평가 및 종결, 집단 개입, 의뢰 및 사례관리 등

· 전문적 발달을 위한 내용: 자신의 실천 활동에 대한 평가, 전문적 성장에 대
  한 책임감, 자기인식, 사회복지전문직 가치와 윤리의 내면화 등

· 기본적 대인관계 기술 내용: 의사소통 기술, 대인관계 기술 등

· 행정적 측면의 기술 내용: 조직 내에서 기능하는 능력, 기록 유지와 기록 활
  동, 기관의 특성, 미션과 비전, 가치에 대한 이해 등

· 지역사회 · 정책적 측면의 기술 내용: 지역사회 이해, 관련 정책 및 서비스
  전달 체계(연계망 등) 이해, 자원 개발 및 관리 등

그러나 사회복지관 직원에 대한 수퍼비전은 수퍼바이지의 경력과 역량
수준, 욕구에 따라 보다 질적인 향상과 내용 개발을 위한 노력이 수반되
어야 한다. 또한 공통적인 내용 외에 각 특정 직무별 수퍼비전 내용기반
(특정 직무별 역량, 직무별 성과 표준)을 구축하고 그에 따라 수퍼비전을
제공하고자 하는 노력 또한 수반되어야 한다.

수퍼비전의 내용은 사회복지사 참여조사 시에만 진행되었고 수퍼비전
핵심[50] 내용은 수퍼바이저와 수퍼바이지 1~3순위 의견을 반영하여 다음
과 같이 정리되었다.

▶ 수퍼비전 핵심 내용

- 수퍼바이지 담당 직무와 욕구

- 일반주의 실천기반 지식과 기술

- 지역사회 실천기반 지식과 기술

- 기관 사명과 비전, 철학 및 기관행정

- 전문가로서의 태도와 책임감, 사회복지전문직 윤리와 가치

- 사회복지 동향과 변화추세

---

50) 본 연구에서는 수퍼비전 각 요소에서 상대적으로 우선적이며 중요하게 논의
되고 다루어야 할 내용에 대해 '핵심'의 용어를 사용하여 별도로 제시하였다.

· 저자 ·

안정선   ·약 력·
(安正仙)   서울여자대학교 사회복지학 박사
           감리회 태화복지재단 사회복지연구소 소장
           서울여자대학교 겸임교수
           한국학교사회복지사협회 부설 교육복지연구소 연구원
           꽃동네현도사회복지대, 서울장신대, 한국성서대 강사
           전, 한국보건복지인력개발원 연구교수
           전, 태화기독교사회복지관 사회복지사, 팀장, 연구원 근무
           전, 한국학교사회복지사협회 운영위원, 부회장, 감사

           ·주요논저·
           지역사회교육전문가의 핵심역량 분석 및 교육방향성에 관한 연구(공저, 2007)
           사회복무 교육실행방안연구(공저, 2007)
           사회복지부문 평생학습체계 구축방안 연구(공저, 2007)
           학교교육과 복지(공저, 2006)
           수퍼바이저의 직무만족에 관한 연구(공저, 2006)
           학교사회복지사 직무분석 및 직무표준안개발에 관한 연구(공저, 2006)
           액션러닝을 활용한 학습조직 구축 사례연구(단독, 2006)
           사회복지관 사회복지사의 직무분석에 관한 연구(단독, 2005)
           사회사업에서의 Participatory Action research와 Action Research 적용 필요성에
           관한 연구(공저, 2005)
           지역사회조직화 실천방법(공저, 2006)
           학교사회복지의 이론과 실제(공저, 2004)
           사회복지전공대학생의 임파워먼트를 위한 훈련프로그램의 효과성 연구(공저, 2004)
           학교사회복지 운영 및 실습실태에 관한 연구(공저, 2004)
           사회복지실습지도(공저, 2003)
           좋은 지역사회 만들기(공저, 2003)
           외 다수

사회복지 수퍼비전
표준 체계 개발

• 초판 인쇄	2008년 3월 31일
• 초판 발행	2008년 3월 31일
• 지 은 이	안정선
• 펴 낸 이	채종준
• 펴 낸 곳	한국학술정보㈜
	경기도 파주시 교하읍 문발리 513-5
	파주출판문화정보산업단지
	전화 031) 908-3181(대표) · 팩스 031) 908-3189
	홈페이지 http://www.kstudy.com
	e-mail(출판사업부) publish@kstudy.com
• 등 록	제일산-115호(2000. 6. 19)
• 가 격	18,000원

ISBN 978-89-534-8448-1 93330 (Paper Book)
      978-89-534-8449-8 98330 (e-Book)